Tagungen der Gesellschaft für Umweltrecht e.V.
Band 54

Gesellschaft für Umweltrecht

Dokumentation zur 45. Wissenschaftlichen Fachtagung der Gesellschaft für Umweltrechte e. V. Leipzig 2022

ERICH SCHMIDT VERLAG

Gesellschaft für Umweltrecht e. V.

Geschäftsstelle:	RiVG Dr. James Bews VRiVG Jürgen P. Reclam Am Kirschfeld 8 14532 Kleinmachnow Tel.: (030) 90 14 85 48 E-Mail: mail@gesellschaft-fuer-umweltrecht.de
Vorsitzender:	RA Prof. Dr. Wolfgang Ewer, Kiel
Stellv. Vorsitz.:	Prof. Dr Sabine Schlacke, Greifswald
Schatzmeister:	RA Dr. Hermann Hüwels, Berlin
Schriftführerin:	RAin Dr. Franziska Heß, Leipzig
Beisitzer:	VRi'inBVerwG Prof. Dr. Ulrike Bick, Leipzig RA Dr. Frank Fellenberg, LL.M, Berlin RA (Syndikusrechtsanwalt) Dr. Alexander Kenyeressy, Köln Prof. Dr. Martin Kment, LL.M, Augsburg MinDirig'in Dr. Susan Krohn, Berlin AD'in Dr. Christel Wies, Münster
Redaktion:	RiVG Dr. James Bews VRiVG Jürgen P. Reclam

Bibliografische Information der Deutschen Nationalbibliothek
Die Deutsche Nationalbibliothek verzeichnet diese Publikation
in der Deutschen Nationalbibliografie;
detaillierte bibliografische Daten sind im Internet über
http://dnb.d-nb.de abrufbar.

Weitere Informationen zu diesem Titel finden Sie im
Internet unter
ESV.info/978-3-503-23721-0

ISBN: 978-3-503-23721-0

Alle Rechte vorbehalten
© Erich Schmidt Verlag GmbH & Co. KG, Berlin 2023
www.ESV.info

Satz: Arnold & Domnick, Leipzig
Druck und Bindung: Difo, Untersiemau

Inhaltsverzeichnis

Grundelemente einer nachhaltigen und unabhängigen Energieversorgung
Rechtsanwalt und Fachanwalt für Verwaltungsrecht
Prof. Dr. *Wolfgang Ewer*, Kiel.................................7

Überblick über die Rechtsprechung des Bundesverwaltungsgerichts zum Umweltrecht
Prof. Dr. *Andreas Korbmacher*, Leipzig 33

Beschleunigung des Ausbaus von Windenergieanlagen an Land
Prof. Dr. *Martin Kment*, LL.M. (Cambridge), Augsburg.........52

Bewältigung naturschutzrechtlicher Konflikte beim Ausbau erneuerbarer Energien
Dr. *Oliver Hendrischke*, Bundesamt für Naturschutz, Bonn 76

Planerische und naturschutzfachliche Ansätze zur Lösung umweltinterner Zielkonflikte
Kathrin Ammermann und *Dirk Bernotat*, Bundesamt für Naturschutz, Leipzig..96

Arbeitskreis A
Diskussionszusammenfassung: Rechtliche Instrumente einer nachhaltigen und unabhängigen Energieversorgung
MinDir'in Dr. *Susanne Lottermoser*, Bundesministerium für Umwelt, Naturschutz, nukleare Sicherheit und Verbraucherschutz, Berlin................................... 115

Arbeitskreis B
Diskussionszusammenfassung: Instrumente zur Lösung ökologischer Zielkonflikte
MinDir'in Dr. *Christiane Paulus*, MinDirig'in *Dr. Susan Krohn*, ORR *Kevin Drewing*, LL.M., Bundesministerium für Umwelt, Naturschutz, nukleare Sicherheit und Verbraucherschutz, Bonn 121

Rechtsschutzverkürzung als Mittel der Verfahrensbeschleunigung? – Die Umsetzung der Energiewende im Spannungsfeld von Klimawandel und Umwelt(rechts)schutz
Dr. *Julia Wulff* (geb. *Chladek*), Konstanz 130

Die Standardsetzung der Bund/Länder-Arbeitsgemeinschaften – informelle Gesetzeskonkretisierung?
Rechtsanwältin Dr. *Julia Hoffmann*, Stuttgart 152

Bisherige Veröffentlichungen
der Gesellschaft für Umweltrecht e. V. 181

Programm.. 201

Grundelemente einer nachhaltigen und unabhängigen Energieversorgung[1]

Rechtsanwalt und Fachanwalt für Verwaltungsrecht
Prof. Dr. *Wolfgang Ewer*, Kiel

Es war im Jahre 2012, als der österreichische Autor *Marc Elsberg* seinen inzwischen verfilmten Roman „Blackout – Morgen ist es zu spät" veröffentlichte. Der Roman beginnt damit, dass der Protagonist Manzano, ein italienischer Informatiker, durch einen Stromausfall und dadurch verursachte Ausfälle von Ampeln in einen Verkehrsunfall verwickelt wird. Versuche der Netzbetreiber und Energielieferanten, das Stromnetz wieder hochzufahren und zu stabilisieren, scheitern am ungewöhnlichem Verhalten des Netzes und münden schließlich in einen europaweiten Blackout. Manzano hat einen Verdacht. Mit Hilfe einer EU-Mitarbeiterin gelingt es ihm, diesen einem Ermittler von Europol nahezubringen. Es bestätigt sich, dass der Zusammenbruch auf einen digitalen Anschlag zurückgeht. Inzwischen beginnen die Menschen, Vorräte zu horten. Da nur noch Bargeld als Zahlungsmittel akzeptiert wird, entsteht ein großer Andrang auf die Bankfilialen. Um die Situation weiter anzuheizen, sabotieren die Verursacher zahlreiche Strommasten und legen Brände in Schaltwerken. In mehreren Kraftwerken und Schaltstellen werden von Computerviren infizierte Systeme bemerkt. Aufgrund von Schwierigkeiten mit der Notstromversorgung gerät das Kernkraftwerk Saint-Laurent in eine immer kritischere Lage. Die Bevölkerung von Paris und den umliegenden Ortschaften wird evakuiert. Wie es weitergeht, muss jeder von Ihnen sich selbst erlesen.

1

---

[1] Der Beitrag beruht auf einem Vortrag, den der Verfasser auf der 45. Fachtagung der Gesellschaft für Umweltrecht im November 2022 gehalten hat; er gibt den damaligen Rechtszustand wieder. Der Vortragsstil wurde beibehalten.

Heute, 10 Jahre später, erscheint das Szenario erschreckend realistisch. Nicht nur vor dem Hintergrund der noch keineswegs vollständig überwundenen Abhängigkeit von russischen Gaslieferungen. Sondern auch, weil – wie die russischen Angriffe auf Energieversorgungseinrichtungen der Ukraine und die Anschläge auf Gasleitungen in der Ostsee zeigen – vernetzte kritische Infrastrukturen Achillesfersen der modernen Gesellschaft sind.

2 Dieser Umstand hat sowohl die EU als auch ihre Mitgliedsstaaten dazu veranlasst, die Schaffung einer Unabhängigkeit und Stabilität gewährleistenden Energieversorgung neben der Klimawende zu einem ihrer beiden aktuellen Kernziele zu erklären. Das gilt auch für Deutschland. Die Gesetzgebungstätigkeit im Energierecht hat in der Zeit zwischen dem 24. Februar und Oktober 2022 Ausmaße angenommen, die in der Gesetzgebungsgeschichte der Bundesrepublik Deutschlande einmalig sind. So sind in dem genannten Zeitraum im Bereich des Energierechtes 24 Gesetze und zahlreiche Verordnungen geändert und 2 Gesetze komplett neu erlassen worden. 283 Paragraphen wurden geändert, 121 neu erlassen. Allein in der Zeit von Anfang September bis Anfang November sind 10 energierechtliche Gesetze verkündet worden, die teilweise Änderungen von erst kurz zuvor erlassenen oder geänderten Vorschriften enthalten. Insgesamt umfasst das Gesetzgebungswerk 218 Seiten im Bundesgesetzblatt und 1.380 Seiten an Gesetzentwürfen und Beschlussempfehlungen der zuständigen Bundestagsausschüsse.

3 Die Monumentalität des legislativen Schaffens führt dazu, dass an dieser Stelle nicht einmal eine vollständige Darstellung des energierechtlichen Gesamtwerks des Gesetzgebers vorgenommen werden kann, sondern sich der Verfasser in weiten Teilen auf eine sehr geraffte Beschreibung beschränken muss. Erst recht kann er keine Darstellung der damit im Einzelnen einhergehenden dogmatischen Probleme vornehmen. Es liegt auf der Hand, dass ein Teil des Gesamtpakets Anlass zu kritischer Betrachtung geben wird, was nicht nur Fragen der Konformität mit dem Unionsrecht und dem Völkerrecht, sondern auch den Gesichtspunkt der Normenklarheit und Vollzugsfähigkeit betrifft. Angesichts des Umfangs der erlassenen normativen Regelungen muss sich der Verfasser entsprechend der ihm auferlegten Aufgabe darauf beschränken, einen Überblick über die wichtigsten Eckpunkte der im genannten Zeitraum erlassenen energierechtlichen Regelungen zu geben.

I. Erzeugung erneuerbarer Energie

§ 1 EEG 2023 formuliert als Ziel „die Transformation zu einer nachhaltigen und treibhausgasneutralen Stromversorgung, die vollständig auf erneuerbaren Energien beruht."[2] Nach Abs. 2 der Vorschrift soll dieses Ziel mindestens zu 80 % im Jahre 2030 erreicht werden.

Nach § 1a Abs. 1 wird „nach der Vollendung des Kohleausstiegs" die Treibhausgas-Neutralität der gesamten Stromversorgung im Bundesgebiet angestrebt.[3] Wie groß die Herausforderung ist, wird daran deutlich, dass 2021 der Anteil der erneuerbaren Energien erst bei 42 % lag. Nur in der Begründung des Entwurfs zum EEG 2023 – nicht im Gesetz selbst – wird als Ziel formuliert, „dass die inländische Stromerzeugung bereits im Jahr 2035 nahezu treibhausgasneutral sein, also nahezu vollständig durch erneuerbare Energien erfolgen soll."[4] Nach § 1a Abs. 2 Satz 1 EEG 2023 soll nach der Vollendung des Kohleausstiegs der weitere Ausbau der erneuerbaren Energien im Grundsatz nur noch marktgetrieben erfolgen.

Zur Beschleunigung des Ausbaus der erneuerbaren Energien ist § 2 EEG 2023 wie folgt gefasst worden: „Die Errichtung und der Betrieb von Anlagen sowie den dazugehörigen Nebenanlagen liegen im überragenden öffentlichen Interesse und dienen der öffentlichen Sicherheit. Bis die Stromerzeugung im Bundesgebiet nahezu treibhausgasneutral ist, sollen die erneuerbaren Energien als vorrangiger Belang in die jeweils durchzuführenden Schutzgüterabwägungen eingebracht werden."[5] Nach der Begründung des Gesetzentwurfs der Bundesregierung[6] können die erneuerbaren Energien von anderen Belangen, etwa solchen des Wasserhaushalts, des Natur- und sonstigen Umweltschutzes oder des Bau- und Straßenrechts „nur in Ausnahmefällen überwunden werden".[7] Was nach dem weiteren Text der Begründung voraussetzt, dass die entgegenstehenden öffentlichen Interessen „mit einem dem Artikel 20a GG vergleichbaren verfassungsrechtlichen Rang gesetzlich

---

[2] I.d.F. d. Art. 2 Nr. 3 G v. 20.7.2022 I 1237 m.W.v. 1.1.2023.
[3] Eingef. durch Art. 2 Nr. 4 G v. 20.7.2022 I 1237 m.W.v. 1.1.2023.
[4] BT-Drs. 20/1630, 2; siehe ebenfalls BT-Drs. 20/2642; BT-Drs. 20/2580 (neu).
[5] I.d.F. d. Art. 1 Nr. 2 G v. 20.7.2022 I 1237 m.W.v. 29.7.2022.
[6] BT-Drs. 20/2656.
[7] BT-Drs. 20/1630, 159.

verankert bzw. gesetzlich geschützt sind oder einen gleichwertigen Rang besitzen."[8] § 2 Satz 2 EEG 2023 begründet daher einen – sehr weitgehenden – relativen Gewichtungsvorrang; das gilt auch für Zielkonflikte innerhalb des Umweltrechts.[9] Die Vorschrift geht daher deutlich weiter als das Berücksichtigungsgebot aus § 13 Abs. 1 Satz 1 Bundes-Klimaschutzgesetz (KSG), das lediglich vorschreibt, dass die Träger öffentlicher Aufgaben bei ihren Planungen und Entscheidungen den Zweck dieses Gesetzes und die zu seiner Erfüllung festgelegten Ziele zu berücksichtigen haben.

7   Dass nach § 2 Satz 1 EEG 2023 die Errichtung und der Betrieb erneuerbarer Energien nicht nur im „überragenden öffentlichen Interesse" liegen, sondern auch der „öffentlichen Sicherheit" dienen, ist von besonderer Bedeutung für das europäische Naturschutzrecht. Im Habitatschutz gilt dies, weil nach Art. 6 Abs. 4 Unterabsatz 2 FFH-Richtlinie bei Tangierung prioritärer Arten und Lebensräume ohne Kommissionsbeteiligung außer der Gesundheit oder im Zusammenhang mit maßgeblichen günstigen Auswirkungen für die Umwelt nur Erwägungen der öffentlichen Sicherheit im Abweichungsverfahren berücksichtigt werden können.

8   Vor allem aber lässt Art. 9 Abs. 1 Buchstabe a), erster Spiegelstrich der Vogelschutz-Richtlinie (VRL)[10] Abweichungen außer im Interesse der Gesundheit nur „im Interesse ... der öffentlichen Sicherheit" und nicht aus anderen überwiegenden öffentlichen Interessen zu. Daher wurde bislang vom VG Gießen[11] die Auffassung vertreten, dass der Ausnahmetatbestand des § 45 Abs. 7 BNatSchG auf europäische Vogelarten unanwendbar ist. Nachdem durch § 2 EEG 2023 normiert ist, dass die Errichtung und der Betrieb der entsprechenden Anlagen sowie der dazugehörigen Nebenanlagen im überragenden öffentlichen Interesse liegen und der öffentlichen Sicherheit dienen, ist insoweit ein Rückgriff auf den Ausnahmetatbestand des Art. 9 Abs. 1 a) VRL möglich. Ähnliches gilt für das Habitatschutzrecht. Nach der Rechtsprechung des EuGH ist Art. 6 Abs. 4 Unterabs. 2 der FFH-RL dahingehend auszulegen, dass, wenn das geschützte Gebiet, das durch ein Pro-

---

[8] BT-Drs. 20/1630, 159.
[9] Zu den Auswirkungen des § 2 EEG 2023 auf das Fachrecht *Schlacke/Wentzien/Römling*, NVwZ 2022, 1577 (1578 ff.).
[10] RL 2009/147/EG.
[11] VG Gießen v. 22.01.2020 – 1 K 6019/18.GI, BeckRS 2020, 3133.

jekt beeinträchtigt werden könnte, einen prioritären natürlichen Lebensraumtyp oder eine prioritäre Art einschließt, nur die Notwendigkeit der Abwendung einer tatsächlichen und schwerwiegenden Gefahr, dass die Stromversorgung des betreffenden Mitgliedstaats unterbrochen wird, unter bestimmten Umständen einen Grund der öffentlichen Sicherheit im Sinne dieser Vorschrift darstellen kann.[12]

Das Gesetz zu Sofortmaßnahmen für einen beschleunigten Ausbau der erneuerbaren Energien und weiteren Maßnahmen im Stromsektor vom 20.07.2022[13] enthält zahlreiche Änderungen des EEG und zahlreicher anderer energiebezogener Gesetze und Rechtsverordnungen. Es regelt entsprechend der Zielsetzung des § 1a Abs. 2 Satz 1 EEG 2023, dass nach der Vollendung des Kohleausstiegs der Ausbau der erneuerbaren Energien nur marktgetrieben erfolgen soll. Für die Zeit davor sieht das Gesetz eine Festlegung und Anhebung der Ausbaupfade und Ausschreibungsmengen für die einzelnen Technologien bis zum Jahr 2028 und 2029 vor. Dies gilt für Windenergie an Land, Solarenergie, Windenergie auf See und Biomasseanlagen ohne Biomethananlagen.[14] Mit Blick auf den russischen Angriffskrieg gegen die Ukraine schreibt § 34a EEG 2023 vor, dass unionsfremde Bieter durch die Bundesnetzagentur von dem Zuschlagsverfahren ausgeschlossen werden können, wenn durch den Betrieb der Anlage die öffentliche Ordnung oder Sicherheit der Bundesrepublik Deutschland voraussichtlich beeinträchtigt würde. Hervorzuheben ist noch, dass Bürgerenergieprojekte nach § 22 EEG 2023 bzw. 22b EEG 2023 auch realisiert werden können, ohne zuvor an Ausschreibungen teilnehmen zu müssen. Als Stichworte sind insoweit zu nennen erstens Begrenzung auf Windprojekte bis 18 MW und Solarprojekte bis 6 MW, zweitens Akteursvielfalt, Akzeptanz vor Ort, lokale Wertschöpfung und drittens Wegfall des bislang bestehenden Risikos, bei Nichterteilung des Zuschlags die gesamten Entwicklungskosten zu verlieren. Als weiteres wichtiges Thema ist die Regelung der finanziellen Beteiligung der Kommunen zu nennen. Nach der ab 01.01.2023 geltenden Fassung von § 6 Abs. 1 EEG 2023 sollen An-

---

[12] EuGH v. 29.07.2019 – C-411/17, ECLI:EU:C:2019:622 = BeckRS 2019, 15835, Rn. 159.
[13] BGBl. I 2022, S. 1237.
[14] BT-Drs. 20/1630, 137.

lagenbetreiber Gemeinden, die von der Errichtung ihrer Anlage betroffen sind, finanziell beteiligen. Hierzu dürfen die Betreiber von Windenergieanlagen an Land und Freiflächenanlagen den betreffenden Gemeinden gesetzlich bestimmte Beträge durch einseitige Zuwendungen ohne Gegenleistung anbieten. Bei Freiflächenanlagen dürfen die betroffenen Kommunen nach § 6 Abs. 4 Satz 2 EEG 2023 den Abschluss der Vereinbarungen davon abhängig machen, dass der Betreiber – sofern möglich – ein Konzept für die naturschutzverträgliche Gestaltung vorgelegt hat. Diese Kostenbeteiligung soll die Akzeptanz von eE-Anlagen erhöhen. Bislang waren derartige Vereinbarungen nicht zulässig. In der Regel auch nicht als städtebauliche Folgekostenverträge. Letzteres schon deshalb, weil in der Regel durch derartige Vorhaben keine Folgelasten für die Kommunen ausgelöst wurden. Erfolgte gleichwohl ein Abschluss derartiger Verträge, war das korruptionsrechtlich riskant. Deshalb ist in § 6 Abs. 4 Satz 3 EEG 2023 ausdrücklich geregelt: „Die Vereinbarungen gelten nicht als Vorteil im Sinn der §§ 331 bis 334 des Strafgesetzbuchs."

10   Wesentliche Inhalte des Zweiten Gesetzes zur Änderung des Windenergie-auf-See-Gesetzes und anderer Vorschriften vom 20.07.2022[15] bestehen in einer Überarbeitung der Regelungen zur Nutzung von Windenergie auf See als Beitrag zur Treibhausgasneutralität in der Stromerzeugung, insbesondere in der Anhebung der Ausbauziele.[16] Erwähnenswert sind weitere Regelungen zur Ausschreibung von zentral und nicht zentral voruntersuchten Flächen; Maßnahmen zur Vereinfachung und Beschleunigung der Verfahren und die Übertragung der Rechts- und Fachaufsicht über das Bundesamt für Seeschifffahrt und Hydrographie auf BMWK.

11   An dieser Stelle sollen nur schlagwortartig zwei weitere für die Unabhängigkeit und CO_2-Neutralität der Energieversorgung wichtige Gesetze benannt werden. Zum einen handelt es sich um das Gesetz zur Erhöhung und Beschleunigung des Ausbaus von Windenergieanlagen an Land vom 20.07.2022[17], dessen Ziele maßgeblich in einer Verbesserung der Flächenverfügbarkeit und Vereinfachung der Planungsverfahren für den beschleunigten

---

[15] BGBl. I 2022, S. 1325.
[16] Siehe ebenso BT-Drs. 20/1634; BT-Drs. 20/2584.
[17] BGBl. I 2022, S. 1353.

Ausbau von Windenergieanlagen durch Festlegung verbindlicher Flächenziele für die Bundesländer, sog. Flächenbeitragswerte, die Integration der Flächenziele in das Planungsrecht und die Einführung von Rechtsfolgen bei Zielverfehlung bestehen.[18]

Zum anderen ist das Vierte Gesetz zur Änderung des Bundesnaturschutzgesetzes vom 20.07.2022[19] zu nennen, durch das u.a. in §45b bundeseinheitliche Standards für die artenschutzrechtliche Prüfung eingeführt,[20] in §45c Regelungen zum Repowering von Windenergieanlagen an Land erlassen und in §45d nationale Artenhilfsprogramme durch das Bundesamt für Naturschutz unter finanzieller Beteiligung von Anlagenbetreibern aufgestellt werden; zudem erfolgt eine Berücksichtigung von Landschaftsschutzgebieten bei der Suche nach Flächen für den Windenergieausbau.[21] Schließlich ordnet Art. 2 des Gesetzes die Aufhebung des bisherigen Abs. 4 von §16 BImSchG an.

Das bereits in anderem Zusammenhang angesprochene Gesetz zu Sofortmaßnahmen für einen beschleunigten Ausbau der erneuerbaren Energien und weiteren Maßnahmen im Stromsektor vom 20.07.2022[22] verbessert auch die Bedingungen für die Photovoltaik. Zwar sind in dem Gesetz keine verfahrensbeschleunigenden Maßnahmen und auch keine Privilegierung für Photovoltaik-Anlagen enthalten. Indessen werden die Rahmenbedingungen in verschiedenster Hinsicht deutlich optimiert. Für die Dachanlagen erfolgt dies durch ein großes Bündel an Einzelmaßnahmen. So soll bei vollständiger Einspeisung in das Netz wieder eine Förderung von bis zu 13,8 Cent je Kilowattstunde erfolgen, wovon sich der Gesetzgeber eine deutliche Anreizwirkung verspricht. Sehr große Dachanlagen werden weiterhin über Ausschreibungen gefördert; die Ausschreibungsmengen und die Bagatellgrenzen für die Ausschreibungen werden angehoben. Auch die Rahmenbedingungen für die Freiflächenanlagen werden deutlich verbessert.[23] Dies erfolgt zum einen durch eine Erweiterung der Flächenkulisse; so

---

[18] BT-Drs. 20/2355; BT-Drs. 20/2583.
[19] BGBl. I 2022, S.1362.
[20] Zur unionsrechtlichen Problematik der Regelung *Schlacke/Wentzien/Römling*, NVwZ 2022, 1577 (1581 f.).
[21] Siehe ebenfalls BT-Drs. 20/2354; BT-Drs. 20/2593.
[22] BGBl. I 2022, S.1237.
[23] BT-Drs. 20/1630, 3.

können künftig derartige Anlagen nach § 37 Abs. 1 Nr. 3 e EEG 2023 auch auf dauerhaft wiedervernässten Moorböden[24] betrieben werden („Moor-PV"). Besonderen Solaranlagen, namentlichen der sog. „Agri-PV", der „Floating-PV" und der Parkplatz-PV wird durch Integration in die Freiflächenausschreibungen eine dauerhafte Perspektive ermöglicht. Solar- und Windenergieprojekte von Bürgerenergiegesellschaften werden von den Ausschreibungen ausgenommen, was zu einer Erleichterung ihrer Realisierung führt. Nach § 3 Nr. 15 EEG 2023 beträgt der erforderliche Umfang der Stimmrechte von natürlichen Personen, die in einem Postleitzahlengebiet, das sich ganz oder teilweise im Umkreis von 50 Kilometern um die geplante Anlage befindet, nach dem Bundesmeldegesetz mit einer Wohnung gemeldet sind, nunmehr 75 %. Zudem findet eine Verlängerung der Einspeisevergütung nach § 19 Abs. 1 Nr. 2 EEG für am 01.01.2021 ausgeförderte Anlagen bis zum 31.12.2027 statt.

14 §§ 39i Abs. 1 a, 39m Abs. 2 Satz1, 42 Satz 2 EEG 2023 und § 6 Abs. 1 Satz 1 KWKG enthalten Beschränkungen für die Verwendung von Biomethan. Dessen Einsatz soll künftig nur noch in hochflexiblen Spitzenlastkraftwerken und beschränkt auf maximal 10 % der Stunden eines Jahres erfolgen dürfen. Durch § 39k Abs. 2 EEG 2023, § 6 Abs. 1 Satz 1 Nr. 6 KWKG will der Gesetzgeber darauf hinwirken, dass neue Biomethan- und KWK-Anlagen auf den Einsatz von Wasserstoff ausgerichtet werden. §§ 28e, 39p EEG 2021 regeln die Ausschreibung von Anlagen zur Erzeugung von Strom aus Grünem Wasserstoff.

15 Die EEG-Novelle enthält auch Regelungen mit umwelt- und naturverträglichem Ansatz. Beispiele hierfür sind die Verringerung des Einsatzes von Mais durch § 39i Abs. 1 Satz 1 EEG 2023 und das Hinwirken auf eine verstärkte Verwendung von Kleegras durch § 44 Abs. 2 EEG 2023.

II. Vorübergehende Erleichterung der materiellen und verfahrensrechtlichen Rahmenbedingungen für fossile Energieerzeugung

16 Neben den skizzierten und zahlreichen weiteren Maßnahmen zur Förderung erneuerbarer Energien hat der Gesetzgeber im

---

[24] Zur Legaldefinition „Moorboden" siehe § Nr. 34a EEG 2023.

Hinblick auf das Ziel einer Unabhängigkeit von Gasimporten aus Russland vorübergehende Erleichterungen der materiellen und verfahrensrechtlichen Rahmenbedingungen für die fossile Energieerzeugung zugelassen.

So hat er im Rahmen des Gesetzes zur Bereithaltung von Ersatzkraftwerken zur Reduzierung des Gasverbrauchs im Stromsektor im Fall einer drohenden Gasmangellage durch Änderungen des Energiewirtschaftsgesetzes und weiterer energiewirtschaftlicher Vorschriften vom 08.07.2022[25] die im Regierungsentwurf noch nicht vorgesehenen[26] §§ 31a bis 31d BImSchG erlassen.

§ 31a Abs. 1 BImSchG ermächtigt die zuständige Behörde für maximal 6 Monate zur Zulassung einer Abweichung der in der Großfeuerungsanlagen-Verordnung vom 6. Juli 2021 (BGBl. S. 2514) enthaltenen Emissionsgrenzwerte für Schwefeldioxid, sofern
– in der Anlage zu diesem Zweck normalerweise ein schwefelarmer Brennstoff verfeuert wird
und
– der Betreiber „aufgrund einer sich aus einer ernsten Mangellage ergebenden Unterbrechung der Versorgung mit schwefelarmem Brennstoff nicht in der Lage ist, diese Grenzwerte einzuhalten.

Dies entspricht fast wörtlich der Regelung in Art. 30 Abs. 5 Unterabsatz 1 der Richtlinie über Industrieemissionen[27] (IE-RL). Eine ähnliche Befugnis enthält der mit demselben Gesetz eingeführte § 31b Abs. 1 BImSchG, für Fälle, in denen eine Feuerungsanlage, in der nur gasförmiger Brennstoff verfeuert wird, wegen einer plötzlichen Unterbrechung der Gasversorgung ausnahmsweise auf andere Brennstoffe ausweichen muss und aus diesem Grunde mit einer Abgasreinigung ausgestattet werden müsste.

Nach Satz 2 darf – übereinstimmend mit Art. 30 Abs. 6 Satz 2 der IE-RL – eine solche Abweichung nur für einen Zeitraum von nicht mehr als 10 Tagen zugelassen werden, „es sei denn, es ist ein vorrangiges Bedürfnis für einen längeren Zeitraum im Hinblick auf die Aufrechterhaltung der Energieversorgung gegeben." Die § 31c

---

[25] BGBl. I 2022, S. 1054.
[26] Vgl. BT-Drs. 20/1630.
[27] RL 2010/75/EU.

21 und § 31d BImSchG lassen vergleichbare Abweichungen zu für die entsprechenden Regelungen der 44. BImSchV (Verordnung über mittelgroße Feuerungs-, Gasturbinen- und Verbrennungsmotoranlagen vom 13.06.2019).

21 Ebenfalls noch nicht im Gesetzentwurf der Koalitionsfraktionen enthalten war der Artikel 4 des Gesetzes vom 08.07.2022 über Änderungen des Energiesicherungsgesetzes.[28] Maßgeblich ist hier insbesondere der mit „Präventive Maßnahmen zur Vermeidung eines Krisenfalls; Verordnungsermächtigung" überschriebene § 30 EnSiG. Dessen Abs. 1 ermächtigt „zur Vermeidung einer unmittelbaren Gefährdung oder Störung der Energieversorgung im Sinne des § 1 Abs. 1 Satz 1, insbesondere im Falle einer drohenden Knappheit von Kohle Erdgas oder Erdöl" zum Erlass bestimmter Maßnahmen durch Rechtsverordnung. Wie dem Bericht des Bundestags-Ausschusses für Klimaschutz und Energie zu entnehmen ist, sollen Maßnahmen „auch vor dem Krisenfall ermöglicht" werden. Jedoch ist Voraussetzung, dass „schon eine Vor-Krisenlage vorliegt" und die Maßnahmen dazu dienen „den Krisenfall möglichst zu vermeiden."[29] Genügt dies den Anforderungen aus Art. 80 GG? Legt man die von der weit überwiegenden Zahl der Oberverwaltungsgerichte zu § 28 Abs. 1 Satz 1 Infektionsschutzgesetz entwickelten Maßstäbe zugrunde, so wird man dies jedenfalls dann bejahen, wenn es um Regelungen geht, die nur für einen beschränkten Zeitraum gelten und für die daher geringere Anforderungen gelten.[30]

22 Zur exemplarischen Konkretisierung regelt Abs. 2 Nr. 1 EnSiG, dass eine „drohende Knappheit im Sinne des Absatzes 1 ... insbesondere dann anzunehmen" ist, wenn u.a. „im Sektor Erdgas die Frühwarnstufe nach Artikel 8 Abs. 2 Buchstabe b und Arti-

---

[28] BGBl. I 2022, S. 1054 (1056).
[29] Bericht des Ausschusses für Klimaschutz und Energie vom 06.07.2022, BT-Drs. 20/2664.
[30] OVG Berlin-Brandenburg v. 04.11.2020 – OVG 11 S 94/20, BeckRS 2020, 29285 Rn. 21; OVG Bremen NordÖR 2021, 31 (34); OVG Schleswig v. 13.11.2020 – 3 MR 59/20, BeckRS 2020, 30803 Rn. 16 ff.; OVG Hamburg v. 18.11.2020 – 5 Bs 209/20, BeckRS 2020, 34449 Rn. 10; s. auch OVG Bremen, Urt. v. 23.03.2022 – 1 D 349/20, BeckRS 2022, 7839 Rn. 37 ff.; zum weiteren Diskurs hinsichtlich der Einhaltung des Bestimmtheitsgebots weiterer Vorschriften des EnSiG siehe *Kment*, NJW 2022, 2302 (2307) und *Winkler/Zeccola/Michailidou*, NVwZ 2023, 545 (551).

kel 11 Abs. 1 der Verordnung (EU) 2017/1938 in Verbindung mit dem Notfallplan Gas des BMWK vom September 2019 ausgerufen wird." Die Nummern 2 bis 4 enthalten weitere „Insbesondere-Fallgruppen".

Bei Vorliegen dieser Voraussetzungen können nach § 30 Abs. 1 Nr. 3 EnSiG per Rechtsverordnung befristete Abweichungen oder Ausnahmen von „für den Betrieb von Anlagen, soweit diese zwingend erforderlich sind, um die Deckung des lebenswichtigen Bedarfs an Energie zu sichern" oder „für den Betrieb sonstiger Anlagen, insbesondere, um diesen zu ermöglichen, den Einsatzbrennstoff zu wechseln, damit dieser für die Sicherstellung der Energieversorgung zur Verfügung gestellt werden kann", zugelassen werden. Die Ermächtigung bezieht sich daher nicht nur auf unmittelbar den Betrieb von Energieversorgungsanlagen betreffende Abweichungen und Ausnahmen.

Bei Vorliegen dieser Voraussetzungen können durch Rechtsverordnung Abweichungen oder Ausnahmen von den §§ 5 und 22 BImSchG „in Verbindung mit" den im folgenden genannten, auf das Bundes-Immissionsschutzgesetz gestützten Rechtsverordnungen und Verwaltungsvorschriften erlassen werden. Insoweit stellt sich die Frage, ob danach durch Rechtsverordnung auch Abweichungen oder Ausnahmen von den formell-gesetzlichen Regelungen in den §§ 5 und 22 BImSchG erlassen werden können, etwa eine Abweichung vom Grundsatz des Vorsorgegebot des § 5 Abs. 1 Nr. 2 BImSchG, oder nur von Regelungen der genannten, auf das BImSchG gestützten Vorschriften des untergesetzlichen Regelwerks. Zwar ist es im Grundsatz verfassungsrechtlich möglich, durch Rechtsverordnung auch den Eintritt von im formellen Gesetz angelegten Abweichungs- oder Ausnahmetatbeständen auszulösen. Ein Beispiel ist die COVID-19-Schutzmaßnahmen-Ausnahmeverordnung vom 08.05.2021, die unter diesem Gesichtspunkt von den Gerichten nicht beanstandet worden ist.

Indessen spricht die Verknüpfung von Buchstaben a) und b) durch „in Verbindung mit" (anstelle durch „und" oder „oder") dafür, dass danach lediglich zum Erlass von befristeten Abweichungen oder Ausnahmen vom untergesetzlichen Regelwerk ermächtigt wird. Allerdings heißt es in der Begründung des Entwurfes (BT-Drs. 20/1501, 31) vom 26.04.2022 für das zuvor erlassene

„Gesetz zur Änderung des Energiesicherungsgesetzes 1975" vom 20.05.2022 (BGBl. 2022 I 730)[31] bezüglich des insoweit nahezu inhaltsgleichen § 1 Abs. 1 Satz 1 Nr. 5 EnSiG, der lediglich nicht präventiv ausgerichtet ist, sondern auf eine „Abwendung einer unmittelbaren Gefährdung oder Beseitigung einer Störung der Energieversorgung" abzielt: „Mit der Einführung einer neuen Nummer 5 wird die Ermächtigung für eine Verordnung geschaffen, von bestimmten Vorgaben des Bundesnaturschutzgesetzes, des Bundes-Immissionsschutzgesetzes sowie bestimmter Rechtsverordnungen und Verwaltungsvorschriften, befristet abzuweichen oder Ausnahmen zu schaffen." Das „sowie" spricht eher dafür, dass die Ermächtigung es gestattet, im Verordnungswege auch von Vorschriften des formellen Gesetzes – also des Bundes-Immissionsschutzgesetzes – Abweichungen oder Ausnahmen zuzulassen. Das könnte jedenfalls bei einer, wenn auch befristeten Suspendierung bestimmter grundlegender formell-gesetzlicher Regelungen problematisch sein. Dies gilt insbesondere, wenn diese unionsrechtlich determiniert sind, wie etwa das Vorsorgegebot.

26 Regelungen zur verfahrensrechtlichen Beschleunigung finden sich im 14. Gesetz zur Änderung des BImSchG vom 19. Oktober 2022.[32] (BGBl. 2022 I 1792). Nach § 31e Abs. 1 BImSchG ist § 8a BImSchG nach Maßgabe der folgenden Absätze 2 bis 5 anzuwenden, wenn eine Genehmigung beantragt wird,
1. im Zusammenhang mit einem Brennstoffwechsel wegen einer ernsten oder erheblichen Gasmangellage,
2. weil aufgrund einer ernsten oder erheblichen Gasmangellage notwendige Betriebsmittel für Abgaseinrichtungen nicht ausreichend zur Verfügung stehen
oder
3. wegen einer anderen durch die ernste oder erhebliche Gasmangellage ausgelösten Notwendigkeit.

27 Diese aus alternativen Voraussetzungen bestehende „Gasmangeltrias" ist auch wortgleiche Grundlage für die Anwendbarkeit der neuen §§ 31f bis 31j BImSchG. Liegt eine dieser drei Voraussetzungen vor, so kann die Genehmigungsbehörde nach § 31e Abs. 2

---

[31] Siehe zudem BT-Drs. 20/1766 und BR-Drs. 208/22.
[32] BGBl. I 2022, S. 1792; siehe kritische Stellungnahmen zum Gesetzesentwurf von *Heß*, Ausschussdrucksache 20(16)84-D und *Gebhardt*, Ausschussdrucksache 20(16)84-A(NEU).

BImSchG den vorzeitigen Beginn unter den genannten Voraussetzungen auch vor dem Vorliegen vollständiger Antragsunterlagen zulassen. Dabei wird man nach den allgemeinen Grundsätzen zu § 8a BImSchG[33] davon auszugehen haben, dass an die Prognose – und damit auch die für diese erforderliche prognostische Grundlage – umso mehr Anforderungen zu stellen sind, je mehr Maßnahmen zugelassen werden. Die IE-RL dürfte dem wohl nicht entgegenstehen, schon weil die „Genehmigung" in Art. 3 Nr. 7 legaldefiniert wird als Genehmigung „zum Betrieb einer Anlage, Feuerungsanlage, Abfallverbrennungsanlage oder Abfallmitverbrennungsanlage oder eines Teils von diesen". Da die Mitgliedsstaaten nach Art. 4 Abs. 1 der Richtlinie – nur – sicherzustellen haben, dass keine Anlage der genannten Art „ohne eine Genehmigung betrieben wird", dürften bloße Änderungen der Betriebsgebäude oder von technischen Anlagen und damit (noch) nicht der Betriebsweise nicht erfasst sein.

Nach Abs. 3 soll die Genehmigungsbehörde bei Vorliegen der sonstigen genannten Voraussetzungen den vorzeitigen Beginn bereits vor der Beteiligung der Öffentlichkeit zulassen; das ist im Sinne eines entsprechend intendierten Zulassungsermessens zu verstehen und steht in erkennbarem Zusammenhang mit Abs. 4, wonach in den Fällen des Absatzes 1 ein öffentliches Interesse oder ein berechtigtes Interesse des Antragstellers an dem vorzeitigen Beginn im Sinne des § 8a Abs. 1 Nr. 2 BImSchG besteht. Insoweit stellt sich die Frage, ob damit die Ausnahme zur Regel gemacht wird. Auf den ersten Blick könnte man dies so sehen. Allerdings dürfte in diesem Zusammenhang auch in die Betrachtung und abschließende Bewertung mit einzubeziehen sein, dass die Regelung nur auf die der Gasmangeltrias unterliegenden Anlagen anwendbar ist und nach Artikel 2 Absatz 2 des Gesetzes mit Ablauf des 26.10.2024 außer Kraft tritt.[34] An Bereichsausnahmen, die zudem befristet sind, könnten aber hinsichtlich der Ausnahmevoraussetzungen geringere Anforderungen zu stellen sein, als an Ausnahmen, die weder gegenständlich noch zeitlich eingeschränkt sind.

28

---

33 Vgl. *Jarass*, BImSchG, 14. Aufl. 2022, BImSchG § 8a Rn. 12 m.w.N.
34 BGBl. I 2022, S. 1792.

29   Die §§ 31f bis 31k BImSchG enthalten weitere verfahrensrechtliche Erleichterungen. Nach § 31f Abs. 1 BImSchG ist unter dieser Voraussetzung § 10 – auch in Verbindung mit § 16 und § 16a – mit den Maßgaben anzuwenden, dass die Auslegungsfrist auf eine Woche beschränkt und dass die Einwendungsfrist auf eine Woche nach Ablauf der Auslegungsfrist verkürzt wird; dies gilt auch für IED-Anlagen. Die Frage der Unionsrechtskonformität der Absätze 2 und 3 wird streitig diskutiert. Die dagegen – etwa in der Anhörung des BT-Umweltausschusses – vorgebrachten Argumente[35] erscheinen auf den ersten Blick nachvollziehbar, allerdings gibt es wohl auch gut vertretbare Gegenargumente. Aus Zeitgründen kann ich an dieser Stelle nur Stichworte nennen. Der Anhang IV der IE-Richtlinie und Art. 6 Abs. 3 der UVP-Richtlinie[36] sehen einen „angemessenen zeitlichen Rahmen" für die Zugänglichmachung gegenüber der betroffenen Öffentlichkeit vor. Art. 6 Abs. 4 der letzteren Richtlinie schreibt zudem vor, dass der Zeitrahmen für die verschiedenen Phasen so gewählt werden muss, dass ausreichend Zeit zur Information der Öffentlichkeit und deren effektiver Vorbereitung und Beteiligung zur Verfügung steht. Dem entspricht Art. 6 Abs. 3 Aarhus-Konvention. In anderen Zusammenhängen hat die Rechtsprechung den Grundsatz entwickelt, dass für die Frage der Angemessenheit von Fristen auch von Bedeutung ist, ob eine längere Fristdauer zu einer erheblichen Beeinträchtigung öffentlicher Belange führt.[37] Es erscheint jedenfalls nicht fernliegend, dass ein solcher Ansatz auch im Unionsrecht Geltung hat. Bei der wertenden Betrachtung, ob die bei der Verkürzung auf jeweils eine Woche sehr spürbare Beeinträchtigung der Beteiligungsmöglichkeit für die Öffentlichkeit in einem noch angemessenen Verhältnis zu den hierfür sprechenden öffentlichen Belangen steht, dürfte neben deren Gewicht sicherlich auch die Beschränkung des Anwendungsbereichs und die Befristung der zeitlichen Geltung der Vorschrift bis zum 26.10.2024 zu berücksichtigen sein. Vor diesem Hintergrund erscheint es mir jedenfalls nicht ausgeschlossen zu sein, dass in bestimmten Ausnahmesituationen, wie der hier vorliegenden, auch eine Beschränkung der Auslegungs- und der Einwendungsfrist auf

---

[35]   BT-Protokoll-Nr. 20/19, 11 ff.
[36]   RL 2011/92/EU.
[37]   BVerwG NVwZ-RR 1996, 403 (404).

jeweils eine Woche eine noch vertretbare Auslegung der genannten Richtlinienbestimmungen darstellen kann.[38]
§ 31f Abs. 4 BImSchG enthält erneut eine Intendierung des Verfahrensermessens dahingehend, dass auf einen Erörterungstermin verzichtet werden soll. § 31g BImSchG regelt in Abs. 1 Satz 1, dass es weder einer Anzeige nach § 15 noch einer Änderungsgenehmigung nach § 16 bedarf, wenn bei Vorliegen einer der Voraussetzungen der „Gasmangeltrias" eine Ausnahme nach §§ 31a bis d BImSchG, § 23 der 13. BImSchV, § 6 Abs 6 und § 24 der 17. BImSchV, § 16 der 30. BImSchV, § 11 der 31. BImSchV, § 32 der 44. BImSchV beantragt wird. Nach Satz 2 sollen Ausnahmen nach diesen Vorschriften erteilt werden, wenn die jeweiligen Voraussetzungen hierfür vorliegen. Der Gegenstand der Regelung in Satz 1 beschränkt sich darauf, dass die Ausnahmevorschriften aus Abs. 2 nicht im Rahmen des Genehmigungs- oder Anzeigeverfahrens, sondern auf der Ebene des Verwaltungsvollzugs der vorhandenen Genehmigungen angewandt werden. Dass eine entsprechende Regelungstechnik dem Unionsrecht nicht prinzipiell fremd ist, kommt in Art. 30 Abs. 5 und 6 der IE-Richtlinie zum Ausdruck. Allerdings fragt sich, ob der mitgliedsstaatliche Gesetzgeber auf ein Instrument der Ausnahmezulassung im Verwaltungsvollzug auch dann zugreifen darf, wenn das Unionsrecht – anders als in Art. 30 Abs. 5 und 6 der IE-Richtlinie, auf welche die §§ 31a bis 31d BImSchG verweisen – nicht selbst ausdrücklich hierzu ermächtigt hat. Festzustellen ist, dass insoweit ersichtlich ein Zielkonflikt zwischen dem generellen Genehmigungserfordernis aus Art. 4 der IE-Richtlinie, das nach deren Art. 20 auch für Änderungen gilt, und dem Ziel der Europäischen Union, „einen vollständigen Ausstieg aus der Nutzung von russischem Gas bis 2027 (zu) ermöglichen"[39], besteht. Eine Ermächtigung der Kommission zur Auflösung derartiger Zielkonflikte im Rahmen der Durchführungsrechtsetzung ist aber bislang weder in der IE-Richtlinie, insbesondere nicht in deren Art. 41, noch in anderen EU-Rechtsvorschriften enthalten. Es stellt sich daher die Frage, wie ein entsprechender Konflikt zwischen divergierenden Zielen der Union aufgelöst werden

30

---

[38] Vgl. zu mehreren vertretbaren Auslegungsalternativen des Unionsrechts EuGH C-319/96 = EuZW 1998, 658 (660).
[39] VO (EU) 2022/1369, Erwägungsgrund 4.

kann. Insoweit hat der Gerichtshof anerkannt, dass bei derartigen Zielkonflikten „die Gemeinschaftsorgane dem einen oder anderen unter ihnen zeitweilig den Vorrang einräumen, sofern die wirtschaftlichen Gegebenheiten und Umstände, die den Gegenstand ihrer Beschlussfassung bilden, dies gebieten".[40] Eine entsprechende Pflicht, „im Fall etwaiger Widersprüche zwischen diesen Zielen den Ausgleich zwischen ihnen zu gewährleisten", trifft nach der Rechtsprechung des Gerichtshofs auch die Mitgliedsstaaten.[41] In ähnlicher Weise hat Generalanwältin Kokott in Schlussanträgen formuliert, dass die jeweilige Wirksamkeit gegenläufiger Regelungen „nur dadurch sichergestellt werden kann, dass ihre Auslegung sich um einen angemessenen Ausgleich bemüht – praktische Konkordanz in der Sprache des deutschen Bundesverfassungsgerichts".[42] Ob eine Anwendung des Grundsatzes der praktischen Konkordanz hier eine Auflösung des Zielkonflikts ermöglichen kann, wird im Streitfalle durch den EuGH zu entscheiden sein.

31 § 31h BImSchG lässt eine Anwendung des vereinfachten Verfahrens bei einer Gasmangellage für Anlagen nach Nummer 9.1.1 des Anhangs der 4. BImSchV (insbesondere Anlagen zur Lagerung entzündbarer Gase) für ein Fassungsvermögen von nicht mehr als 200 Tonnen für maximal zwei Jahre zu. Die § 31i und § 31j BImSchG enthalten § 31g entsprechende Regelungen für bei Bestehen einer Gasmangellage zulässige Abweichungen von der TA Luft und der TA Lärm.

32 Vor dem Hintergrund der Gasmangelproblematik hat der Normgeber die Entscheidung getroffen, Kohlekraftwerke so zu ertüchtigen, dass sie jederzeit auf Abruf für den Strommarkt bereitstehen. Das gilt insbesondere für diejenigen Kohlekraftwerke, die nach den Regelungen zum Kohleausstieg 2022 und 2023 außer Betrieb gehen sollen. In diesem Kontext sind verschiedene „Reserven" auseinanderzuhalten:
– Zum einen gibt es die „Netzreserve" nach § 13d EnWG. Es handelt sich um eine „Winterreserve", die jedes Jahr im Winterhalbjahr gebildet wird, weil dann der Strombedarf besonders hoch ist.

---

[40] EuGH C-27/85, Celex-Nr. 61985CJ0027 = BeckRS 2004, 72820, Rn. 20.
[41] EuGH C-137/00, Celex-Nr. 62000CJ0137 = BeckRS 2004, 74355., Rn. 92.
[42] EuGH, Schlussanträge des Generalanwalts/der Generalanwältin vom 08.09.2005, C-540/03, Celex-Nr. 62003CC0540.

– Des Weiteren gibt es die „Kapazitätsreserve" des § 13e EnWG für den Fall, dass Angebot und Nachfrage auf den deutschen Strommärkten nicht vollständig ausgeglichen werden können.

– Schließlich gibt es die „Versorgungsreserve", die nicht mehr nur zur Abwendung einer Gefährdung des Stromsystems einsetzbar ist, sondern auch als präventives und reaktives Instrument zur Verringerung des deutschen und europäischen Gasverbrauchs in der Stromerzeugung.

Kraftwerke, die nach Maßgabe der „Netzreserveverordnung" eigentlich nur zur Stabilisierung der Stromnetze in der sog. Netzreserve vorgehalten werden und die kein Erdgas zur Erzeugung elektrischer Energie einsetzen, können nach § 1 Abs. 2 der am 29.09.2022 geänderten „Stromangebotsausweitungsverordnung" nach Ausrufung der Alarmstufe oder Notfallstufe befristet bis zum 31.03.2024 wieder am Strommarkt teilnehmen. Dies gilt nach Abs. 3 der Vorschrift bis zum 31.03.2024. Nach § 1 der „Versorgungsreserveabrufverordnung" vom 30.09.2022 dürfen sog. „Reserveanlagen" nach Ausrufung der Alarmstufe oder Notfallstufe ab dem 01.10.2022 befristet bis zum 30.06.2023 wieder am Strommarkt eingesetzt werden.

Der Bundesgesetzgeber ist davon ausgegangen, dass in der Versorgungsreserve gehaltene Anlagen „vollständig konserviert" sind und dass sichergestellt ist, dass die Reserveanlagen innerhalb von 240 Stunden nach Inkrafttreten der Rechtsverordnung betriebsbereit sind (vgl. § 50d Abs. 3 EnWG und § 13g Abs. 3 Nr. 1 EnWG). Damit einher geht die gesetzgeberische Bewertung, dass die immissionsschutzrechtliche Genehmigung dieser Anlagen durch deren Vorhaltung in der Versorgungsreserve nicht nach § 18 BImSchG erlischt.[43]

Nach dem durch Art. 1 Nr. 5 des Gesetzes zur Bereithaltung von Ersatzkraftwerken zur Reduzierung des Gasverbrauchs im Stromsektor im Falle einer drohenden Gasmangellage durch Änderung des Energiewirtschaftsgesetzes und weiterer energiewirtschaftlicher Vorschriften vom 08.07.2022[44] eingeführten § 50f Abs. 1 EnWG kann die Bundesregierung durch Rechtsverordnung ohne

---

[43] Unklar formuliert – „nicht endgültig stillgelegt im Sinne von ... § 18 BImSchG" –, aber dem Sinne nach BT-Drs. 18/7317, 101 f.
[44] BGBl. I 2022, S. 1054.

Zustimmung des Bundesrates Regelungen zur Verringerung oder zum vollständigen Ausschluss der Erzeugung elektrischer Energie durch den Einsatz von Erdgas für einen Zeitraum von längstens neun Monaten erlassen.[45] Voraussetzung ist die Ausrufung der Alarm- oder Notfallstufe. Dies zielt darauf ab, sicherzustellen, dass die Gasversorgung von Kunden erfolgt, die durch die EU-Verordnung 2017/1938 vom 25.10.2017[46] über Maßnahmen zur Gewährleistung der sicheren Gasversorgung geschützt sind. Nach Art. 2 Nr. 5 dieser Verordnung bezeichnet der Begriff „geschützter Kunde" einen „Haushaltskunden, der an ein Erdgasverteilernetz angeschlossen ist". Nach Entscheidung der Mitgliedsstaaten können zum Kreis der geschützten Kunden, sofern an ein Erdgasnetz angeschlossen, auch ein kleines oder mittleres Unternehmen, ein grundlegender sozialer Dienst oder eine Fernwärmeanlage gehören, soweit sie Wärme an Haushaltskunden, kleine oder mittlere Unternehmen oder grundlegende soziale Dienste liefert, wenn diese Anlage keinen Wechsel auf einen anderen Brennstoff als Gas vornehmen kann.

36 Ausgangspunkt für die kurzfristige Verlängerung der Laufzeit von drei Kernkraftwerken war der durch das 13. AtGÄndG eingeführte § 7 Abs. 1 a, nach dem die Berechtigung zum Leistungsbetrieb der einzelnen Kernkraftwerke zu bestimmten Zeitpunkten erlöschen sollte. Die letzten 3 Kernkraftwerke, die noch über eine Berechtigung zum Leistungsbetrieb verfügten, waren Isar 2, Emsland und Neckarswestheim 2. Deren Berechtigungen zum Leistungsbetrieb sollten nach der vorherigen Gesetzeslage mit Ablauf des 31. Dezember 2022 erlöschen. Der Entwurf der Bundesregierung für ein 19. Gesetz zur Änderung des Atomgesetzes vom 02.11.2022 enthielt nur 2 Artikel.[47] Artikel 1 fügte § 7 einen Absatz 1e an, nach dem die Berechtigungen zum Leistungsbetrieb für die drei genannten Kernkraftwerke erst mit Ablauf des 15.04.2023 erlischt. Nach Satz 2 sollte dies unabhängig davon gelten, ob die in Anlage 3 Spalte 2 für die Kernkraftwerke Isar 2, Emsland und Neckarwestheim 2 jeweils aufgeführte Elektrizitätsmenge oder die sich auf Grund von Übertragungen nach Absatz 1b für die-

---

[45] Siehe ebenfalls BT-Drs. 20/2356; BT-Drs. 20/2594; BR-Drs. 316/22.
[46] VO (EU) 2017/1938.
[47] BT-Drs. 20/4217.

se Anlagen ergebende Elektrizitätsmenge zu diesem Zeitpunkt bereits erzeugt worden ist oder nicht. In diesem Zusammenhang stellte sich die Frage, ob eine solche Laufzeitverlängerung der Pflicht zur Durchführung einer Umweltverträglichkeitsprüfung nach Anhang I Nr. 2 b i.V.m. Nr. 24 der UVP-Richtlinie unterlag.[48] Der EuGH hatte eine entsprechende Pflicht bei einer Laufzeitverlängerung mit der Erwägung bejaht, dass die Laufzeit zwei Kernkraftwerke um einen erheblichen Zeitraum von zehn Jahren verlängert wird und dass erhebliche Arbeiten zur Modernisierung mit einem Kostenaufwand von 700 Mio. Euro erforderlich waren, um die Kernkraft in Einklang mit den geltenden Sicherheitsbestimmungen zu bringen.[49] Dabei hatte er maßgeblich darauf abgestellt, dass die Maßnahmen so angesehen werden müssten, „dass sie, was die Gefahren von Umweltauswirkungen betrifft, ein Ausmaß haben, das dem der Erstinbetriebnahme dieser Kraftwerke vergleichbar ist", mit der Folge, dass eine UVP-Pflicht nach Anhang I Nr. 2 b) i.V.m. Nr. 24 der UVP-Richtlinie festzustellen sei. Von einem vergleichbaren Szenario wird man bei der Verlängerung der Laufzeit um 3 ½ Monate schwerlich ausgehen können.

III. Energietransport

1. Strom

Schon in § 1 Abs. 1 EnWG ist die Bedeutung einer leitungsgebundenen Versorgung der Allgemeinheit mit Strom als einer der Zwecke des Gesetzes hervorgehoben.[50] Zum Ausbau der Stromnetze sind zahlreiche gesetzliche Regelungen erlassen worden. Als Beispiel sei § 12a Abs. 1 Satz 3 EnWG genannt, der den Szenariorahmen für die Netzentwicklungsplanung vorgibt. In § 14 d EnWG wird die Mitwirkungspflicht der Betreiber von Elektrizitätsverteilernetzen an der Erarbeitung eines Netzausbauplans geregelt, der dazu dient, eine integrierte und vorausschauende Netzplanung zu gewährleisten. Zahlreiche Vorschriften dienen der Beschleunigung von Planungs- und Genehmigungsverfahren sowie

---

48 Siehe hierzu *Ludwigs*, NVwZ 2022, 1086 (1091).
49 EuGH C-411/17, ECLI:EU:C:2019:622 = BeckRS 2019, 15835.
50 Siehe auch BT-Drs. 20/1599; BT-Drs. 20/2402; BR-Drs. 292/22.

der Digitalisierung und Standardisierung von Prozessen. So sieht § 12b Abs. 3a EnWG die Bündelung mit einem bereits im Bundesnetzplan nach § 17 NABEG vorhandenen Vorhaben zur Höchstspannungs-Gleichstrom-Übertragung für künftige Verfahren vor. § 12c Abs. 2a betrifft die Ermittlung von Präferenzräumen, die nach § 18 Abs. 3c NABEG später im Rahmen der Planfeststellung die Grundlage bilden. § 14e EnWG regelt die Errichtung und den Betrieb einer gemeinsamen Internetplattform der Verteilernetzbetreiber als zentralen Einstieg in den digitalen Netzanschlussprozess durch Weiterleitung an den jeweiligen Netzbetreiber. § 5a Abs. 4a NABEG i.V.m. § 2 Abs. 7 Satz 2 und 3 BBPlG sieht ein Entfallen der Bundesfachplanung für Vorhaben, für die ein Präferenzraum nach § 3 Nummer 10 NABEG entwickelt wurde, vor. §§ 9 Abs. 3 Satz 2 und 3, § 13 Abs. 2 und § 22 Abs. 3 NABEG ersetzen die physische durch eine digitale Auslegung. § 17d Abs. 1a EnWG enthält eine Regelung zur beschleunigten Errichtung von Offshore-Anbindungsleitungen, die der Versorgungssicherheit und Erreichung der Ziele des WindSeeG dient. §§ 43 Abs. 4 i.V.m. 43a Nr. 3 EnWG ermöglicht den Verzicht auf den Erörterungstermin.

2. Gas

38 Das Thema LNG ist in der Rubrik „Energietransport" eingeordnet, weil die Prozesse der Verflüssigung und der im LNG-Terminal anschließend erfolgenden Regasifizierung allein deshalb erfolgen, weil Erdgas in flüssiger Form nur in Rohrleitungen und nicht in Tankern transportiert werden könnte. Hingegen dient die Speicherfunktion in den Terminals nur als Puffer, nicht als Vorratsspeicher.

39 In § 1 Abs. 1 LNGG[51] wird der Gesetzeszweck dahingehend bestimmt, dass das Gesetz der „der Sicherung der nationalen Energieversorgung durch die zügige Einbindung verflüssigten Erdgases in das bestehende Fernleitungsnetz" dient.[52] § 3 Satz 1 erklärt LNG-Vorhaben als „für die sichere Gasversorgung Deutschlands besonders dringlich." Satz 3 statuiert, dass die schnellstmögliche Durchführung dieser Vorhaben dem zentralen Interesse an einer sicheren und diversifizierten Gasversorgung in Deutschland dient

---

[51] BT-Drs. 20/1742.
[52] Zusammenfassend zum LNGG: *Kahle*, jurisPR-UmwR 6/2022 Anm. 1.

und „aus Gründen eines überragenden öffentlichen Interesses und im Interesse der öffentlichen Sicherheit erforderlich" ist. Hinsichtlich der Bedeutung der Erforderlichkeit für die öffentliche Sicherheit ist auf die Ausführungen zu § 2 EEG 2023 zu verweisen.

Nach § 4 Abs. 1 LNGG hat abweichend von § 1 Absatz 4 UVPG die für die Zulassungsentscheidung zuständige Behörde bei
- stationären schwimmenden LNG-Terminals, also Floating Storage and Regasification Units (FSRU)
- LNG-Anbindungsleitungen,
- Gewässerausbauten und Gewässerbenutzungen, die für Errichtung und Betrieb von LNG-Terminals erforderlich sind, insbesondere Häfen und Landungsstege,
- Dampf- oder Warmwasserpipelines, die für den Betrieb von LNG-Terminals erforderlich sind,

das UVPG nach Maßgabe der Absätze 2 bis 5 nicht anzuwenden, wenn eine beschleunigte Zulassung des konkreten Vorhabens geeignet ist, einen relevanten Beitrag zu leisten, um eine Krise der Gasversorgung zu bewältigen oder abzuwenden.[53] Da es sich hierbei um eine Prognoseentscheidung handelt, dürfte diese wohl nur eingeschränkt gerichtlich überprüfbar sein, nämlich dahingehend, ob sie methodisch einwandfrei erarbeitet wurde, nicht auf unrealistischen Annahmen beruht und ob das Prognoseergebnis einleuchtend begründet worden ist.[54] Das gilt unbeschadet des unionsrechtlichen Hintergrundes, da auch im Unionsrecht bei Prognoseentscheidungen – etwa in Gestalt wirtschaftlicher Beurteilungen der Kommission – ein gerichtlich nur eingeschränkt überprüfbarer Beurteilungsspielraum anerkannt ist, der sich auf die Nachprüfung der materiellen Richtigkeit des Sachverhalts und auf offensichtliche Beurteilungsfehler beschränkt.[55]

40

§ 4 Abs. 4 LNGG statuiert bestimmte, sich aus Art. 2 Abs. 4 Unterabsatz 2 b) der UVP-Richtlinie ergebende Pflichten zur Information der Öffentlichkeit. § 4 Abs. 5 LNGG setzt die in Art. 2 Abs. 4

41

---

[53] Siehe BT-Drs. 20/1889 zur Einschränkung des Anwendungsbereichs von § 4 Abs. 1 LNGG.

[54] Vgl. BVerwGE 158, 1 = NVwZ-Beilage 2017, 101 (104) – Elbvertiefung; zur gerichtlichen Kontrolle eines Luftreinhalteplans auch BVerwG, NVwZ 2012, 1175 (1176).

[55] EuGH, Schlussanträge Generalanwältin *Kokott* vom 20.10.2022, C-376/20, ECLI:EU:C:2022:817, Rn. 51.

42 Es fragt sich, ob die in § 4 Abs. 1 LNGG angeordnete Nichtanwendung des UVPG mit Unionsrecht vereinbar ist.[56] Grundlage für § 4 LNGG ist Art. 2 Abs. 4 Unterabsatz 1 der UVP-Richtlinie. Danach die Mitgliedsstatten unbeschadet des Artikels 7 in Ausnahmefällen ein einzelnes Projekt ganz oder teilweise von den Bestimmungen dieser Richtlinie ausnehmen. Liegen die Voraussetzungen dieser Vorschrift vor?[57]

43 Voraussetzung ist zunächst das Vorliegen eines „Ausnahmefalles". Der UVP-Richtlinie lassen sich hierzu keinerlei Hinweise entnehmen. Weder wird in ihr der Begriff legaldefiniert, noch wird der erforderliche Zweck für eine Ausnahme angegeben; zudem erfolgen auch keine Bezugnahmen auf anderen Ausnahme-Regelungen. Zwar gilt auch im Unionsrecht der Grundsatz, dass der Begriff „Ausnahmefall" als Gegenstück zum Regelfall eng auszulegen ist.[58] Es ist aber festzustellen, dass der Gesetzgeber des Unionsrechts zwischen „einfachen Ausnahmefällen", „besonderen Ausnahmefällen"[59], „hinreichend begründeten Ausnahmefällen"[60], „eng begrenzten Ausnahmefällen"[61] und „dringenden Ausnahmefällen"[62] unterscheidet. Wenn er in Art. 2 Abs. 4 der UVP-Richtlinie lediglich einen – einfachen – Ausnahmefall vorausgesetzt hat, ohne Einschränkungen durch zusätzliche Anforderungen vorzunehmen, spricht dies dafür, jedenfalls keine über das allgemeine Verständnis des Ausnahmebegriffs hinausgehenden und damit besonders strengen Anforderungen zu verlangen.

44 Entsprechend hat der Gerichtshof festgestellt, dass Art. 2 Abs. 4 der UVP-Richtlinie dahingehend auszulegen ist, dass es einem

---

56 Zu den sich hierbei stellenden Fragen siehe *Schlacke/Wentzien/Römling*, NVwZ 2022, 1577 (1585).
57 Ausführlich hierzu *Kment/Fimpel*, NuR 2022, 599.
58 Vgl. EuGH, C-405/20, ECLI:EU:C:2022:347, Rn. 33 = NZA 2022, 907; C-612/20, ECLI:EU:C:2022:314, Rn. 28 = BeckEuRS 2022, 754069; C-140/20, ECLI:EU:C:2022:258, Rn. 40 = ZD 2022, 677.
59 RL 2011/61/EU, Erwägungsgrund 65 sowie Beschl. 2013/488/EU, Anhang I, Nr. 36.
60 VO (EU) 2019/1753, Art. 11 Abs. 3; VO (EU) 2021/1139, Erwägungsgrund 61; VO (EU) 2021/1057, Erwägungsgrund 52.
61 Vgl. VO (EU) 2020/1783, Erwägungsgrund 16.
62 So etwa VO (EG) Nr. 767/2008, Art. 3 Abs. 2.

Mitgliedstaat gestattet ist, ein Energieerzeugungs-Projekt von der UVP-Pflicht auszunehmen, „um die Sicherheit seiner Stromversorgung zu gewährleisten, wenn der Mitgliedstaat dartut, dass die Gefahr für die Stromversorgungssicherheit bei vernünftiger Betrachtung wahrscheinlich ist und das fragliche Projekt so dringlich ist, dass es das Unterbleiben einer solchen Prüfung zu rechtfertigen vermag, vorausgesetzt, dass die in Art. 2 Abs. 4 Unterabs. 2 Buchst. a bis c der Richtlinie vorgesehenen Verpflichtungen eingehalten werden".[63] Nach der Gesetzesbegründung erfasst das LNGG „sowohl die Fälle ..., in denen eine Krise der Gasversorgung bereits besteht, als auch Fälle, in denen eine Krise der Gasversorgung droht. Von einem relevanten Beitrag ist regelmäßig auszugehen, wenn über die konkrete Anlage mehr als nur geringfügig LNG eingespeist werden kann und soll und die Gasmangellage weiterhin vorliegt oder weiter droht, wofür eine Gaswarnstufe nach dem Notfallplan Gas nach der Verordnung (EU) 2017/1938 des Europäischen Parlaments und des Rates vom 25. Oktober 2017 über Maßnahmen zur Gewährleistung der sicheren Gasversorgung und zur Aufhebung der Verordnung (EU) Nr. 994/2010 (SoS-VO) ein Indiz ist, und sie nicht zwischenzeitlich durch andere neu hinzugekommene sichere Bezugsquellen dauerhaft weggefallen ist. Von einem mengenmäßig relevanten Beitrag kann regelmäßig ausgegangen werden, wenn das Vorhaben eine jährliche Regasifizierungskapazität von zumindest 5 Mrd. m³ erreicht bzw. überschreitet."[64] Danach dürften die Voraussetzungen für eine Ausnahme nach Art. 2 Abs. 4 Satz 1 der UVP-RL vorliegen.[65]

Des Weiteren stellt sich die Frage, ob das LNGG mit der Aarhus-Konvention vereinbar ist. Da LNG-Terminals die Voraussetzungen verschiedener in Anhang I der Konvention genannten Tätigkeiten erfüllen, ist deren Anwendungsbereich daher eröffnet.

Art. 6 AK sieht eine Öffentlichkeitsbeteiligung bei Entscheidungen über die Zulassung von Tätigkeiten nach Anhang I vor und verlangt einen angemessenen zeitlichen Rahmen für die beiden Phasen der Öffentlichkeitsbeteiligung (Information der Öffent-

---

[63] EuGH 29.7.2019 – C-411/17, ECLI:EU:C:2019:622 = BeckRS 2019, 15835, Rn. 102.
[64] Begründung des Gesetzentwurfs, BT-Drs. 20/1742, S.18.
[65] In diesem Sinne auch *Schlacke/Wentzien/Römling*, NVwZ 2022, 1577 (1585) und *Gillich*, DÖV 2022, 1027 (1030); a.A. *Kment/Fimpel*, NuR 2022, 599 (604).

lichkeit – Beteiligung der Öffentlichkeit). §4 Abs. 1 LNGG sieht vor, von der UVP abzusehen, aber gemäß §4 Abs. 4 LNGG die Antragsunterlagen für die Dauer von vier Tagen auszulegen. Es stellt sich die Frage, ob vier Tage Auslegung ohne Beteiligungsmöglichkeit eine angemessene Dauer der Phasen der Öffentlichkeitsbeteiligung darstellt.[66] Das ist letztlich schon deshalb zu verneinen, weil es nur die erste Phase – Information der Öffentlichkeit und nicht deren Beteiligung – betrifft. Geht man von einer Nichteinhaltung der Vorgaben der Aarhus-Konvention aus, stellt sich die weitere Frage, ob es eine Rechtfertigung hierfür gibt. Da der einzige in der Aarhus-Konvention enthaltene Ausnahmetatbestand – Landesverteidigung – hier nicht greift, fragt sich, ob sich aus dem allgemeinen Völkerrecht Rechtfertigungsgründe entnehmen lassen. Da der Beitrag lediglich einen Überblick geben soll, kann diese Frage hier nicht im Einzelnen erörtert werden. Allerdings könnte man erwägen, die UVP-RL der EU als entgegenstehende nachträgliche Staatenpraxis i.S.v. Art. 31 Abs. 3 Buchstabe b der Wiener Vertragsrechtskonvention anzusehen. Dies hätte dann auch auf andere von Konventionen abweichende nachträgliche Regelungen aus EU-Richtlinien Auswirkungen. Unabhängig davon stellt sich die Frage des Staatennotstandes. Nach Art. 25 Abs. 1 a) und b) der ILC-Artikel zur Staatenverantwortlichkeit kann sich ein Staat nur dann auf einen Notstand als Grund für den Ausschluss der Rechtswidrigkeit einer Handlung, die mit einer völkerrechtlichen Verpflichtung dieses Staates nicht im Einklang steht, berufen, wenn die Handlung

a) die einzige Möglichkeit für den Staat ist, ein wesentliches Interesse vor einer schweren und unmittelbar drohenden Gefahr zu schützen,

und

b) kein wesentliches Interesse des Staates oder der Staaten, gegenüber denen die Verpflichtung besteht, oder der gesamten internationalen Gemeinschaft ernsthaft beeinträchtigt.

47 Von diesen Kriterien ist im Kern auch das BVerfG ausgegangen.[67] Dass ein Fortbestand der Abhängigkeit von russischem Gas zu einer schweren und unmittelbar drohenden Gefahr für die öf-

---

[66] So *Gillich*, DÖV 2022, 1027 (1030).
[67] BVerfGE 118, 124 (135 ff.) = NJW 2007, 2610.

fentliche Sicherheit führen könnte, scheint mir eher zu bejahen zu sein. Weitere Voraussetzung wäre, dass die maximale Beschleunigung der Zulassung von LNG-Terminals die einzige Möglichkeit ist, sich vor dieser Gefahr zu schützen. Auf den ersten Blick spricht viel dafür, dass die LNG-Terminals jedenfalls ein unverzichtbarer Baustein im Gesamtkonzept zur umgehenden Schaffung einer von russischen Lieferungen unabhängigen Gasversorgung sind. Bedenkt man, dass es sich letztlich um eine sehr überschaubare Anzahl von LNG-Terminals handelt, könnte auch die zweite Voraussetzung zu bejahen sein, dass kein wesentliches Interesse der anderen Konventionsstaaten daran besteht, dass im Falle der Zulassung der LNG-Terminals der Einhaltung von Art. 6 AK Vorrang eingeräumt wird.

Darauf hinzuweisen ist noch, dass durch das Gesetz zur Änderung des Energiesicherungsgesetzes anderer energiewirtschaftlicher Vorschriften vom 08.10.2022 verschiedene fachrechtliche Verfahrensvorschriften bereichsspezifisch abgewandelt worden sind. Soweit das BImSchG anwendbar ist, regelt § 5 Abs. 1 Nr. 1 bis 3 LNGG u.a. die Beschränkung der Auslegungs- und Einwendungsfrist auf jeweils eine Woche sowie eine Befugnis der Behörde, über die Durchführung eines Erörterungstermins im Rahmen prozeduralen Ermessens zu entscheiden. § 5 Abs. 1 Nr. 5 LNGG sieht die Möglichkeit des vorzeitigen Beginns nach § 8a Abs. 1 Nr. 1 BImSchG und § 17 Abs. 1 Nr. 1 WHG vor Vorlage vollständiger Antragsunterlagen bei Entbehrlichkeit der UVP sowie dem Vorliegen der nunmehr in § 31e Abs. 2 Satz 1 Nr. 1 und 2 BImSchG genannten Voraussetzungen vor. § 7 Satz 1 Nr. 4 begründet eine Regelvermutung fehlender schädlicher, auch durch Nebenbestimmungen nicht vermeidbarer oder ausgleichbarer Gewässerveränderungen i.S.d. § 12 Abs. 1 Nr. 1 WHG durch die Entnahme und Wiedereinleitung von Wasser im Rahmen des Betriebes von LNG-Terminals. 48

IV. Verteilung im Krisenfall

Um die Deckung des lebenswichtigen Bedarfs an Energie für den Fall zu sichern, dass die Energieversorgung unmittelbar gefährdet oder gestört und die Gefährdung oder Störung der Energieversorgung durch marktgerechte Maßnahmen nicht, nicht recht- 49 zeitig oder nur mit unverhältnismäßigen Mitteln zu beheben ist, können nach § 1 Abs. 1 EnSiG durch Rechtsverordnung zahlreiche Vorschriften erlassen werden. Insbesondere können nach Nr. 1 Vorschriften ergehen über u.a. Produktion, Transport, Lagerung, Bevorratung, Verteilung, Abgabe, Bezug und Verwendung von Erdöl sowie sonstigen festen, flüssigen und gasförmigen Energieträgern sowie elektrischer Energie. Zuständig ist nach § 3 Abs. 1 die Bundesregierung, welche die Befugnis weitgehend auf die Bundesnetzagentur übertragen kann.

50 Nach § 1 Abs. 1 Satz 1 EnSiG gilt als „lebenswichtig [...] auch der Bedarf zur Erfüllung öffentlicher Aufgaben sowie europäischer und internationaler Verpflichtungen." Der hohe Stellenwert des Solidaritätsprinzips kommt auch in §2 „Internationale Verpflichtungen" und §2a „Europäische Verpflichtungen" zum Ausdruck. Die letztere, durch das Gesetz zur Änderung des Energiesicherungsgesetzes 1975 und anderer energiewirtschaftlicher Vorschriften vom 20.05.2022[68] eingeführte Vorschrift enthält in Abs. 1 eine ausdrückliche Ermächtigung zum Erlass einer Rechtsverordnung zur Erfüllung der Verpflichtungen zu Solidaritätsmaßnahmen nach der „Security of Supply"-EU-Verordnung[69] aus dem Jahre 2017. Mit ihr wurde ein EU-weiter Solidaritätsmechanismus eingeführt. Kommt es zu einer Versorgungskrise in einem EU-Staat, helfen benachbarte Mitgliedsstaaten der gleichen „Risikogruppe" (Solidaritätsgaslieferungen). Das Ausrufen des Notfalls stellt nur das letzte Mittel dar; zuvor muss der EU-Mitgliedsstaat die in seinem Notfallplan vorgesehenen Mittel ergreifen.

51 Der zeitgleich eingeführte § 2b EnSiG schreibt das Betreiben einer digitalen Plattform für Erdgas durch den Marktgebietsverantwortlichen vor, um zentral insbesondere Registrierung, Buchführung, Nachweis und Meldungen erfassen zu können als Grundlage weiterer Maßnahmen.

---

[68] BGBl. I 2022, S. 730.
[69] VO (EU) 2017/1938.

Überblick über die Rechtsprechung des Bundesverwaltungsgerichts zum Umweltrecht[1]

Prof. Dr. *Andreas Korbmacher*, Leipzig

I. Vorbemerkung

Auch das gemeinhin sehr dynamische Umweltrecht kennt – jedenfalls bereichsbezogen – ruhigere Zeiten. So kann man das vergangene Jahr seit der letzten Tagung der Gesellschaft für Umweltrecht als ein – bezogen auf die Rechtsprechungstätigkeit des Bundesverwaltungsgerichts – eher unspektakuläres oder ruhiges Jahr bezeichnen. Das Gericht ist damit – vergleicht man es etwa mit der rastlosen Tätigkeit des Gesetzgebers und den anstehenden politischen Entscheidungen und den erforderlichen technischen und gesellschaftlichen Transformationsprozessen – scheinbar antizyklisch unterwegs. Natürlich ist es aber nicht vollkommen abgekoppelt von den umweltrechtlichen Entwicklungen, und es sind ihm auch im vergangenen Jahr wichtige Grundsatzfragen zur Entscheidung gestellt und von ihm beantwortet worden, so etwa in den mit Spannung erwarteten ersten Urteilen zur Behandlung des Klimaschutzes in der Fachplanung. Erstaunlich ruhig ist es aber beim Eingang von umweltrechtlichen und planungsrechtlichen Klageverfahren. So hat sich in den ersten neun Monaten dieses Jahres die Zahl der neu eingegangenen planungsrechtlichen Verfahren, für die das Bundesverwaltungsgericht erstinstanzlich zuständig ist, deutlich reduziert.

Das ist in erster Linie auf einen Einbruch der Zahlen des für die Bundesfernstraßen zuständigen 9. Senats zurückzuführen. Statt 14 erstinstanzliche Verfahren wie im Vorjahr sind dort im Jahr 2022 bis Ende September nur fünf Planungsverfahren eingegangen,

1

2

---

[1] Überarbeitete Fassung des zur Eröffnung der Tagung gehaltenen Vortrages; die Vortragsform wurde beibehalten. Für wertvolle Unterstützung bei den Vorarbeiten dankt der Autor RiVG *Jasper Lange*.

wobei eines davon eine Anhörungsrüge betrifft. Bei den beiden anderen Planungssenaten sind die Eingänge ebenfalls im einstelligen Bereich geblieben. Es kommt hinzu, dass es sich hierbei keineswegs immer um Großverfahren handelt. In einigen Verfahren geht es eher um Kleinigkeiten, wie etwa um einzelne Festsetzungen oder Nebenbestimmungen eines Planfeststellungsbeschlusses.

3   Kann es sein, dass Grund für diese Entwicklung insbesondere im Straßenbereich eine gewisse Skepsis gegenüber dem Neu- und Ausbau von weiteren Bundesfernstraßen angesichts der Klimaveränderung und ihrer Folgen ist? Immerhin sind die Forderungen nach einem Moratorium beim Bau neuer Straßen im politischen Raum zu hören gewesen und in den gerichtshängigen Verfahren angesprochen worden. Andererseits ist es kaum vorstellbar, dass langfristige Planungen unter Inkaufnahme von gravierenden Lücken im überregionalen Verkehrsnetz eingestellt werden. Eine Erklärung, warum die Eingänge auch bei den Eisenbahnplanverfahren oder Windenergieanlagen zurückgegangen sind, liefert dieser Ansatz ohnehin nicht. Näher liegt wohl die Annahme, dass Planungswunsch und Planungswirklichkeit wieder einmal schmerzhaft und noch stärker auseinanderfallen als in den vergangenen Jahren. Das Deutschlandtempo ist (auch) bei den Planungs- und Genehmigungsbehörden offensichtlich noch nicht angekommen. Beruhigend ist das allerdings nicht, es zeigt vielmehr mit aller Deutlichkeit auf, wo das eigentliche Defizit und die eigentlichen Gründe für Verzögerungen bei der Realisierung von wichtigen Infrastrukturen liegen, nämlich in den Planungs- bzw. Genehmigungsverfahren. Anspruchsvolle Planungen und Genehmigungsverfahren, die eine Vielzahl von Belangen und Interessen berühren, oftmals auch Enteignungen erfordern sowie viele technisch-, energie- und verkehrswissenschaftliche Fragestellungen aufwerfen, lassen sich nicht über Nacht realisieren und nicht beliebig beschleunigen. Dies jedenfalls dann nicht, wenn man an den hohen materiellen Rechtsstandards und den Verfahrensgarantien festhält, die das nationale und unionale Recht vorgeben.

4   Dass das LNG-Beschleunigungsgesetz[2] die Fristen für die Öffentlichkeitsbeteiligung radikal auf wenige Tage beschränkt und

---

[2] Gesetz zur Beschleunigung des Einsatzes verflüssigten Erdgases (LNG-Beschleunigungsgesetz-LNGG) vom 24.05.2022 (BGBl. I S. 802).

auf die Durchführung einer Umweltverträglichkeitsprüfung weitestgehend verzichtet, bestätigt insoweit den Grundbefund: Ohne einschneidende, die Öffentlichkeitsbeteiligung und die Standards im Umweltrecht zurückfahrende Veränderungen des materiellen und Verfahrensrechts[3] und ohne eine wirklich hervorragende personelle und sachliche Ausstattung der Planungs- und Genehmigungsbehörden kann man in einem Rechtsstaat nicht wesentlich schneller planen, und auch dann gibt es Grenzen der Beschleunigung, genauso wie es Grenzen der Physik gibt. Ob wir dabei mit den bereits in Angriff genommenen zahlreichen gesetzlichen und sonstigen Maßnahmen auf dem richtigen Weg sind, bleibt abzuwarten. Viele Fragen sind hier noch offen, viele Fragestellungen auch neu.

Zu Recht widmet sich diese Tagung daher schwerpunktmäßig dem Thema, wie die Schaffung einer unabhängigen und nachhaltigen Energieversorgung als ein essentieller Baustein für die Bewältigung der Klimakrise rechtlich gestaltet werden kann und was insoweit schon unternommen worden ist und welche gesetzgeberischen und sonstigen Maßnahmen erforderlich sind, um den Ausbau der erneuerbaren Energien zu beschleunigen und umweltinterne Zielkonflikte in den Griff zu bekommen. Aus der Sicht der Verwaltungsgerichtsbarkeit ist dabei bereits gestern im GfU-Forum das wichtige Thema der Rechtsschutzverkürzung als Mittel der Verfahrensbeschleunigung angesprochen worden. In der Tat läuft die Gewährung von Rechtsschutz in Zeiten von – wie es in der Ankündigung zur heutigen Veranstaltung heißt – Herausforderungen „epochalen Ausmaß(es)" Gefahr, als notwendiges Übel gesehen zu werden, das zwar verfassungsrechtlich vorgegeben ist, das aber keinesfalls zu Verzögerungen der Vorhabenrealisierung führen darf. Das ist gewissermaßen die Quadratur des Kreises.

---

[3] Auf EU-Ebene ist inzwischen mit der Verordnung (EU) 2022/2577 des Rates vom 22.12.2022 zur Festlegung eines Rahmens für einen beschleunigten Ausbau der Nutzung erneuerbarer Energien reagiert worden. Mit ihr werden vorübergehend Notfallvorschriften festgelegt, um das Verfahren zur Genehmigungserteilung für die Erzeugung von Energie aus erneuerbaren Energiequellen zu beschleunigen. Der Bundesgesetzgeber hat – u.a. auf dieser Grundlage – die materiellen und verfahrensrechtlichen Anforderungen im Gesetz zur Änderung des Raumordnungsgesetzes und anderer Vorschriften (ROGÄndG) vom 22.03.2023 (BGBl. 2023 I Nr. 88) für Windenergieanlagen gesenkt (Verzicht auf Umweltverträglichkeitsprüfung und artenschutzrechtliche Prüfung).

6   Wenig hilfreich sind in diesem Zusammenhang aus Sicht der Verwaltungsgerichtsbarkeit gesetzgeberische Bestrebungen, den Verwaltungsprozess in Planungsverfahren unter anderem dadurch beschleunigen zu wollen, dass man dem Bundesverwaltungsgericht und den Oberverwaltungsgerichten vorschreiben will, regelhaft zwei Monate nach Eingang der Klageerwiderung einen verpflichtenden Erörterungstermin durchzuführen. Dies wird nach der festen und auf der Erfahrung mit der Bearbeitung zahlreicher Großverfahren beruhenden Überzeugung der Planungssenate dieses Hauses die ohnehin kurzen erstinstanzlichen Verfahren um keinen Tag verkürzen. Im Gegenteil steht zu befürchten, dass durch einen solchen Termin auf allen Seiten Ressourcen gebunden werden, ohne dass dies einen zeitlichen oder sonstigen Ertrag bringt.[4] Auch die Ergänzungen und Modifikationen des vorläufigen Rechtsschutzverfahrens durch einen neuen § 80c VwGO um Regelungen zum Außerachtlassen von Mängeln für besonders bedeutsame oder äußerst dringliche Vorhaben können aus der Sicht der Praxis kaum befriedigen und sind im Hinblick auf die Grundsätze des fairen Verfahrens, der Waffengleichheit und der richterlichen Neutralität bedenklich.[5]

II. Klimaschutz in der Planung

7   Wirkliches Neuland hat das Bundesverwaltungsgericht im Berichtszeitraum nur beim Klimaschutz betreten. Insbesondere der für die fernstraßenrechtlichen Planfeststellungen zuständige 9. Se-

---

[4] Das Gesetz zur Beschleunigung von verwaltungsgerichtlichen Verfahren im Infrastrukturbereich ist am 20.03.2023 verkündet worden (BGBl. 2023 I Nr. 71). Gegenüber dem Gesetzentwurf der Bundesregierung vom 01.12.2022 (BR-Drs. 640/22) sind im parlamentarischen Verfahren durch den Rechtsausschuss des Bundestages, veranlasst nicht zuletzt durch fast ausnahmslos sehr kritische Stellungnahmen aus der Verwaltungsgerichtsbarkeit, Anwaltschaft und dem Kreis der angehörten Experten, zahlreiche Änderungen vorgenommen worden. So ist u.a. die Zweimonatsfrist für die Durchführung eines Erörterungstermins gänzlich gestrichen und die Sollvorschrift zur Durchführung eines Erörterungstermins auf „geeignete Fälle" beschränkt worden; einen Überblick über die Änderungen geben *Steinkühler*, DVBl 2023, 903 und *Bier/Bick*, NVwZ 2023, 457; speziell zum neuen § 80c VwGO nimmt *Siegel*, NVwZ 2023, 462 Stellung.

[5] *Bier/Bick*, Fn. 4 S. 459; ähnlich *Siegel*, NVwZ 2023, 462, der von einem Schnellschuss des Gesetzgebers spricht.

nat war hier gefragt und ist entschlossen vorangeschritten. In zwei Entscheidungen hatte sich der Senat mit der Frage zu befassen, wie der Klimabeschluss des Bundesverfassungsgerichts und die Regelungen des Klimaschutzgesetzes, hier vor allem § 13 KSG, in der Fachplanung zu berücksichtigen bzw. in sie zu integrieren sind.

1. In seinem ersten Urteil vom 4. Mai 2022 betreffend die Bundesautobahn A 14 hat der 9. Senat zunächst und wenig überraschend klargestellt, dass die Aspekte des globalen Klimaschutzes und der Klimaverträglichkeit im Rahmen der Planfeststellung zu berücksichtigen waren.[6] Dies leitet sich aus Art. 20a GG i.V.m. § 13 Abs. 1 Satz 1 KSG ab. Diese Ziele bedürfen nach der Rechtsprechung des Bundesverfassungsgerichts[7] der Ausgestaltung und Konkretisierung durch den Gesetzgeber, die dieser durch § 13 KSG vorgenommen hat. Erst diese Konkretisierung – so betont der 9. Senat – kann und muss der Vorhabenzulassung zugrunde gelegt werden.[8] Die Berücksichtigung des globalen Klimas erfordert allerdings keine teilweise Wiederholung der Umweltverträglichkeitsprüfung, wenn die Voraussetzungen der Übergangsvorschrift des § 74 Abs. 2 Nr. 2 UVPG vorliegen, also das UVPG noch in seiner vor dem 16. Mai 2017 geltenden Fassung anzuwenden ist. Der 9. Senat verweist insoweit auf seine ständige Rechtsprechung, wonach ein erweiterter Klimabegriff, der auch das globale Klima umfasst, erst mit der neuen UVP-Richtlinie[9] zum Gegenstand der Umweltverträglichkeitsprüfung gemacht wurde.[10] Der Senat lehnt in diesem Zusammenhang eine von den Klägern geforderte „Aufladung" des Klimabegriffs durch das Klimaschutzgesetz ab. Er weist zutreffend darauf hin, dass § 13 KSG akzessorisch ist. Die Norm begründe keine neuen Aufgaben, sondern knüpfe an vorhandene Entscheidungsspielräume an. Bestehe aber nach den

---

[6] BVerwG, Urt. v. 04.05.2022 – 9 A 7.21, NVwZ 2022, 1549 Rn. 60 ff.
[7] BVerfG, Beschl. v. 24.03.2021 – 1 BvR 2656/18 u.a., BVerfGE 157, 30 Rn. 205 ff.
[8] BVerwG, Urt. v. 04.05.2022 – 9 A 7.21, NVwZ 2022, 1549 Rn. 61.
[9] Richtlinie 2014/52/EU des Europäischen Parlaments und des Rates vom 16.04.2014 zur Änderung der Richtlinie 2011/92/EU über die Umweltverträglichkeitsprüfung bei bestimmten öffentlichen und privaten Projekten (ABl. L 124 S. 1).
[10] BVerwG, Urt. v. 04.05.2022 – 9 A 7.21, NVwZ 2022, 1549 Rn. 65 mit Verweis auf BVerwG, Beschl. v. 27.11.2018 – 9 A 10.17, juris Rn. 34 ff.; Urt. v. 11.07.2019 – 9 A 13.18, BVerwGE 166, 132 Rn. 19 ff. und v. 24.02.2021 – 9 A 8.20, BVerwGE 171, 346 Rn. 35 ff.

einschlägigen Vorschriften und Übergangsbestimmungen gerade keine Pflicht zu einer Berücksichtigung des globalen Klimas, werde eine solche Pflicht auch nicht durch das Klimaschutzgesetz begründet.[11] Der 9. Senat räumt auch noch ein weiteres Übergangsproblem ab, indem er klarstellt, dass eine im bisherigen Planungsverfahren unterbliebene Berücksichtigung des globalen Klimawandels in einem ergänzenden Verfahren nachgeholt werden könne.[12] Das ist insofern von nicht zu unterschätzender Bedeutung, als damit in den noch zahlreichen Übergangsfällen nicht alles auf Null gestellt werden muss, sondern die Planungsträger und Planungsbehörden an die vorhandenen Planungen anknüpfen können.

9 Im zweiten „Klimaurteil" des 9. Senats vom 7. Juli 2022[13] zur Bundesautobahn A 20 ging es um ein Vorhaben, das ebenfalls vor dem Inkrafttreten des neuen UVPG genehmigt worden war. Auf die Klage eines Verbandes war das gerichtliche Verfahren zur Durchführung eines ergänzenden Verfahrens zur Fehlerheilung ausgesetzt worden. Das Verfahren dauerte knapp zwei Jahre, so dass der Planergänzungsbeschluss nach Erlass des neuen UVPG ergangen ist.

10 Der 9. Senat stellt klar, dass diese Änderung des Vorhabens nicht dazu führe, dass für das Gesamtvorhaben eine Neubewertung unter Klimagesichtspunkten vorzunehmen sei.[14] Der Senat greift insoweit die bekannte Rechtsprechung aller Planungssenate des Bundesverwaltungsgerichts auf, wonach auf den Zeitpunkt eines Ergänzungsbeschlusses nur insoweit abzustellen ist, als die Planfeststellungsbehörde ihre Entscheidung im ergänzenden Verfahren auf veränderte tatsächliche oder rechtliche Verhältnisse stützt und auf der Grundlage einer Aktualisierung der Beurteilungsgrundlagen eine Neubewertung vornimmt.[15] In diesem zweiten Urteil weist der 9. Senat ergänzend darauf hin, dass aus Art. 20a GG und dem

---

[11] BVerwG, Urt. v. 04.05.2022 – 9 A 7.21, NVwZ 2022, 1549 Rn. 66; kritisch hierzu *Hamacher*, NuR 2023, 84, 85 f.
[12] BVerwG, Urt. v. 04.05.2022 – 9 A 7.21, NVwZ 2022, 1549 Rn. 73.
[13] BVerwG, Urt. v. 07.07.2022 – 9 A 1.21, UPR 2023, 103.
[14] BVerwG, Urt. v. 07.07.2022 – 9 A 1.21, UPR 2023, 103 Rn. 163.
[15] BVerwG, Urt. v. 14.04.2010 – 9 A 5.08, BVerwGE 136, 291 Rn. 29 und v. 15.07.2016 – 9 C 3.16, Buchholz 406.403 § 34 BNatSchG 2010 Nr. 14 Rn. 42; Beschl. v. 20.03.2018 – 9 B 43.16, Buchholz 406.403 § 34 BNatSchG 2010 Nr. 16 Rn. 23.

Pariser Abkommen keine Pflicht zur Prüfung der Klimarelevanz eines Vorhabens folge.[16] Soweit in Art. 20a GG eine verfassungsrechtliche Pflicht des Staates zum Klimaschutz bestehe, handele es sich um eine Pflicht des Gesetzgebers, dem dieser mit dem Klimaschutzgesetz nachgekommen sei. Ähnliches gelte für das Pariser Abkommen, das nicht vorhabenbezogen, sondern durch den Gesetzgeber im Rahmen einer ganzheitlichen Verkehrs- und Klimaschutzpolitik zu operationalisieren sei.

2. Fachplanungsrechtlicher Anknüpfungspunkt für die nach neuer Rechtslage gebotene Berücksichtigung des Klimaschutzes ist für den 9. Senat die Gesamtabwägung nach § 17 Abs. 1 Satz 4 FStrG.[17] Der Klimaschutz gehört zu den Belangen, die nunmehr bei noch nicht abgeschlossenen Planfeststellungsverfahren in die Abwägung einzustellen sind. Auch insoweit beweist die „Jahrhundertformel" des 4. Senats aus dem 34. Band der Entscheidungssammlung[18] ihre Leistungsfähigkeit: Nach ihr ist in die Abwägung alles an Belangen einzustellen, was „nach Lage der Dinge in sie eingestellt werden muss", und hierbei müssen die Belange mit ihrer „objektiven Gewichtigkeit" berücksichtigt werden.[19] Das Bundesverwaltungsgericht hält sich daher bei diesem Punkt nicht lange auf, sondern wendet sich der ungleich schwerer zu beurteilenden Frage zu, wie denn nun im Einzelnen der globale Klimaschutz als Belang zu ermitteln ist und wie die Ergebnisse in die Entscheidung genau einzustellen und zu bewerten sind.[20] Der Maßstab war dabei noch recht einfach zu ermitteln. Nach dem in § 1 KSG umschriebenen Zweck und den in § 3 KSG festgelegten Zielen des Gesetzes geht es darum, den Anstieg der globalen Durchschnittstemperatur auf deutlich unter 2 Grad Celsius und möglichst unter 1,5 Grad Celsius gegenüber dem vor-industriellen Zeitalter zu begrenzen und die Treibhausgasemissionen entsprechend den in § 3 KSG festgeschriebenen Vorgaben zu mindern. Verstärkung erfährt

---

[16] BVerwG, Urt. v. 07.07.2022 – 9 A 1.21, UPR 2023, 103 Rn. 164 f.
[17] BVerwG, Urt. v. 04.05.2022 – 9 A 7.21, NVwZ 2022, 1549 Rn. 69; vgl. auch *Uechtritz*, NVwZ 2022, 1525; *Heß*, UPR 2022, 440.
[18] BVerwG, Urt. v. 12.12.1969 – IV C 105.66, BVerwGE 34, 301, 309.
[19] Diese Abwägungsformel erlaubt es insbesondere, das mit fortschreitendem Klimawandel zunehmende relative Gewicht des Klimaschutzgebotes angemessen zu berücksichtigen.
[20] BVerwG, Urt. v. 04.05.2022 – 9 A 7.21, NVwZ 2022, 1549 Rn. 76 ff.

diese Zielfestlegung durch den Klimabeschluss des Bundesverfassungsgerichts, wonach diese Temperaturschwelle als maßgebliche Konkretisierung des Klimaschutzzieles des Grundgesetzes anzusehen ist.[21]

12 Mehr Schwierigkeiten als der abstrakte Maßstab bereitet die Frage, wie denn nun die Ermittlungen der Auswirkungen des konkreten Vorhabens auf das globale Klima auszusehen haben und vorzunehmen sind. Hier liegt ja eines der Hauptprobleme in diesen Fällen. Wie soll man den oft nur wenige Kilometer langen Autobahnabschnitt mit dem Weltklima in Bezug setzen? Hier weiß man durch den Beschluss des Bundesverfassungsgerichts immerhin zweierlei. Zum einen kann man sich nicht damit herausreden, dass dieses Vorhaben im Maßstab des Weltklimas gar keine Rolle spiele, weil die Klimaneutralität ohnehin nicht allein durch Maßnahmen in Deutschland geschafft werden könne. Diesem Ansatz hat das Bundesverfassungsgericht eine klare Absage erteilt.[22]

13 Auf der anderen Seite weiß man durch das Bundesverfassungsgericht auch, dass der Klimaschutz als Belang nicht allen anderen Belangen vorgeht.[23] Allerdings muss man zugeben, dass der dazwischen zu durchmessende Raum doch recht gedehnt ist und es im Zeitpunkt der Entscheidung praktisch keine Konkretisierungen gab, die der Verwaltung Hilfestellung bei der praktischen Umsetzung geben würden. Das Urteil zählt im Einzelnen auf, woran es fehlt: Es existieren weder Rechtsverordnungen noch Verwaltungs- oder Ausführungsvorschriften, Leitfäden oder Handreichungen, die die Behörden ihrer Ermittlungstätigkeit zugrunde legen könnten.[24] Der 9. Senat antwortet in dieser Situation mit einem sehr pragmatischen Lösungsansatz, der sich vor allem auf die Ermittlungstiefe bezieht und sich hierauf auch beschränkt: Die Ermitt-

---

[21] BVerwG, Urt. v. 04.05.2022 – 9 A 7.21, NVwZ 2022, 1549 Rn. 78 mit Verweis auf BVerfG, Beschl. v. 24.03.2021 – 1 BvR 2656/18 u.a., BVerfGE 157, 30 Rn. 209.
[22] BVerfG, Beschl. v. 24.03.2021 – 1 BvR 2656/18 u.a., BVerfGE 157, 30 Rn. 202 f.
[23] BVerfG, Beschl. v. 24.03.2021 – 1 BvR 2656/18 u.a., BVerfGE 157, 30 Rn. 198.
[24] BVerwG, Urt. v. 04.05.2022 – 9 A 7.21, NVwZ 2022, 1549 Rn. 80; inzwischen hat das Bundesministerium für Digitales und Verkehr Hinweise zur Berücksichtigung der großräumigen Klimawirkungen in der Vorhabenzulassung erarbeitet und veröffentlicht. Diese sind für Zulassungsentscheidungen für den Bau oder die Änderung von Bundesfernstraßen anzuwenden, VkBl Heft 4/2023, Amtlicher Teil, S. 70.

lungen müssen mit Augenmaß erfolgen, die Anforderungen an sie dürfen nicht überspannt werden.[25] Dieses Augenmaßgebot wird man in erster Linie so verstehen dürfen, dass der Vorhabenträger und die Planfeststellungsbehörden nicht vorhabenbezogen das nachholen müssen, was anderenorts vorhabenunabhängig hätte geleistet werden müssen. Der 9. Senat sichert darüber hinaus seine Augenmaßrechtsprechung noch mit der Gesetzesbegründung ab. Dort heißt es nämlich, dass für § 13 KSG kein besonderer Erfüllungsaufwand für die Verwaltung zu erwarten sei. Wenn das so sei, könne man auch nicht zu viel von der Verwaltung erwarten, so in der Sache die Argumentation des Senats.[26] Diesem Argument ist eine gewisse Schlitzohrigkeit nicht abzusprechen. Auf der anderen Seite ist es sicher auch erlaubt, daran zu erinnern, dass es eben nicht egal ist, was der Gesetzgeber in seine Gesetzesbegründung hineinschreibt, und dass er Gefahr läuft, beim Wort genommen zu werden, wenn er schlankweg behauptet, seine Regelungen seien ohne größeren Aufwand umsetzbar.

Unabhängig hiervon ist dieser Hinweis auf das für die Behörden Leist- und Zumutbare berechtigt. Damit verhindert der 9. Senat, dass Anforderungen, die in anderen Bereichen des Umweltrechts gelten, mit leichter Hand auf die Ermittlungen im Zusammenhang mit dem Belang „Klimaschutz" übertragen werden. Würde etwa die Forderung nach Berücksichtigung der besten aktuellen wissenschaftlichen Erkenntnisse wie im europäischen Habitatrecht auch im Klimaschutz Einzug halten, wäre der Maßstab deutlich strenger und der Aufwand angesichts der räumlichen Unbegrenztheit und Komplexität der Klimaproblematik kaum mehr in der Vorhabenzulassung leistbar. Der Streit darüber, ob alle wissenschaftlichen Mittel und Quellen ausgeschöpft sind, wäre vorprogrammiert.

14

Die mit Augenmaß durchzuführenden Ermittlungen haben sektorübergreifend im Sinne einer Gesamtbilanz zu erfolgen. Dabei sind nicht nur die Sektoren des § 4 Abs. 1 Satz 1 Nr. 1 bis 6 KSG in den Blick zu nehmen, sondern auch der Sektor Landnutzung, Landnutzungsänderung und Forstwirtschaft in § 3a KSG.[27] Der

15

---

[25] BVerwG, Urt. v. 04.05.2022 – 9 A 7.21, NVwZ 2022, 1549 Rn. 80.
[26] BVerwG, Urt. v. 04.05.2022 – 9 A 7.21, NVwZ 2022, 1549 Rn. 81.
[27] BVerwG, Urt. v. 04.05.2022 – 9 A 7.21, NVwZ 2022, 1549 Rn. 83.

Senat begründet dies damit, dass der Klimaschutz querschnittsartig überall geprüft werden solle und es daher auf eine Gesamtbilanz ankomme, die sich an den nationalen, europäischen und völkerrechtlichen Klimaschutzzielen zu orientieren habe mit dem langfristigen Ziel einer „Netto-Treibhausneutralität".[28]

16 Bei der konkreten Ermittlung der dem Vorhaben zuzurechnenden Emissionen kam dem 9. Senat zugute, dass er auf die dem Projektinformationssystem zum Bundesverkehrswegeplan 2030 (PRINS) zugrunde liegenden Zahlen, die sowohl die betriebsbedingten CO_2-Emissionen als auch die CO_2-Äquivalente aus Lebenszyklusemissionen enthielten, zurückgreifen konnte.[29] Auch die inzwischen vom Bundesverkehrsministerium veröffentlichten Hinweise zur Berücksichtigung der großräumigen Klimawirkungen in der Vorhabenzulassung[30] geben vor, dass die Ermittlung der THG-Emissionen für Straßenbauvorhaben für die Teilbereiche „THG-Lebenszyklusemissionen", „Verkehrsbedingte THG-Emissionen" und „Landnutzungsbedingte THG-Emissionen" vorzunehmen ist. Hinsichtlich des „Wie" der Ermittlungen verweist die Handreichung interessanterweise zunächst auf die Augenmaß-Rechtsprechung des 9. Senats und ergänzend auf die im Methodenhandbuch zum Bundesverkehrswegeplan beschriebenen Methoden zur Ermittlung von THG-Emissionen.

17 Ebenso spannend und ebenso wenig geregelt wie die Ermittlung der klimarelevanten Auswirkungen ist deren Bewertung. Hier rammt der 9. Senat ebenfalls einige klare Pflöcke ein. Nüchtern stellt er zunächst fest, dass dem Klimaschutzgebot trotz seiner verfassungsrechtlichen Verankerung kein Vorrang vor anderen Belangen zukomme. Einen solchen vermag der Senat weder aus Art. 20a GG noch aus § 13 KSG noch aus dem Klimabeschluss des Bundesverfassungsgerichts abzuleiten.[31] Das mag auf den ersten Blick ein wenig überraschen, hat das Bundesverfassungsgericht doch etwas abweichend formuliert, dass Art. 20a GG keinen unbedingten Vorrang gegenüber anderen Belangen genieße.[32] Diese Formulierung spricht mehr für eine äußerste Grenze und hätte

---

[28] BVerwG, Urt. v. 04.05.2022 – 9 A 7.21, NVwZ 2022, 1549 Rn. 84.
[29] BVerwG, Urt. v. 04.05.2022 – 9 A 7.21, NVwZ 2022, 1549 Rn. 89 ff.
[30] VkBl Heft 4/2023, Amtlicher Teil, S. 70
[31] BVerwG, Urt. v. 04.05.2022 – 9 A 7.21, NVwZ 2022, 1549 Rn. 86.
[32] BVerfG, Beschl. v. 24.03.2021 – 1 BvR 2656/18 u.a., BVerfGE 157, 30 Rn. 198.

mit dem weiteren Hinweis, dass das relative Gewicht des Klimaschutzgebotes in der Abwägung bei fortschreitendem Klimawandel eher zunehmen werde, wohl auch die Annahme eines Optimierungsgebotes zugelassen. Der 9. Senat hat aber noch ein starkes Argument für seine zurückhaltende Sichtweise: Er weist darauf hin, dass das Berücksichtigungsgebot in § 13 KSG insbesondere querschnittsartige Regelungslücken in den Fachgesetzen schließen solle. Mit dieser weitreichenden Geltung sei die Annahme einer generellen Vorrangstellung nicht vereinbar.[33]

Bei der Bewertung der klimaschädlichen CO_2-Emissionen stellt der 9. Senat zudem grundsätzlich klar, dass ein Verzicht auf den weiteren Straßenbau ausweislich des aktuellen Berichts des Umweltbundesamtes zu Klimaschutzinstrumenten im Verkehr kein im Rahmen der politischen und umweltschutzfachlichen Klimaschutzdiskussion propagiertes Ziel sei. Auch ein Moratorium für den im Bundesverkehrswegeplan 2030 vorgesehenen Straßenbau stehe nicht zur Debatte.[34]

Bei der Berechnung der zu erwartenden Mehrbelastungen stellt der Senat auf den zu erwartenden primär induzierten Neuverkehr ab, also auf den Verkehr, der durch den Neubau voraussichtlich zusätzlich zu dem bereits vorhandenen Verkehr hervorgerufen wird. Diese zusätzliche CO_2-Belastung liege mit einem jährlichen Anteil von höchstens einem Zehntel Promille in einem derart niedrigen Bereich, dass nicht abwägungsfehlerhaft sei, dass der Beklagte die für das Vorhaben sprechenden Belange im Ergebnis höher gewichtet habe als die klimaschädlichen Nachteile.[35]

III. Klage- und Rügebefugnis und kein Ende

Eine Konstante im Planungs- und Umweltrecht ist die Frage danach, wer klagen kann und womit er gehört wird, wenn er klagen kann. Es geht also um die Klage- und Rügebefugnis.

Dass das so kompliziert ist, liegt zum einen an der Systementscheidung des deutschen Gesetzgebers für die Verletztenklage, also für ein echtes kontradiktorisches Verfahren, das an das Vor-

---

[33] BVerwG, Urt. v. 04.05.2022 – 9 A 7.21, NVwZ 2022, 1549 Rn. 86.
[34] BVerwG, Urt. v. 04.05.2022 – 9 A 7.21, NVwZ 2022, 1549 Rn. 97.
[35] BVerwG, Urt. v. 04.05.2022 – 9 A 7.21, NVwZ 2022, 1549 Rn. 95 ff.

handensein eines subjektiven Rechts anknüpft und (nur) dieses schützt. Neben die Verletztenklage ist aber schon seit langem die Verbandsklage getreten, die – auch wenn es der deutsche Gesetzgeber zunächst nicht wahrhaben wollte – gerade keine Verletzung in subjektiven Rechten voraussetzt, sondern insoweit genügen lässt, dass sich die klagende Vereinigung in ihrem satzungsgemäßen Aufgabenbereich berührt sieht. Dass die Verbandsklagebefugnis gleichwohl immer wieder Fragen aufwirft, die die Gerichte beschäftigen, liegt an dem in vielerlei Hinsicht missratenen, vor allem überkompliziert konzipierten Umwelt-Rechtsbehelfsgesetz, das versucht, durch eine enumerative Aufzählung diejenigen Verfahren zu begrenzen, die in seinen Anwendungsbereich fallen. Damit hat sich der Gesetzgeber von Beginn an auf unionsrechtlich dünnes Eis begeben und ist wiederholt eingebrochen. Das Umwelt-Rechtsbehelfsgesetz in seiner jetzigen komplizierten Form ist daher auch das Ergebnis ständig notwendig gewordener Nachbesserungen durch den deutschen Gesetzgeber, dem der Europäische Gerichtshof immer wieder attestieren musste, dass er mit dem Umwelt-Rechtsbehelfsgesetz hinter den unionalen Vorgaben zurückblieb. Zuletzt und erneut ist dies dem Umwelt-Rechtsbehelfsgesetz durch das Urteil des Europäischen Gerichtshofs zur Klagemöglichkeit gegen EG-Typengenehmigungen[36] eindrucksvoll bestätigt worden.

22 Interessant ist es bei diesem Befund, dass im Berichtszeitraum gleichwohl nicht in erster Linie vertrackte Fragen der Eröffnung des Anwendungsbereichs des Umwelt-Rechtsbehelfsgesetz die Senate des Bundesverwaltungsgerichts beschäftigt haben, sondern solche der Anerkennung von Vereinigungen. In einem Verfahren des 7. Senats[37] stellte sich die Frage, ob eine Vereinigung, die sich nach ihrem satzungsgemäßen Aufgabenbereich auf den Schutz nur eines Naturgutes – hier des Bodens – konzentrierte, bei Vorliegen der übrigen Voraussetzungen als Naturschutzvereinigung anerkannt werden kann bzw. muss. Der Beklagte hatte aus dem Naturschutzgesetz die Notwendigkeit einer „holistischen" Betrachtung abgeleitet. Die Ziele des Naturschutzes nähmen die vielfältigen Wechselbeziehungen der Naturgüter im Naturhaus-

---

[36] EuGH, Urt. v. 08.11.2022 – C-873/19.
[37] BVerwG, Urt. v. 03.02.2022 – 7 C 2.21, BVerwGE 174, 385.

halt, die biologische Vielfalt und die Natur als Lebensraum für Pflanzen und Tiere in den Blick. Der Schutz nur einzelner Medien sei dem klassischen Umweltschutz zuzuordnen. Diesem Ansatz hat das Bundesverwaltungsgericht allerdings eine Absage erteilt. Es genüge für die Anerkennung als Naturschutzvereinigung, dass sich die Umweltvereinigung auf eines der in § 7 Abs. 1 BNatSchG genannten Naturgüter spezialisiere. Auch dann sei von einer Einbeziehung des Wirkungsgefüges zwischen den verschiedenen Naturgütern auszugehen.[38]

Ferner hat die Frage, bis zu welchem Zeitpunkt eine Anerkennung erfolgt sein muss, die Senate beschäftigt. Der 7. Senat hat insoweit – ohne viel Problembewusstsein zu entwickeln – in einer Entscheidung vom 16. September 2021 die Klagebefugnis eines Umweltvereins verneint, weil die erforderliche Anerkennung durch das Umweltbundesamt im Zeitpunkt der mündlichen Verhandlung noch nicht vorlag und sich auch nicht feststellen ließ, dass dies aus Gründen geschah, die der Kläger nicht zu vertreten habe (vgl. § 2 Abs. 2 Satz 1 Nr. 3 UmwRG).[39]

Damit hatte sich der Senat gegen Stimmen in der Literatur gestellt, die davon ausgehen, dass aus der Formulierung im Umwelt-Rechtsbehelfsgesetz, wonach die Vereinigung „bei Einlegung eines Rechtsbehelfs" anerkannt sein müsse, folge, dass es sich um eine eigene Zugangsvoraussetzung und nicht um eine nachholbare Sachurteilsvoraussetzung handele, für die die rechtlichen und tatsächlichen Verhältnisse am Ende der mündlichen Verhandlung maßgeblich sind.[40] Der Zufall will es, dass der 9. Senat fast auf den Tag genau ein Jahr später in einer ähnlichen Konstellation die in der Entscheidung des 7. Senats noch fehlende dogmatische Begründung nachgeliefert hat.[41] Schon der Wortlaut des § 2 Abs. 1 Satz 1 UmwRG spreche gegen die Annahme einer – für die Verwaltungsgerichtsordnung unüblichen – Zugangsvoraussetzung. Gerade vor dem Hintergrund der ausdrücklichen Bezugnahme auf die Verwaltungsgerichtsordnung hätte der Gesetzgeber eine Abweichung von diesem Grundsatz deutlich zum Ausdruck bringen müssen. Aber auch der systematische Zusammenhang,

---

[38] BVerwG, Urt. v. 03.02.2022 – 7 C 2.21, BVerwGE 174, 385 Rn. 18.
[39] BVerwG, Urt. v. 16.09.2021 – 7 A 5.21 – UPR 2022, 91 Rn. 18.
[40] *Fellenberg/Schiller*, in: Landmann/Rohmer, UmwRG, 99. Lfg. 2022, § 2 Rn. 10.
[41] BVerwG, Urt. v. 14.09.2022 – 9 C 24.21, BVerwGE 176, 259 Rn. 20.

in dem § 2 Abs. 1 Satz 1 UmwRG stehe, und vor allem Sinn und Zweck sprächen für eine Qualifizierung als Sachurteilsvoraussetzung.

IV. Habitat- und Artenschutz

25 Im Bereich des Habitat- und Artenschutzes ging es auch im vergangenen Jahr weniger um die großen Linien – die sind vorgezeichnet – als um feine Striche, die noch nachzuziehen sind.

26 Eine interessante Facette zum Thema „faktisches Vogelschutzgebiet" hat der 7. Senat mit seinem Urteil vom 17. Dezember 2021 zur Erweiterung einer in einem Vogelschutzgebiet liegenden Abfalldeponie beigetragen.[42] In diesem Fall hatte nicht ein Verband oder ein sonstiger Kläger die Existenz eines faktischen Vogelschutzgebietes geltend gemacht, um das Vorhaben zu verhindern, sondern ausgerechnet die Planfeststellungsbehörde berief sich auf ein faktisches Vogelschutzgebiet und lehnte mit dieser Begründung die Erweiterung der Deponie teilweise ab.

27 Die Behörde machte über zehn Jahre nach der Gebietsmeldung geltend, in dem immer noch nicht ordnungsgemäß unter Schutz gestellten Gebiet sei bereits im Zeitpunkt der Gebietsausweisung und fortbestehend bis heute eine dritte, nicht im Standarddatenbogen aufgeführte Vogelart wertbestimmend. Eine erhebliche Beeinträchtigung oder Störung dieser Vogelart durch das Vorhaben sei nicht auszuschließen.

28 Für den Vorhabenträger bedeutete dies, dass er plötzlich und ohne Vorwarnung mit einer als wertbestimmend angesehenen Vogelart konfrontiert wurde, mit der er nach den bisherigen Gebietsausweisungen nicht zu rechnen brauchte und die er daher bei der Prüfung, ob er die Deponieerweiterung mit Erfolg beantragen kann, nicht berücksichtigt hatte und auch nicht berücksichtigen konnte. Diese Situation ist ganz sicher das Gegenteil dessen, was mit dem Gebietsausweisungs- und -meldeverfahren beabsichtigt ist. Dieses verliert weitgehend seine Funktion, für klare rechtliche Verhältnisse zu sorgen und so unter anderem auch Planungssicherheit herzustellen. Der 7. Senat hat dies gesehen und daher seine Rechtsprechung, wonach nach Abschluss

---

[42] BVerwG, Urt. v. 17.12.2021 – 7 C 7.20, BVerwGE 174, 309.

des nationalen Gebietsauswahl- und -meldeverfahrens eine Vermutung dafür spreche, dass die Gebietsauswahl und -abgrenzung ordnungsgemäß vorgenommen worden sei, auf die vorliegende Situation zu Lasten der Behörde übertragen.[43] Auch hinsichtlich der wertbestimmenden Vogelarten führe das Voranschreiten des mitgliedstaatlichen Auswahl- und Meldeverfahrens zu einer Steigerung der Darlegungsanforderungen. Es greife eine Vermutung des Inhalts, dass außer den in der Gebietsmeldung angegebenen keine weiteren wertbestimmenden Arten in dem Gebiet vorhanden seien. Diese Vermutung könne nur durch den Nachweis widerlegt werden, dass die Meldung einer Art als wertbestimmend sachwidrig unterblieben sei.[44]

Mit einer ebenfalls eher außergewöhnlichen Konstellation hatte sich der 9. Senat in seinem jüngsten und bereits erwähnten A 20-Urteil[45] zu beschäftigen. Hier hatte der Vorhabenträger die Stickstoffbelastung eines FFH-Gebietes durch die geplante Autobahn „auf Kante" gerechnet, und zwar mit 0,326 kg N (ha*a). Das liegt eigentlich schon über dem sogenannten Abschneidewert, der ja bekanntlich als absoluter Wert 0,3 kg N (ha*a) beträgt und dazu dient, den räumlichen Umfang einer vorzunehmenden habitatrechtlichen Betrachtung festzulegen. Nur aufgrund der Tatsache, dass nach der einschlägigen Fachkonvention die Zahl auf 0,3 kg abzurunden war, konnte der Abschneidewert als eingehalten angesehen werden. Im Laufe des Prozesses stellte sich jedoch aufgrund einer vom Senat im Nachgang zur mündlichen Verhandlung veranlassten gemeinsamen Berechnung der Gutachter der Kläger- und Beklagtenseite heraus, dass in den Eingangsdaten des Sachverständigenbüros des Vorhabenträgers die Karte der landnutzungsabhängigen Depositgeschwindigkeiten um 180 Grad verdreht war und deshalb die Berechnung an einem unerkannt gebliebenen Rechenfehler litt.[46] Drehte man die Karte um, und rechnete man neu, lag der Wert bei 0,346 kg und damit nur noch 4 Gramm unterhalb der magischen Grenze von 0,35 kg, die eine

29

---

[43] BVerwG, Urt. v. 17.12.2021 – 7 C 7.20, BVerwGE 174, 309 Rn. 21 f.
[44] BVerwG, Urt. v. 17.12.2021 – 7 C 7.20, BVerwGE 174, 309 Rn. 27. Im konkreten Fall war es der Planfeststellungsbehörde nach den tatsächlichen Feststellungen des Oberverwaltungsgerichts gelungen, diese Hürde zu nehmen.
[45] BVerwG, Urt. v. 07.07.2022 – 9 A 1.21, UPR 2023, 103.
[46] BVerwG, Urt. v. 07.07.2022 – 9 A 1.21, UPR 2023, 103 Rn. 63.

Aufrundung und damit die Nichteinhaltung des Abschneidewertes bedeutet hätte. Zu der verdrehten Karte kam hinzu, dass die stickstoffreduzierenden Auswirkungen eines Parkplatzrückbaus überschätzt worden waren und damit unsicher war, ob der rechnerische Puffer von 4 Gramm eingehalten werden kann.[47] Der 9. Senat hat dies nicht nur beanstandet, sondern das Verfahren zum Anlass genommen, in ungewohnt deutlicher Weise klarzustellen, dass es der gebotenen richterlichen Neutralität widerspräche, „derart grenzwertige Planungen dadurch abzusichern, dass Vorhabenträger und Planfeststellungsbehörden auch in diesem Fall darauf vertrauen könnten, notfalls noch so rechtzeitig durch das Gericht ‚gewarnt' zu werden, dass sie den Planfeststellungsbeschluss zur Abwendung einer sich andernfalls abzeichnenden Prozessniederlage – gleichsam ‚in letzter Minute' – entsprechend richterlicher Vorgaben anpassen können".[48] Es sei nicht die Aufgabe des angerufenen Gerichts, als Reparaturbetrieb der Verwaltung tätig zu werden.

V. Sonstiges

1. Um Fragen der Alternativenprüfung ging es in mehreren Entscheidungen des 7. Senats zum Neubau der S-Bahnlinie 4 in Hamburg.[49] Im Vordergrund der Argumentation der Kläger stand die Forderung, die mit dem Vorhaben bezweckte Entflechtung der verschiedenen Eisenbahnverkehre durch eine weiträumige Güterumfahrungsvariante zu verwirklichen und hierdurch die erheblichen bauzeitlichen und dauerhaften Inanspruchnahmen der Grundstücke der Anwohner zu vermeiden. Eine ähnliche Prüfung hatte der 7. Senat bereits im Zusammenhang mit dem Ausbau der Strecke Oldenburg-Wilhelmshaven[50] für erforderlich erachtet, auch wenn die planerischen Alternativen auf ein Neubauvorhaben statt des im Bedarfsplan ausgewiesenen Ausbaus der Bestandstrecke hinauslaufen. Im Fall der S-Bahnlinie 4 hat der Senat allerdings in der

---

[47] BVerwG, Urt. v. 07.07.2022 – 9 A 1.21, UPR 2023, 103 Rn. 74 ff.
[48] BVerwG, Urt. v. 07.07.2022 – 9 A 1.21, UPR 2023, 103 Rn. 86 ff.
[49] BVerwG, Urt. v. 05.10.2021 – 7 A 13.20, BVerwGE 173, 296; 7 A 14.20 und 7 A 17.20, jeweils juris.
[50] BVerwG, Urt. v. 15.10.2020 – 7 A 9.19, NVwZ 2021, 1145.

von den Klägern geforderten Umfahrungsvariante nicht nur eine Planungsalternative, sondern eine unzulässige Konzeptalternative gesehen, die ein anderes Projekt darstelle, das die mit dem Neubau der S-Bahnlinie 4 verfolgten Ziele nicht in einem Vorhaben verwirkliche, sondern in zwei Vorhaben aufspalte. Eine solche Konzeptalternative versuche, die vorgegebenen Planungsziele auf eine grundsätzlich andere Weise zu verwirklichen, und wahre daher nicht die Identität des Vorhabens.[51] Die Fälle zeigen, dass die Alternativenprüfung in diesen Fällen durchaus sorgfältig vorzunehmen ist. Der Vorhabenträger kann sich nicht (blind) darauf berufen, dass es sich nach dem Bedarfsplan um eine Ausbaustrecke handelt, sondern muss die Möglichkeit eines (partiellen) Neubaus in seine Alternativenbetrachtung einbeziehen. Den Neubau darf er auch nicht vorschnell mit dem Argument verwerfen, es handele sich bei ihm um ein aliud zur vorgesehenen Planung. Ob es sich – gemessen an den Planungszielen – tatsächlich um eine Konzeptalternative und damit um ein anderes Projekt handelt, kann im Einzelfall schwierig zu bestimmen sein.

2. Der 4. Senat hatte sich in einem Urteil aus dem Mai 2022 mit dem altbekannten „Wegwägen" zu beschäftigen.[52] Gegenstand des Wegwägens waren Lärmimmissionen, die in einer Gemengelage aus Wohnbebauung und Sportanlagen zu befürchten waren. Der 4. Senat hat Anlass gesehen, auf die hohen Anforderungen hinzuweisen, die für ein solches Wegwägen von Überschreitungen der in der 18. BImSchV enthaltenen Immissionsrichtwerte gelten. Sie seien nur hinnehmbar, soweit alle naheliegenden und verhältnismäßigen Möglichkeiten der Lärmreduktion ermittelt, erwogen und ausgeschöpft seien.[53] Diesen Anforderungen wurde der Bebauungsplan im konkreten Fall nicht gerecht.

3. Ein weiterer Klassiker der Abwägungsdogmatik hat jüngst den 7. Senat beschäftigt. Es ging um die Frage des Funktionsloswerdens planerischer Festsetzungen eines wasserrechtlichen Planfeststellungsbeschlusses für den Bau eines Hafens in Bremerhaven. An diesem sollten Offshore-Windenergieanlagen vormontiert und umgeschlagen werden. Das Oberverwaltungsgericht

---

[51] BVerwG, Urt. v. 05.10.2021 – 7 A 13.20, BVerwGE 173, 296 Rn. 80.
[52] BVerwG, Urt. v. 10.05.2022 – 4 CN 2.20, NVwZ 2022, 1464.
[53] BVerwG, Urt. v. 10.05.2022 – 4 CN 2.20, NVwZ 2022, 1464 Rn. 24.

hat die Funktionslosigkeit im konkreten Fall bejaht und hierbei eine Gesamtbetrachtung aller Umstände angestellt.[54] Konkret stellte es darauf ab, dass sich der Bedarf für das Offshore-Terminal schon während des Planungsverfahrens nicht unerheblich verringert habe und eine Finanzierung des planfestgestellten Offshore-Terminals Bremerhaven mittlerweile ausgeschlossen erscheine. Außerdem spielten die Insolvenz der beiden seinerzeit in Bremerhaven produzierenden Hersteller von Windenergieanlagen, ein nur 40 km von Bremerhaven entfernt errichtetes anderes Offshore-Terminal sowie die inzwischen geänderten Montagebedingungen derartiger Anlagen eine Rolle. Der 7. Senat hat die Gesamtbetrachtung für zulässig erachtet.[55] Auch eine Gesamtschau von Umständen und Entwicklungen könne die Einschätzung rechtfertigen, dass die tatsächlichen Verhältnisse einen Zustand erreicht haben, der eine Verwirklichung der Planung auf unabsehbare Zeit ausschließe. Dies gelte selbst dann, wenn jeder einzelne dieser Umstände bzw. jede einzelne dieser Entwicklungen bei isolierter Betrachtung gegebenenfalls nur Zweifel an der Verwirklichung des Vorhabens begründeten und deshalb die Annahme einer Funktionslosigkeit der Planung nicht selbständig zu tragen vermöchten. Dies entspreche einem realitätsgerechten Verständnis der Rechtsfigur der Funktionslosigkeit.[56]

VI. Schlussbemerkung

Der zuletzt referierte Fall schließt den Kreis zu den Ausführungen in der Vorbemerkung über die Herausforderungen, die mit der rechtlichen Bewältigung der epochalen Problemstellungen des Klimawandels auf Verwaltung, Vorhabenträger, Vorhabenbetroffene, Umweltvereinigungen, Anwaltschaft und Verwaltungsgerichtsbarkeit zukommen. Er veranschaulicht, dass die Transformationsbemühungen auch mit Rückschlägen verbunden sind und es keine einfachen Lösungen gibt. Weder in technischer und wirtschaftlicher, noch in gesellschaftlicher und politischer Hinsicht, und schließlich auch nicht in rechtlicher Hinsicht. Die rechtlichen

---

[54] OVG Bremen, Urt. v. 02.11.2021 – 1 LC 107/19, DVBl 2022 977 (979).
[55] BVerwG, Beschl. v. 20.09.2022 – 7 B 4.22, juris.
[56] BVerwG, Beschl. v. 20.09.2022 – 7 B 4.22, juris Rn. 26.

Probleme der Energiewende auszuleuchten, hat sich diese Tagung zum Ziel gesetzt. Dies ist nicht nur ein aktuelles Ziel, sondern auch ein Ziel, das alle Bemühungen wert ist.

Beschleunigung des Ausbaus von Windenergieanlagen an Land

Prof. Dr. *Martin Kment*, LL.M. (Cambridge), Augsburg[1]

I. Herausforderungen der Gegenwart

1. Deutschland in der Poly-Krise

1 Deutschland befindet sich in einer Krise mit vielen Gesichtern, die manche auch als „Poly-Krise" bezeichnen.[2] Da ist zunächst der Krieg zwischen der russischen Föderation und der Ukraine, der in unmittelbarer Nachbarschaft Deutschlands ausgetragen wird. An zweiter Stelle ist die Klimakrise zu nennen, die die gesamte Menschheit im Großen und jeden Einzelnen im Kleinen bedroht. Ein goldener Oktober hinterlässt deshalb bei dem ein oder anderen einen faden Beigeschmack. Hinzu tritt die Energiekrise, die nicht nur die Wirtschaft, sondern auch die einzelnen Bürger in ihren Lebensgewohnheiten unmittelbar betrifft. Sie ist gepaart mit einer Inflationskrise, deren Schockwelle den Wohlstand angreift und den Wirtschaftskreislauf aus dem Tritt gebracht hat. Es sind unruhige Zeiten.

2. Rolle der Windenergie und politischer Handlungswille

2 In dieses Gesamtbild der Poly-Krise gilt es, das Puzzlestück mit Namen „Windenergie" richtig einzusetzen. Denn die Windenergie soll nicht nur ein Stützpfeiler der Energiewende sein. Sie soll in

---

[1] Der Verf. ist geschäftsführender Direktor des Instituts für Umweltrecht und Inhaber des Lehrstuhls für Öffentliches Recht und Europarecht, Umweltrecht und Planungsrecht der Universität Augsburg. Die Bearbeitung wurde am 21.11.2022 abgeschlossen. Zu diesem Zeitpunkt waren alle Internetfundstellen abrufbar.

[2] Siehe etwa ZEIT ONLINE, Auch das noch?/Polykrise: Wie kommen wir da wieder raus?, 10.11.2022 (vgl. https://www.zeit.de/wissen/2022-10/globale-polykrise-krieg-klima-krisenpodcast?utm_referrer=https%3A%2F%2Fduckduckgo.com%2F).

der Zukunft auch für Versorgungssicherheit und damit für Preisstabilität sorgen.[3] Geopolitisch spricht man auch schon von „Freiheitsenergie".[4]

Die politische Bereitschaft zum Handeln besteht. In einem bemerkenswerten Tempo hat der Gesetzgeber viele Rechtsakte erlassen. Für den Ausbau der Windenergie ist besonders das „Gesetz zur Erhöhung und Beschleunigung des Ausbaus von Windenergieanlagen an Land"[5] sehr wichtig. Es gehört zum sog. „Osterpaket",[6] obschon es auf den 20. Juli datiert. Das Artikelgesetz hat uns Änderungen im BauGB und im ROG beschert. Zusätzlich wurde mit dem Gesetz zur Festlegung von Flächenbedarfen für Windenergieanlagen an Land[7] – „Windenergieflächenbedarfsgesetz" bzw. „WindBG" – sowohl eine substanzielle Änderung des bestehenden planerischen Rechtsrahmens vollzogen als auch juristisches Neuland betreten. Der Gesetzgeber hat zu den planungsrechtlichen Grundlagen noch weitere legislative Dynamiken entwickelt und im Anschluss an das Osterpaket eine Erweiterung des § 245e BauGB bestimmt. Die Ergänzung der baurechtlichen Übergangsregelung wurde mit Art. 11 des Gesetzes zur Änderung des Energiesicherungsgesetzes und anderer energiewirtschaftlicher Vorschriften vom 8. Oktober 2022 eingeführt.[8] Noch im Gesetzgebungsverfahren befinden sich Änderungsvorstellungen zu § 249 BauGB und §§ 4, 6 WindBG, die das Gesetz zur sofortigen Verbesserung der Rahmenbedingungen für

3

---

[3] BT-Drs. 20/2355 v. 21.06.2022, S. 1.
[4] Wortschöpfer ist der Bundesfinanzminister *Christian Lindner*, Sondersitzung des deutschen Bundestags, 27.2.2022. Vgl. dazu https://www.rnd.de/politik/lindner-zu-krieg-in-der-ukraine-erneuerbare-energien-sind-freiheitsenergien-lauterbach-stimmt-zu-ZQGHVBLMTJFJHBB3F3HLNE63NA.html.
[5] BGBl. 28/1353 v. 28.07.2022.
[6] Zum „Osterpaket" gehören das Gesetz zu Sofortmaßnahmen für einen beschleunigten Ausbau der erneuerbaren Energien und weiteren Maßnahmen im Stromsektor, das Gesetz zur Erhöhung und Beschleunigung des Ausbaus von Windenergieanlagen an Land (Wind-an-Land-Gesetz), das Zweite Gesetz zur Änderung des Windenergie-auf-See-Gesetzes und anderer Vorschriften, das Gesetz zur Änderung des Energiewirtschaftsrechts im Zusammenhang mit dem Klimaschutz-Sofortprogramm und zu Anpassungen im Recht der Endkundenbelieferung und das Vierte Gesetz zur Änderung des Bundesnaturschutzgesetzes. Siehe dazu nur: *Schütte/Winkler*, Aktuelle Entwicklungen im Bundesumweltrecht, ZUR 2022, 567.
[7] BGBl. 28/1353 v. 28.07.2022.
[8] BGBl. 37/1726 v. 12.10.2022.

die erneuerbaren Energien im Städtebaurecht vom 2. November 2022 umsetzen soll.[9]

4 Daneben soll das Gesetz zur Änderung des Raumordnungsgesetzes und anderer Vorschriften der Windenergie einen ganz neuen § 6 WindBG bescheren. Der entsprechende Gesetzentwurf vom 14. Oktober 2022[10] soll vor allem Verfahrenserleichterungen in Windenergiegebieten mit sich bringen.

5 Die Veränderungen des gesetzlichen Rahmens für die Ansiedlung der Windenergie sind substanziell: Der Gesetzgeber verfolgt seine Gestaltungsziele nämlich nicht mehr nur mit den bekannten verfahrensrechtlichen Beschleunigungsstrategien, sondern greift spürbar in das materielle Regelungsgeflecht ein, indem er für die Windenergie ganz neue materielle Parameter definiert.[11]

3. Beseitigung bestehender Hindernisse

6 Auslöser der gesetzgeberischen Aktivitäten sind schlechte Zahlen beim Zubau von Windenergieanlagen in den letzten Jahren.[12] In einem toxischen Gemisch aus mangelnder politischer Steuerung, ungünstigen bundesrechtlichen Rahmenbedingungen (etwa im BauGB) und belastenden landesrechtlichen Sonderregeln (wie z. B. Abstandsvorgaben) fehlte der Nährboden für ein ausreichendes Flächenangebot.[13] Zu anspruchsvolle Planungsverfahren, die von der Judikative eingefordert wurden,[14] sowie strikte Vorgaben des europäischen Umweltrechts gaben ihr Übriges dazu, so dass bis heute lediglich ca. 0,8 % der Bundesfläche der Windenergie zur Verfügung stehen.[15] Demgegenüber verlangen die politischen

---

[9] BT-Drs. 20/4227 v. 02.11.2022.
[10] BR-Drs. 508/22 v. 14.10.2022.
[11] *Schlacke/Wentzien/Römling*, NVwZ 2022, 1577 (1577).
[12] SRU, Klimaschutz braucht Rückenwind: Für einen konsequenten Ausbau der Windenergie an Land, 2022, Tz. 6 ff.
[13] *Kment*, NVwZ 2022, 1153 (1153 f.); *Raschke/Roscher*, ZfBR 2022, 531 (533).
[14] BVerwGE 117, 287 = NVwZ 2003, 733 (736 ff.); BVerwGE 152, 372 Rn. 8; BVerwG, NVwZ 2013, 1017 Rn. 5 ff.; BVerwG, NVwZ 2015, 1452 Rn. 22 ff.; BVerwG, NVwZ 2018, 507 Rn. 7; BVerwG, NVwZ 2019, 492 Rn. 19 ff.
[15] Nach einer Untersuchung des Umweltbundesamtes liegt die tatsächlich zur Verfügung stehende Fläche jedoch bei ca. 0,52 %. Dies liegt etwa an landesrechtlichen Mindestabständen oder planungsrechtlich festgesetzten Höhenbegrenzungen oder Vorgaben zu Rotorgrenzen; vgl. https://www.umweltbundesamt.de/themen/klima-energie/erneuerbare-energien/windenergie-an-land#flaeche. Vgl. auch BT-Drs. 20/2355, S. 2.

Ambitionen der Energiewende insbesondere zugunsten des Klimaschutzes sowie die weiteren eben angesprochenen politischen Ziele ca. 2 % der Fläche.[16] Durch alle diese Faktoren hatte sich ein Gordischer Knoten gebildet, bei deren Entstehung gerade die Rechtsprechung des BVerwG nicht die beste Rolle spielte. Die dogmatisch durchaus nachvollziehbaren Urteile, die sich vor allem an § 1 Abs. 3 und § 1 Abs. 7 BauGB orientierten,[17] schafften es nicht, die Realität sachgerecht einzufangen und gut gemeinte Versuche der Orientierungsstiftung[18] führten letztlich zu Ratlosigkeit bei den Planungsämtern. Dementsprechend deutlich fiel die Kritik aus:[19] Die Rechtsprechung löse gravierende Unsicherheiten aus,[20] die Vorgaben seien praktisch weitgehend untauglich und dem theoretischen Ansatz der Rechtsprechung fehle argumentativ die Sinnhaftigkeit und rechtlich jede Relevanz.[21] Manche meinten sogar, eine kritische doktrinäre Strenge der Urteile zu erkennen, die an der Realität komplexer Planungsprozesse vorbeigehe.[22]

Zugespitzt titelte *Schmidt-Eichstaedt* auch von der Konzentrationszonen-Rechtsprechung als „Irrlehre" bzw. „Lotteriespiel."[23]

Besondere Unsicherheiten zeigten sich häufig am Ende des Tabuzonen-Zuteilungsprozesses, wenn es zu einer „butterweichen" Prüfung des sog. „substanziellen Raumschaffens" kam. Vorhersehbare und stabile Kriterien konnte die Rechtsprechung hierzu leider zu keinem Zeitpunkt entwickeln.[24] Als beklagter Planungsträger

---

[16] Dieses Ziel definierte schon Bofinger, in: Fraunhofer Institut für Windenergie und Energiesystemtechnik, 2012, S. 52 (56). Es ist zwischenzeitlich zum politischen Ziel der Bundesregierung geworden und findet sich auch in einzelnen Bundesländern gesetzlich verankert, vgl. etwa § 4b KSG BW.
[17] Siehe etwa BVerwGE 145, 231 = NVwZ 2013, 519 Rn. 12 ff.
[18] Vgl. *Kment*, in: Jarass/Kment, BauGB, 2022, § 35 Rn. 73.
[19] Vgl. dazu *Kümper*, DVBl 2021, 1591 (1592 f.).
[20] *Schmidt-Eichstaedt*, ZfBR 2019, 434 (437).
[21] *Erbguth*, DVBl 2015, 1346 (1348).
[22] *Hendler/Kerkmann*, DVBl 2014, 1369 (1370 f.); kritisch in diese Richtung auch *Tyczewski*, BauR 2014, 934 (934 f.). *Erbguth*, DVBl 2015, 1346 (1348) spricht von einer „apodiktisch verlangten Trennung" und bezieht sich dabei auf die Differenzierung von harten und weichen Tabu-Zonen.
[23] *Schmidt-Eichstaedt*, ZfBR 2019, 434 (436 f.).
[24] Das BVerwG beharrte darauf, dass eine Entscheidung stets individuell im Abwägungsprozess zu treffen sei, wodurch abstrakte Grenzziehungen ausgeschlossen seien; vgl. etwa BVerwGE 152, 372 = NVwZ 2016, 396 Rn. 10.

10 befand man sich deshalb *stets* auf „hoher See", wenn es mit den Konzentrationszonenfestlegungen zu Gericht ging.[25]

10 Der Gesetzgeber hat deshalb zu Beginn dieses Jahres – mit Blick auf die „Substanzrechtsprechung" – den Glauben an das BVerwG verloren und dem Gericht – was ungewöhnlich ist – in den Gesetzesmaterialien bescheinigt, „zu Rechtsunsicherheit" zu führen.[26] Derselbe Gesetzgeber schlägt deshalb neue Wege ein, um auf dem Pfad zur Klimaneutralität die wesentlichen Hemmnisse für den Ausbau der Windenergie zu beseitigen, die Ausweisung von Flächen (rechtlich) einfacher, schneller, mit Blick auf Personal- und Sachmittel günstiger und vor allem rechtssicherer zu gestalten.[27]

4. Die Rechtsakte

11 Mit dem Wind-an-Land-Gesetzespaket vom 20.07.2022[28] verknüpft der Gesetzgeber seine im EEG niedergelegten – ab 1. Januar 2023 noch ambitionierteren –[29] Ausbauziele[30] mit der planungsrechtlichen Flächenausweisung.[31] Außerdem definiert er, in welchem Umfang der Windenergie „substanzieller Raum" im Außenbereich zuzugestehen ist. Überdies schafft der Gesetzgeber für die Planung und Genehmigung von Windenergieanlagen in §§ 245e, 249 BauGB ein rechtliches Sonderregime,[32] das die bestehende Rechtslage positiv fortentwickelt. Weitere Anpassungen werden auch im Rahmen des ROG vorgenommen.[33] Die Neuregelungen gelten jedoch nicht sofort. Gem. Art. 5 des Wind-an-Land-Gesetzespakets entfalten sie

---

[25] Vgl. jüngst wieder zur niedrigen Erfolgsquote bei der Verteidigung angegriffener Pläne vor Gericht *Kerkmann/Schröter/Huber*, EurUP 2022, 288 (288).
[26] BT-Drs. 20/2355, S. 2.
[27] BT-Drs. 20/2355, S. 1 f.
[28] BGBl. 28/1353 v. 28.07.2022.
[29] Gesetz zu Sofortmaßnahmen für den beschleunigten Ausbau der erneuerbaren Energien und weiteren Maßnahmen im Stromsektor, BGBl. 28/1237 v. 20.07.2022.
[30] Von ursprünglich 65 % ist der Anteil des aus erneuerbaren Energien erzeugten Stroms am Bruttoverbrauch im Jahr 2030 gem. § 1 Abs. 2 EEG auf 80 % gesteigert worden.
[31] *Benz/Wegner*, ZNER 2022, 367 (367).
[32] Man kann von einem „Paradigmenwechsel" (*Schlacke/Wentzien/Römling*, NVwZ 2022, 1577 (1586)) oder „Systemwechsel" (*Kment*, NVwZ 2022, 1153 (1156)) sprechen; vgl. auch *Raschke/Roscher*, ZfBR 2022, 531 (535); *Operhalsky*, UPR 2022, 337.
[33] Dies betrifft § 8 Abs. 5 ROG und § 27 Abs. 4 ROG.

erst ab dem 01.02.2023 ihre Wirkung; dies gilt gem. Art. 12 Abs. 2 Satz 2 des Gesetzes zur Änderung des Energiesicherungsgesetzes und anderer energiewirtschaftlicher Vorschriften vom 08.10.2022[34] ebenfalls für §245e Abs. 1 Sätze 5–8 und Abs. 4 BauGB. Auf diese Weise bereitet der Gesetzgeber die Normadressaten – also im Wesentlichen die Planungsträger – vorsichtig auf das Neue vor.

II. Windenergieflächenbedarfsgesetz

1. Flächenbeitragswerte

Mit dem Windenergieflächenbedarfsgesetz führt der Bundesgesetzgeber für die Länder verbindliche Flächenziele ein, die in der Anlage 1 zum WindBG näher ausgeführt sind. Die Flächenziele sind als Mindestwerte ausgestaltet und gem. §3 Abs. 1 WindBG gestuft in zwei Phasen (d.h. bis 2027 und bis 2032) zu erreichen. Eine überobligatorische Flächenausweisung ist auch möglich; insofern sperrt das WindBG nicht den Eifer der Länder, wie §249 Abs. 4 BauGB ebenfalls verdeutlicht.[35]

Der Verpflichtungsumfang der einzelnen Länder ist nicht einheitlich. Er divergiert vielmehr in Abhängigkeit von den geographischen Flächenpotenzialen, die in den Ländern jeweils anzutreffen sind.[36] Dabei hat der Gesichtspunkt der gerechten Lastenverteilung den Gesetzgeber bewogen, Ober- und Untergrenzen der individuellen Verpflichtungen festzuschreiben.[37]

Die in der Anlage 1 aufgeführten Werte sind nicht unabänderbar. Vielmehr erlaubt §6 Abs. 4 WindBG Modifikationen des

---

[34] BGBl. I S.1726.
[35] *Benz/Wegner*, ZNER 2022, 367 (369).
[36] Grundlage war ein Gutachten von Guidehouse/Fraunhofer-Institut für Energiewirtschaft und Energiesystemtechnik/Stiftung Umweltenergierecht/Bosch & Partner, Analyse der Flächenverfügbarkeit für Windenergie an Land post-2030 – Ermittlung eines Verteilungsschlüssels für das 2%-Flächenziel auf Basis einer Untersuchung der Flächenpotenziale der Bundesländer, 2022 (vgl. dazu https://www.bmwk.de/Redaktion/DE/Publikationen/Energie/analyse-der-flachenverfugbarkeit-fur-windenergie-an-land-post-2030.pdf?__blob=publicationFile&v=14). Kritisch zu festen Flächenwerten *von Seht*, RuR 2021, 606 (611).
[37] SRU, Klimaschutz braucht Rückenwind: Für einen konsequenten Ausbau der Windenergie an Land, 2022, Tz. 15, 43; *Köck*, JbUTR 2017, 129 (133 ff.).

Verteilungsschlüssels auf der Grundlage staatsvertraglicher Übereinkünfte, die zwischen den Ländern zu schließen sind. Stadtstaaten können allerdings gem. § 6 Abs. 4 Satz 2 WindBG nur maximal 75 % und Flächenstaaten maximal 50 % ihrer Verpflichtungen an andere Länder abgeben. Außerdem sieht das WindBG in § 6 Abs. 4 Satz 1 vor, dass eine Verlagerung der Pflichten nur bis zum 31.05.2024 erfolgen darf. Für diese zeitliche Eingrenzung gibt es allerdings keinen sachlichen Grund. Sie sollte deshalb aufgehoben werden, um den Ländern Handlungsspielräume zu belassen.

15 Die Ausgestaltung der konkreten Flächenbeitragswerte unterliegt ohnehin einem Monitoring. Je nachdem, wie sich der Ausbau der Windenergie in Zukunft entwickelt und eine Annäherung an die Klimaziele des EEG gelingt, kann es gem. § 6 Abs. 3 WindBG zu Anpassungen der Flächenbeiträge kommen.

2. Erfüllung des Flächenbeitrags und Berechnung

a) Windenergiegebiete

16 Nachdem kartiert ist, welche Flächenbeitragswerte ein jedes Land zu erbringen hat, soll nun untersucht werden, wie dieser Pflicht im Einzelnen entsprochen werden kann. Hierzu gibt es normative Anknüpfungspunkte in § 3 Abs. 2 WindBG. Danach können die Länder ihren Flächenbeitrag durch Ausweisungen zugunsten der Windenergie erfüllen. Diese sog. „Windenergiegebiete" sind in Raumordnungspläne eingekleidet oder gehen auf andere Planungsträger zurück, also hauptsächlich Planungsträger der kommunalen Ebene.[38]

17 Die Ausweisungen in Raumordnungsplänen müssen gem. § 2 Nr. 1 WindBG die Qualität von raumordnungsrechtlichen Vorranggebieten aufweisen.[39] Demgegenüber genügen Eignungs- und Vorbehaltsgebiete[40] den gesetzlichen Anforderungen nur noch zeitlich begrenzt. Nach einer einjährigen Übergangsfrist[41] sind sie für das WindBG nicht mehr relevant. Auf der Ebene der Bauleitplanung gibt es auch Anforderungen an die Gebietsaus-

---

[38] *Benz/Wegner*, ZNER 2022, 367 (369).
[39] Siehe hierzu *Schink*, ZfBR 2015, 232; *Grotefels*, in: Kment (Hrsg.), ROG, 2019, § 7 Rn. 49 ff.
[40] Siehe hierzu *Goppel*, in: Spannowsky/Runkel/Goppel, ROG, 2018, § 7 Rn. 76 ff.
[41] Genau genommen endet die Frist am 02.02.2024.

weisungen: Hier verlangt der Gesetzgeber Sonderbauflächen oder Sondergebiete im Sinne des § 11 Abs. 2 BauNVO.[42]

b) Wirksamkeit

Obschon es eigentlich eine Selbstverständlichkeit ist, stellt § 4 Abs. 2 Satz 1 WindBG ausdrücklich fest, dass grundsätzlich nur wirksame Flächenausweisungen anrechnungsfähig sind. Wird die Unwirksamkeit einer Festsetzung allerdings in einem gerichtlichen Verfahren festgestellt, bestimmt § 4 Abs. 2 Satz 2 WindBG, dass die Ausweisung bis zu der Dauer von einem Jahr auf den Flächenbeitragswert angerechnet wird, um während einer möglichen Phase der Fehlerbehebung die Rechtslage zu stabilisieren.[43] Vom Wirksamkeitserfordernis gibt es schließlich noch eine Ausnahme, die in die Zukunft blickt. Selbst in Aufstellung befindliche Planwerke können vorauseilend nach § 4 Abs. 2 Satz 2 WindBG angerechnet werden; der berücksichtigte Plan muss allerdings innerhalb von sieben Monaten in Kraft treten.[44]

18

c) Qualitätsanforderungen

Hinsichtlich der ausgewiesenen Flächen gibt es auch gewisse Qualitätsanforderungen, die über die formale Einkleidung (in bestimmte Planwerke)[45] hinausgehen. So müssen die ausgewählten Windenergiegebiete für die Ansiedlung von Windenergieanlagen grundsätzlich geeignet sein; anderenfalls droht ein Verstoß gegen § 1 Abs. 3 BauGB.[46] Hinsichtlich der Beurteilung dieser Flächenqualität wird man auf die Rechtsprechung des BVerwG zu den Konzentrationszonen zurückgreifen können.[47] Dabei verdeutlicht

19

---

[42] Einzelheiten hierzu bei *Bischopink*, in: Bönker/Bischopink, BauNVO, 2018, § 11 Rn. 65; *Söfker*, in: Ernst/Zinkahn/Bielenberg/Krautzberger, BauGB, Stand April 2022, § 11 BauNVO Rn. 36b.
[43] BT-Drs. 20/2355, S. 27.
[44] *Kment*, NVwZ 2022, 1153 (1155).
[45] Siehe die obige Darstellung unter Rn. 16f.
[46] *Kment*, NVwZ 2022, 1153 (1156); angedeutet auch bei *Raschke/Roscher*, ZfBR 2022, 531 (537).
[47] Vgl. BVerwG, NVwZ 2019, 491 Rn. 19; BVerwG, ZfBR 2020, 373 Rn. 15; BVerwG, 4 BN 20/18 v. 16.01.2019 Rn. 11; BVerwG, 4 BN 4/18 v. 30.01.2019 Rn. 6; BVerwG, ZfBR 2020, 373 Rn. 16. Siehe zu den Anforderungen an die Planung auch *Raschke/Roscher*, ZfBR 2022, 531 (537).

20 der Maßstab des § 1 Abs. 3 BauGB, dass es bei der Ausweisung von Windenergiegebieten nicht erforderlich ist, Standorte zu wählen, die für die Windenergie *am besten* geeignet sind.[48] Ausgehend von diesem Basisbefund, können nur sog. „Rotoraußerhalb-Flächen" die volle Anrechnung bei der Erfüllung des Flächenbeitrags erzielen. Es handelt sich hierbei um Flächen, bei denen die Rotorblätter der Windenergieanlagen die Flächengrenzen überragen dürfen. Im Gegensatz dazu werden „Rotor-innerhalb-Flächen" nach § 2 Nr. 2 WindBG, bei denen auch die Rotorblätter an die Flächengrenzen gebunden sind, gem. § 4 Abs. 3 WindBG nur mit Abschlägen berücksichtigt.[49] Ist die planerische Festlegung zur Platzierung der Rotorblätter einmal nicht eindeutig, räumt § 5 Abs. 4 WindBG den Planungsträgern die Befugnis ein, den großzügigeren Ausbreitungsraum (Rotor-außerhalb-Fläche) klarzustellen. Eine Planänderung ist auf diesem Wege aber nicht möglich. Eindeutige Festsetzungen können mittels des § 5 Abs. 4 WindBG somit nicht im Nachgang „umgedeutet" werden.

21 Weisen die Windenergiegebiete eine Höhenbegrenzung auf, entfällt für sie gem. § 4 Abs. 1 Satz 5 WindBG eine Anrechnung vollständig. Nur der uneingeschränkte Bau in die Höhe erscheint dem Gesetzgeber sachgerecht. Die verweigerte Anrechnung von Flächen mit Höhenbegrenzungen untersagt den Plangebern allerdings nicht, derartige Flächen planerisch festzusetzen, wenn hierdurch zusätzliche Flächenpotenziale zugunsten der Windenergie gehoben werden sollen.[50]

22 Sind auf dem Territorium eines Landes Altanlagen in Betrieb, wirkt sich dies entlastend auf die Flächenbeitragspflicht aus, auch wenn sich die Altanlagen nicht in einem Windenergiegebiet befinden. Die Anrechnungsfähigkeit ist im Sonderrecht des § 4 Abs. 1 Sätze 3, 4 WindBG festgeschrieben.

23 Noch im Gesetzgebungsverfahren befinden sich Vorschläge der Bundesregierung, die Ansiedlung von Windenergieanlagen in Abbaubereichen eines Braunkohle- oder Sanierungsplans zu för-

---

[48] So auch *Benz/Wegner*, ZNER 2022, 367 (372).
[49] Siehe hierzu eingehender *Benz/Wegner*, ZNER 2022, 367 (372 f.).
[50] Ebenso *Benz/Wegner*, ZNER 2022, 367 (372).

dern.⁵¹ Derartige Flächen sollen nach der Entwurfsfassung des § 4 Abs. 4 WindBG-E zukünftig mit dem Anrechnungsfaktor 0,5 in die Erfüllungsleistung der Länder einfließen.

3. Feststellung der Pflichterfüllung

Die Erfüllung des Flächenbeitragswerts wird nicht durch eine unabhängige staatliche Stelle oder einen technischen Überwachungsverein (TÜV) festgestellt. Vielmehr ist nach § 5 Abs. 1 Satz 1 WindBG der Planungsträger selbst zu dieser Feststellung berufen. Nur bei genehmigungsbedürftigen Planwerken geht die Entscheidungsbefugnis gem. § 5 Abs. 1 Satz 2 WindBG auf die Genehmigungsbehörde über. Die Feststellung ist in beiden Fällen ein unselbstständiger Teil der Planung, gegen den eine isolierte gerichtliche Überprüfung unmittelbar nicht möglich ist.⁵²

24

4. Berichtspflichten

Trotz dieser Freiheiten auf Seiten der Planungsträger gibt es Kontrollinstrumente. So unterliegen die Länder gem. § 3 Abs. 3 WindBG einer Berichtspflicht, die transparent machen soll, welchen Fortschritt sie bei der Erfüllung der Flächenziele verzeichnen können.⁵³ Berichtsverstöße oder Versäumnisse können gem. § 249 Abs. 7 Satz 2 BauGB dazu führen, dass die betroffenen Länder ihre Befugnis verlieren, länderspezifische Mindestabstände festzulegen.

25

IV. Neues Zulassungsregime bei der Windenergie

1. Systemwechsel bei der Windenergie

a) Sonderregime zur planungsrechtlichen Zulässigkeit

Trotz aller Umbrüche, die das Baurecht durch das Wind-an-Land-Gesetzespaket hinnehmen muss, bleibt die Windenergie im

26

---

⁵¹ Siehe den Entwurf eines Gesetzes zur sofortigen Verbesserung der Rahmenbedingungen für die erneuerbaren Energien im Städtebaurecht v. 02.11.2022, BT-Drs. 20/4227, S. 7, 13 f.
⁵² BT-Drs. 20/2355, S. 28; ausführlich – auch zu inzidenten Rechtsschutzmöglichkeiten – *Benz/Wegner*, ZNER 2022, 367 (370 f.).
⁵³ Ausführlich dazu *Kment*, NVwZ 2022, 1153 (1155 f.).

Ausgangspunkt gem. § 35 Abs. 1 Nr. 5 BauGB ein privilegiertes Vorhaben des Außenbereichs. Allerdings – und dies ist fundamental neu – wird sie ab dem 01.02.2023 aus dem Regelungskonzept des § 35 Abs. 3 Satz 3 BauGB (Konzentrationszonen) herausgeschnitten; so schreibt es § 249 Abs. 1 BauGB ausdrücklich vor. Dieses besondere Außenbereichsprivileg der Windenergie, das sonst nur der Landwirtschaft, Kern- und untergeordneter Solarenergie zuteilwird,[54] wirkt grundsätzlich nur innerhalb der Windenergiegebiete. Außerhalb dieser Gebiete richtet sich die Zulässigkeit der Windenergie gem. § 249 Abs. 2 BauGB zukünftig nach § 35 Abs. 2 BauGB. Außerhalb der Windenergiegebiete wird die Windenergie also als „sonstiges Vorhaben" behandelt, so dass eine außergebietliche Vorhabenverwirklichung letztlich ausscheidet.[55]

27 Die Zulässigkeit der Windenergieanlagen richtet sich innerhalb der Windenenergiegebiete entweder nach § 30 oder § 35 Abs. 1 BauGB. Die Zuordnung hängt maßgeblich davon ab, welche planerische Unterfütterung das Windenergiegebiet besitzt. Basieren die Gebiete auf Raumordnungs- oder Flächennutzungsplänen, führt der Weg unmittelbar zu § 35 Abs. 1 BauGB. Schaffen Bebauungspläne die planerischen Grundlagen, wird § 30 BauGB aktiv, der in Kombination mit § 11 Abs. 2 BauNVO anzuwenden ist. Im Fall des durchsetzungsschwächeren § 35 Abs. 1 Nr. 5 BauGB wertet § 2 Sätze 1, 2 EEG die Windenergienutzung in der Regel auf und verhilft ihr zur Durchsetzung.[56]

28 Die Vorgaben des § 35 Abs. 4 BauGB zur Teilprivilegierung von Vorhaben im Außenbereich wurden bislang noch nicht in das System des § 249 BauGB überführt. Dieses Versäumnis sollte nachgeholt werden.

b) Erleichtertes Genehmigungsverfahren

29 Vorschläge der Bundesregierung zur Erleichterung des Genehmigungsverfahrens sind im Oktober 2022 dem Bundesrat zugeleitet worden. Ein wenig versteckt in Art. 13 des Entwurfs eines

---

54 *Mitschang/Reidt*, in: Battis/Krautzberger/Löhr, BauGB, 2022, § 35 Rn. 113.
55 *von Seht*, RuR 2021, 606 (616); *Schlacke/Wentzien/Römling*, NVwZ 2022, 1577 (1582); *Kment*, in: Jarass/Kment, BauGB, 2022, § 35 Rn. 45.
56 So auch *Schlacke/Wentzien/Römling*, NVwZ 2022, 1577 (1579); differenzierend *Parzefall*, NVwZ 2022, 1592.

Gesetzes zur Änderung des Raumordnungsgesetzes und anderer Vorschriften[57] plant die Bundesregierung, in Genehmigungsverfahren zu Errichtung und Betrieb von Windenergieanlagen auf eine Umweltverträglichkeitsprüfung gänzlich verzichten zu wollen. Dies soll in Windenergiegebieten gem. § 6 Abs. 1 Satz 2 WindBG-E jedenfalls dann gelten, wenn die Anlage nicht in einem Natura 2000-Gebiet, Naturschutzgebiet oder Nationalpark stehen soll. Unter denselben Voraussetzungen soll dann auch eine artenschutzrechtliche Prüfung überflüssig sein, sofern es – wie § 6 Abs. 1 Satz 1 WindBG-E hervorhebt – um Vögel geht; Fledermäuse und andere Tiere, die von der Windenergieanlage betroffen sein können, bleiben aber weiterhin im Rennen.[58] Die gesetzliche Differenzierung innerhalb der geschützten Arten verwundert etwas; in der Normstruktur des europäischen und nationalen Naturschutzrechts war sie bislang jedenfalls nicht angelegt. Außerdem lässt § 6 Abs. 1 Sätze 1, 2 WindBG-E erhebliche Störungen des bisherigen naturschutzrechtlichen Schutzmechanismus vermuten.

Um die Eingriffsintensität abzufedern, sieht § 6 Abs. 1 Satz 3 WindBG-E vor, dass Schutzmaßnahmen angeordnet werden können, wenn ein Verstoß gegen § 44 Abs. 1 Nr. 1 BNatSchG – also zu Lasten besonders geschützter Arten –[59] zu erwarten ist. Unterbleibt jedoch die Anordnung, hat der Anlagenbetreiber gem. § 6 Abs. 1 Satz 4 WindBG-E Ersatz in Geld zu leisten; das Geld fließt zweckgebunden in das Artenhilfsprogramm.[60] Unter allen Naturverbundenen bleibt da ein Geschmack zurück. Darf man sich von den arten- und naturschutzrechtlichen Standards in Zukunft freikaufen?[61]

Diesen weitreichenden Schritt will die Bundesregierung nicht im Alleingang gehen. Gem. § 6 Abs. 2 des Entwurfs zum WindBG-E will man die Absenkung des Arten- und Naturschutzniveaus deshalb nur dann vollziehen, wenn der Europäische Gesetzgeber es entsprechend gleichtut. Aktuelle Entwicklungen im Unionsrecht

---

[57] Entwurf v. 14.10.2022, BR-Drs. 508/22.
[58] Vgl. auch *Schlacke/Wentzien/Römling*, NVwZ 2022, 1577 (1583).
[59] Vgl. dazu *Gellermann*, in: Landmann/Rohmer, Umweltrecht, § 44 BNatSchG, Stand April 2022, § 44 Rn. 5.
[60] Vgl. BR-Drs. 508/22, S. 36.
[61] Kritisch auch *Schlacke/Wentzien/Römling*, NVwZ 2022, 1577 (1583).

deuten tatsächlich in diese Richtung.⁶² Doch selbst bei einer unionsrechtlichen Gefolgschaft⁶³ werden durch eine Entlastung des Genehmigungsverfahrens wohl letztlich die zeitlichen Erträge gering bleiben: Sollte der materielle Standard auf der Ebene der Vorhabenzulassung nämlich tatsächlich abgesenkt werden, müssen die umweltrechtlichen Prüfpflichten auf der vorgelagerten Planungsebene im Rahmen der Strategischen Umweltprüfung entsprechend verstärkt werden, um den Schaden für Natur- und Artenschutz auf ein erträgliches Maß zu reduzieren. In diese Richtung tendiert auch das europäische Recht.⁶⁴

2. Nichterfüllung der Flächenbeiträge

32 Erbringen die Länder ihre Flächenbeiträge nicht bzw. nicht rechtzeitig, wird nach der Neukonzeption des § 249 BauGB ein Sanktions- bzw. Motivationsmechanismus ausgelöst. Konkret erstreckt sich die Privilegierung der Windenergie dann gem. § 249 Abs. 7 BauGB auf den gesamten Außenbereich des betroffenen Gebiets. Entgegenstehende Raumordnungs- oder Flächennutzungspläne können die Vorhaben ebenfalls nicht mehr aufhalten; so sieht es § 249 Abs. 7 Satz 1 Nr. 2 BauGB vor. Auch sonstige Maßnahmen der Landesplanung, etwa Untersagungen nach § 12 ROG oder landesrechtliche Moratorien,⁶⁵ bleiben dann folgenlos. Außerdem sind landesrechtliche Abstandsregeln gem. § 249 Abs. 7 Satz 2 BauGB nicht mehr relevant. Einzig Veränderungssperren und Zurückstellungen nach §§ 14 ff. BauGB können die Ansiedlung der Windenergie jetzt noch (zeitlich) verzögern.⁶⁶ Ob sich die Windenergie in der Praxis im Fall des § 249 Abs. 7 BauGB tatsächlich über den gesamten Außenbereich wie eine Flut ergießt, wird abzuwarten

---

[62] Siehe dazu Rn. 52 f.
[63] Ohne diese wäre ein Verstoß gegen das höherrangige Unionsrecht gegeben und das nationale Recht aufgrund des Anwendungsvorrangs des europäischen Naturschutzrechts ohnehin wirkungslos; vgl. in diese Richtung auch *Schlacke/Wentzien/Römling*, NVwZ 2022, 1577 (1583).
[64] Siehe dazu Rn. 52 f.
[65] Vgl. dazu *Kerkmann/Schröter/Huber*, EurUP 2022, 288 (294 f.); *Benz/Wegner*, ZNER 2022, 367 (370); *Kment*, NVwZ 2022, 1153 (1157).
[66] *Benz/Wegner*, ZNER 2022, 367 (370).

sein.⁶⁷ Letztlich müssen die zugänglichen Gebiete für Investoren nicht nur windhöffig genug sein, sondern auch einen wirtschaftlichen Ertrag erwarten lassen; gerade in Süddeutschland ist dies jedoch großflächig fraglich.⁶⁸

33　Ein gewisses Risiko von Umgehungen des baurechtlichen Sanktionsmechanismus liegt in der Verengung des § 249 Abs. 7 BauGB auf einzelne Landesteile, für die Teilflächenziele im Sinne des § 3 Abs. 2 Satz 1 Nr. 2 und Satz 2 WindBG definiert worden sind. Gemeint ist damit eine Konstellation, in der ein Land seine Gesamtverpflichtung auf regionale und kommunale Teilräume verbindlich aufteilt und nur in einzelnen dieser Gebiete hinter seiner Zielsetzung zurückbleibt. In diesem Fall soll nach § 249 Abs. 7 BauGB eine Öffnung des Außenbereichs für die Windenergie nur in den betroffenen Gebieten erfolgen, in den übrigen aber nicht.

34　Durch geschickte Gestaltung der Teilflächenziele ließen sich demnach die Auswirkungen des § 249 Abs. 7 BauGB räumlich steuern und ein Landesherr könnte versucht sein, einzelne Landesteile zugunsten anderer der Windenergie zu opfern.⁶⁹ Dies wäre insbesondere dann problematisch, wenn die verbliebenen Gebiete auch bei Ihrer Öffnung nicht das Potential aufweisen würden, einer hinreichenden Zahl von Windenergieanlagen einen geeigneten Ansiedlungsort zu verschaffen.

35　Sind die Rechtsfolgen des § 249 Abs. 7 BauGB einmal ausgelöst, müssen sie nicht dauerhaft fortbestehen. Eine Unterschreitung des Flächenbeitrags zum Stichtag des § 3 Abs. 1 WindBG hindert ein Land nicht, die erforderlichen Flächen nachträglich auszuweisen, um damit die Rechtsfolgen des § 249 Abs. 7 BauGB ab dem Moment der Pflichterfüllung abzuwenden.⁷⁰

67　Siehe die Kritik an einer „unausgewogenen und übermäßigen Vorhabenzulassung an raumordnerisch suboptimalen Standorten" bei *von Seht*, RuR 2021, 606 (616).
68　NZZ, So schlecht sind Windräder in Deutschland ausgelastet, 05.11.2022 (https://www.nzz.ch/visuals/windkraft-in-deutschland-grosse-versprechen-kleine-ertraege-ld.1710681).
69　*Kment*, NVwZ 2022, 1153 (1157).
70　*Benz/Wegner*, ZNER 2022, 367 (370).

3. Geschwächte Mindestabstandsregeln

36 Hinsichtlich landesrechtlicher Mindestabstände von Windenergieanlagen wird das bekannte Regelwerk des § 249 Abs. 3 BauGB zukünftig im Grundsatz erhalten bleiben. Es findet jedoch systematisch einen neuen Standort: Es wird in § 249 Abs. 9 BauGB verschoben. Wesentliche Neuerung ist in diesem Kontext § 249 Abs. 9 Satz 5 BauGB, der eine Anwendung von landesrechtlichen Abstandsregeln auf Flächen in allen Windenergiegebieten für unzulässig erklärt. Widersprechende landesrechtliche Regelungen müssen gem. § 249 Abs. 9 Satz 6 BauGB bis zum 31.05.2023 angepasst werden. Die Befugnis zur Festlegung von Mindestabstandsregeln entfällt generell und vollumfänglich, wenn die Flächenbeiträge nicht erfüllt werden oder der Berichtspflicht aus § 3 Abs. 3 WindBG nicht nachgekommen wird. Diese Schwächung der Mindestabstandsregeln hat Konsequenzen für das Planungsrecht: Zukünftig erweitert sich bei der Aufstellung von Raumordnungs- und Flächennutzungsplänen die räumliche Suche nach geeigneten Flächen.[71] Dies kennen wir schon von den Bebauungsplänen, denn bei der Aufstellung von Bebauungsplänen waren die Vorgaben zu Mindestabständen auch bislang ohne große Relevanz.[72] Landesrechtliche Mindestabstände verlieren mit den gesetzlichen Neuregelungen nicht ihren vollständigen Wert, werden aber zukünftig in der Planung lediglich als öffentliche Belange eine Rolle spielen. Ihre eigentliche Steuerungskraft entfalten sie nur noch im Übergangszeitraum von der alten zur neuen Rechtslage, wenn die Windenergiegebiete erarbeitet werden.[73] Danach wird ihre Bedeutung verblassen.

37 Die allgemeinen Vorgaben zu Mindestabständen, die etwa auf immissionsschutzrechtlichen Vorgaben basieren (TA-Lärm) oder vom Verbot optisch bedrängender Wirkung[74] abgeleitet werden, bleiben aktuell noch unberührt. Ein Gesetzentwurf der Bundesregierung vom 2. November sieht allerdings vor, dass der Mindestabstand, der bisher aus dem Verbot optisch bedrängender

---

[71] So auch *Benz/Wegner*, ZNER 2022, 367 (375).
[72] *Söfker*, in: Ernst/Zinkahn/Bielenberg/Krautzberger, BauGB, Stand April 2022, § 249 Rn. 46.
[73] *Benz/Wegner*, ZNER 2022, 367 (375).
[74] Siehe dazu BVerwG, NVwZ 2007, 336; OVG Münster, ZUR 2006, 608; VGH München, ZUR 2015, 184.

Wirkung abgeleitet wurde, einschränkend konkretisiert werden soll.[75] Der geplante § 249 Abs. 10 BauGB-E zieht insofern eine Grenze von 300 m, von der Mitte des Mastfußes der Windenergieanlage gerechnet. Liegt die nächstgelegene Wohnnutzung weiter entfernt, kann der Windenergieanlage das Verbot der optisch bedrängenden Wirkung in der Regel nicht mehr entgegengehalten werden;[76] nur in begründeten Ausnahmefällen kann ein erhöhter Schutz notwendig sein.

4. Repowering

Rechtliche Begünstigungen der Windenergie sind gesetzlich auch vorgesehen, wenn bestehende ältere Windenergieanlagen durch neue ersetzt werden sollen. Für das sog. „Repowering" gelten zukünftig nämlich nicht nur die Sonderregeln des zum 13. Oktober 2022 erneut erweiterten § 16b BImSchG.[77] Es gelten auch die neuen Privilegierungen nach § 249 Abs. 3 BauGB: Selbst nach Erreichen des Flächenbeitragswertes bleibt danach ein Repowering – in Abkehr von § 249 Abs. 2 BauGB – auch außerhalb der Windenergiegebiete privilegiert zulässig.[78] Diese Privilegierung des Repowerings gilt allerdings nur befristet bis Ende 2030. Außerdem darf eine Neuansiedlung einer Ersatz-Windenergieanlage weder in einem Natura 2000-Gebiet im Sinne des § 7 Abs. 1 Nr. 8 BNatSchG noch in einem Naturschutzgebiet nach § 23 BNatSchG erfolgen. 38

Sind diese natur- und artenschutzrechtlichen Mindeststandards eingehalten, wird das Repowering gem. § 245e Abs. 3 BauGB zusätzlich von der Ausschlusswirkung übergeleiteter Konzentrationszonenfestlegungen befreit, sofern die Grundzüge der Planung dieser konzentrierenden Planwerke beim Repowering respektiert werden. Dies bedeutet, dass die Ausschlusswirkung des § 35 Abs. 3 Satz 3 BauGB letztlich ab Inkrafttreten des Wind-an-Land-Geset- 39

---

[75] Vgl. den Entwurf eines Gesetzes zur sofortigen Verbesserung der Rahmenbedingungen für die erneuerbaren Energien im Städtebaurecht v. 02.11.2022, BT-Drs. 20/4227.
[76] BT-Drs. 20/4227, S. 13.
[77] Für die Neuerungen ist das Gesetz zur Änderung des Energiesicherungsgesetzes und anderer energiewirtschaftlicher Vorschriften v. 08.10.2022, BGBl. I S. 1726, maßgeblich.
[78] BT-Drs. 20/2654, S. 6.

zespakets zum 01.02.2023 für das Repowering in der Regel nicht mehr relevant ist.[79]

V. Neue planungsrechtliche Regeln für Windenergiegebiete

1. Erleichterte Planung

40 Mit der Veränderung des Genehmigungsregimes von Windenergieanlagen gelingt auch die Planung von Windenergiegebieten leichter und schneller. Hierzu trägt bei, dass der Gesetzgeber mit der gesetzlichen Entprivilegierung der Windenergie außerhalb der Windenergiegebiete gem. § 249 Abs. 2 BauGB den Eigentumsschutz der Vorhabenträger reduziert. Die außergebietlich entprivilegierte Windenergie zwingt nun nicht mehr zu einer derart strengen Missbrauchskontrolle und einer damit verbundenen, räumlich weitgreifenden Flächenanalyse, wie sie das BVerwG in der Tabu-Zonen-Rechtsprechung zu § 35 Abs. 3 Satz 3 BauGB entwickelt hatte.[80] Damit schafft der Gesetzgeber zugleich den Grundstock, um mit Hilfe der Planerhaltungsregelung des § 249 Abs. 6 Satz 2 BauGB die Suche nach geeigneten Flächen auf das Plangebiet zu konzentrieren.[81] § 249 Abs. 6 Satz 2 BauGB spricht nämlich davon, dass es „für die Rechtswirksamkeit des Plans [...] unbeachtlich [ist], ob und welche sonstigen Flächen im Planungsraum für die Ausweisung von Windenergie geeignet sind."

41 Weitere planerische Hindernisse will § 249 Abs. 4 BauGB abschütteln.[82] Dieser stellt klar, dass mit Erreichen des Flächenbeitrags nach § 3 Abs. 1 WindBG nicht das planerische Erfordernis nach § 1 Abs. 3 Satz 1 BauGB entfällt, weitere Flächen zugunsten der Windenergie auszuweisen. Sobald ein Land seinen Flächenbeitragswert erreicht hat, muss die Ausweisung weiterer Flächen für die Windenergie also nicht beendet werden. Gleiches gilt ent-

---

79 BT-Drs. 20/2654, S. 6. Im Gesetzgebungsverfahren wurden effektivere Schranken für das Repowering – zB. kommunale Veto-Rechte – diskutiert. Diese konnten sich letztlich aber nicht durchsetzen. Siehe zu den Überlegungen des ursprünglichen Gesetzentwurfs BT-Drs. 20/2355, S. 32.
80 *Benz/Wegner*, ZNER 2022, 367 (373 f.); *Raschke/Roscher*, ZfBR 2022, 531 (538).
81 BT-Drs. 20/2355, S. 34.
82 *Kment*, NVwZ 2022, 1153 (1158).

sprechend im Hinblick auf das Abwägungsgebot nach § 1 Abs. 7 BauGB.

42 Nehmen Planer überschießende Flächenausweisungen in Angriff, sollten sie allerdings die Anforderungen des § 2 Nr. 1 WindBG beachten. Anderenfalls riskiert der Plangeber, dass Windenergieanlagen aufgrund des § 249 Abs. 2 BauGB der ungünstigen Regelung des § 35 Abs. 2 BauGB unterliegen und damit keine realistische Verwirklichungschance besitzen;[83] eine Ausnahme gilt natürlich bei Sondergebietsausweisungen im Bebauungsplan, da § 249 Abs. 2 BauGB nur im Außenbereich (§ 35 BauGB) anwendbar ist.

43 Der Bedeutungszuwachs der Strategischen Umweltprüfung bei der Ausweisung von Windenergiegebieten wurde mit Blick auf sich abzeichnende Änderungen des WindBG bereits angedeutet.[84] Sofern artenschutzrechtliche Belange im Rahmen der Umweltprüfung nach § 2 Abs. 4 BauGB zu berücksichtigen sind oder auf anderem Wege in die Abwägung nach § 1 Abs. 7 BauGB Eingang finden,[85] dürfte damit zu rechnen sein, dass durch eine Rechtsverordnung neue Vorgaben erlassen werden.[86] Die hierzu gem. Art. 80 Abs. 1 Satz 1 GG erforderliche Ermächtigungsgrundlage findet sich jetzt in § 9a Abs. 2 BauGB. Für das Raumordnungsrecht wird Entsprechendes in § 8 Abs. 5 ROG normiert.

2. Verhältnis zu anderen Plänen mit Auswirkungen auf das Zulassungsrecht

44 Die Neugestaltung des § 249 BauGB zugunsten der Windenergie wirkt sich über die sektoralen Grenzen hinaus auch auf das Gefüge der Planungsebenen insgesamt aus. Das deutsche Planungsrecht entfaltet sich ja bekanntlich auf mehreren Planungsebenen, wobei diese idealerweise aufeinander abgestimmt sind

---

[83] *Kment*, NVwZ 2022, 1153 (1158).
[84] Siehe hierzu die obigen Ausführungen unter Rn. 29 ff.
[85] Daneben können naturschutzrechtliche Belange auch über das naturschutzrechtliche Fachrecht Bedeutung erlangen; vgl. § 1a Abs. 4 BauGB. Siehe dazu auch *Battis*, in: Battis/Krautzberger/Löhr, BauGB, 2022, § 1a Rn. 29 ff.
[86] Mit dem Erlass dieser Rechtsverordnungen sollte nicht zu lange gewartet werden, um die Praxis nicht bzgl. der Grundlagen der Planung zu verunsichern und zu einem Abwarten zu ermuntern; ähnliche Befürchtungen haben *Raschke/Roscher*, ZfBR 2022, 531 (537).

und Steuerungsimpulse in der Regel von Stufe zu Stufe weitergeleitet werden.[87] Um die Trägheit des Systems zu überwinden, löst § 249 Abs. 5 Satz 1 BauGB die zuständigen Plangeber von den Bindungswirkungen höherstufiger Pläne, wenn sie zur Erfüllung ihres Flächenbeitragswerts Windenergiegebiete ausweisen wollen und die Freistellung erforderlich ist.[88] Das neue Recht befreit allerdings nicht vom Abwägungsgebot, wodurch eine Teilkompensation für den Anbindungsverlust höherstufiger Pläne erzielt wird. Das Abwägungsgebot zwingt[89] nämlich die Planungsträger, bei der Ausweisung von Windenergiegebieten auch die tangierten öffentlichen und privaten Belange, die zuvor durch höherstufige Planinhalte transportiert wurden, abwägend zu bewältigen. Damit bleiben sie als Abwägungsmaterial zu berücksichtigen, haben gleichwohl aber nicht mehr die Durchsetzungskraft, die ihnen einst vergönnt war.

45 Die Freistellung des § 249 Abs. 5 Satz 1 BauGB schafft Zeitgewinne, da höherstufige Pläne nicht zuvor angepasst werden müssen, bezahlt diesen Vorteil aber mit Störungen des existierenden Planungssystems. Nicht nur die Koordinationskraft der höherstufigen Pläne wird dadurch eingeschränkt. Es drohen auch Dysbalancen in der Ausgewogenheit der höherstufigen Pläne selbst, wenn in Teilbereichen ihre Steuerungskraft schwindet.[90] Werden die Grundsätze der Planung höherstufiger Pläne „beschädigt", können solche Pläne sogar in die Unwirksamkeit (Stichwort: Funktionslosigkeit) getrieben werden.[91] Drohende Schieflagen müssen deshalb bei der Anwendung des § 249 Abs. 5 Satz 1 BauGB abgewendet werden. Die tatbestandliche Einschränkung, dass eine Freistellung von den Bindungen nur erfolgen soll, „soweit dies erforderlich ist", dürfte insofern ein Einfallstor

---

[87] *Durner*, in: Kment (Hrsg.), ROG, 2019, § 5 Rn. 1, der zu Recht auch auf das mäßigend wirkende Gegenstromprinzip nach § 1 Abs. 3 ROG hinweist; vgl. dazu *Kment*, Öffentliches Baurecht, 2022, § 17 Rn. 17.
[88] BT-Drs. 20/2355, S. 34.
[89] Undeutlich *Benz/Wegner*, ZNER 2022, 367 (374), die von der Möglichkeit der Berücksichtigung sprechen („sind weiterhin in der Lage").
[90] *Kment*, NVwZ 2022, 1153 (1158).
[91] *Söfker*, in: Ernst/Zinkahn/Bielenberg/Krautzberger, BauGB, Stand April 2022, § 31 Rn. 36; *Kment*, in: ders., ROG, 2019, § 6 Rn. 72; *Reidt*, in: Battis/Krautzberger/Löhr, BauGB, 2022, § 31 Rn. 29.

für Überlegungen zur Verhältnismäßigkeit bzw. Alternativlosigkeit sein.[92]

Die Freistellung des unterstufigen Planungsrechts macht nicht bei der Planungspyramide Halt. Sie wird durch §249 Abs. 5 Satz 2 BauGB zusätzlich auf die Zulassungsebene transportiert, indem „innerhalb dieser Gebiete [gemeint sind Windenergiegebiete] die entsprechenden Bindungen auch im Zulassungsverfahren (entfallen)". Im Anwendungsbereich von Bebauungsplänen wirkt sich §249 Abs. 5 Satz 2 BauGB ohnehin nicht aus, da höherstufige Planungsgesetze hier keine direkte Durchschlagskraft besitzen.[93] Im Kontext des §35 BauGB dürfte diese Klarstellung mit Blick auf §35 Abs. 3 Satz 1 Nr. 1 BauGB (Flächennutzungspläne als öffentlicher Belang) und §35 Abs. 3 Satz 2 BauGB (Zielbindung) jedoch hilfreich sein, auch wenn die konfliktträchtige Regelung des §35 Abs. 3 Satz 3 BauGB gem. §249 Abs. 1 BauGB nicht mehr anwendbar ist.

Insgesamt erscheint §249 Abs. 5 BauGB in der Gesamtkonzeption des Wind-an-Land-Gesetzespakets fast wie eine planungsrechtliche Brechstange. Diese verliert jedoch mit Erreichen des Flächenbeitragswerts nach §3 Abs. 1 WindBG ihre Bedeutung.

3. Sicherung der Planung

Der Gesetzgeber sieht auch Änderungen bei den planerischen Sicherungsinstrumenten vor. Er erweitert mit §245e Abs. 2 Satz 1 BauGB den Anwendungsbereich des §15 Abs. 3 BauGB. Letztgenannter greift nun auch ein, wenn eine Gemeinde beabsichtigt, mit ihren Planungsaktivitäten den Flächenbeitragswert im Sinne des §3 Abs. 1 WindBG bzw. ein hieraus abgeleitetes Teilflächenziel zu erreichen. Dieses zusätzliche Instrument ist zeitlich befristet. Es verliert gem. §245e Abs. 2 Satz 2 BauGB spätestens zum 31.12.2027 seine Wirksamkeit.

---

[92] *Kment*, NVwZ 2022, 1153 (1158).
[93] Dies gilt insbesondere auch bzgl. der Zielbindungspflicht aus §1 Abs. 4 BauGB, die lediglich eine Anpassungspflicht auslöst; vgl. etwa *Scheidler*, UPR 2019, 494 (496); *Kümper*, DVBl 2018, 70 (77); *Schroeder*, UPR 2000, 52 (56 f.).

4. Weiteres Übergangsrecht

a) Fortbestand von Altplänen

49 Die Transformation des Rechts der Windenergie bedarf einer gewissen Zeit. Für diesen Übergangszeitraum hält § 245e BauGB spezielle Vorgaben bereit. Eine wichtige Feststellung des Gesetzgebers ist, dass gem. § 245e Abs. 1 Satz 1 BauGB bestehende Raumordnungs- und Flächennutzungspläne mit Konzentrationswirkung bis Ende 2027 fortgelten, um eine unkontrollierte Ansiedlung von Windenergieanlagen zu vermeiden.[94] Dieser Zeitpunkt ist nicht zufällig gewählt, denn zum 31.12.2027 endet die Frist, zu der die Länder ihren (ersten) Flächenwert zu erfüllen haben. Mit Fristablauf kommt § 249 Abs. 7 BauGB zur Anwendung und die Konzentrationszonenfestsetzungen laufen spätestens zu diesem Termin aus.

b) Auswirkungen neuer (planreifer) Windenergie-Planungen

50 Der Übergangszeitraum bis zum 31.12.2027 muss nicht ausgeschöpft werden. Zuvor können bereits neue Windenergie-Planungen die alten Planwerke überholen. Dabei müssen die neuen Planwerke noch nicht einmal in Kraft getreten sein. Selbst planreife Entwürfe durchbrechen gem. des neuen § 245e Abs. 4 BauGB die Konzentrationswirkung von Altplänen punktuell und öffnen den Außenbereich für die Windenergie. Die Anforderungen an die Planreife sind dabei gem. § 245e Abs. 4 BauGB geringer als im Rahmen des § 33 BauGB, da – anders als im Rahmen des § 33 BauGB –[95] noch eine Zulässigkeitsprüfung gem. § 35 BauGB folgt, die entgegenstehende öffentliche Belange berücksichtigt.[96] Kommt es tatsächlich zu einer Überwindung von Altplänen, sollten mit Blick auf § 245e Abs. 1 Satz 3 BauGB deren sonstige Planinhalte möglichst geschont werden.

---

[94] BT-Drs. 20/2355, S. 31.
[95] *Reidt*, in: Battis/Krautzberger/Löhr, BauGB, 2022, § 33 Rn. 7 f.; *Rieger*, in: Schrödter, BauGB, 2019, § 33 Rn. 7 ff.
[96] BT-Drs. 20/3743, S. 24.

c) „Isolierte Positivplanungen"

Fassen Planer im Übergangszeitraum den Entschluss, ihre bestehenden Planwerke zugunsten der Windenergie zu erweitern, kommt ihnen der Gesetzgeber hierbei entgegen. Gerade in der jüngeren Vergangenheit hatte nämlich die juristische Einordnung sog. „isolierter Positivplanungen" Probleme bereitet.[97] Nicht ganz klar war, ob die punktuelle Erweiterung von Konzentrationszonen zugunsten von Windenergieanlagen oder eine erweiterte Flächenausweisung neben bestehenden Konzentrationszonen die existierenden Ausweisungen in Frage stellen und eine aufwändige erneute Gesamtabwägung erzwingen würde. Der Gesetzgeber wollte diese Entscheidung offensichtlich nicht den Gerichten überlassen. Noch bevor das BVerwG zu dieser Frage Stellung nehmen konnte,[98] hat der Gesetzgeber mit dem neuen § 245e Abs. 1 Sätze 5–6 BauGB die Richtung vorgegeben:[99] Bei der isolierten Positivplanung darf sich „die Abwägung auf die Belange beschränken […], die durch die Darstellung der zusätzlichen Flächen berührt werden. Dabei kann von dem Planungskonzept, das der Abwägung über bereits dargestellte Flächen zu Grunde gelegt wurde, abgewichen werden, sofern die Grundzüge der Planung erhalten werden." Abgerundet wird das Normgeflecht durch den neuen § 245e Abs. 1 Satz 7 BauGB, der die gesetzliche Vermutung ausspricht, dass die Grundzüge der Planung regelmäßig gewahrt sind, wenn nicht mehr als 25 % neuer Flächen hinzukommen.

51

VI. Unionsrechtliche Entwicklung

Der deutsche Gesetzgeber agiert bei der Verwirklichung seiner klimapolitischen Ziele nicht ausschließlich im nationalen Souveränitätsbereich, sondern ist – gerade wenn Bezüge zum Umweltrecht entstehen – in ein Korsett europäischer Normen gezwängt.[100] Deshalb lohnt sich der Blick auf Entwicklungen im Unionsrecht.

52

---

[97] OVG Münster, KommJur 2017, 380; OVG Lüneburg, BauR 2020, 938; *Tigges*, ZNER 2012, 127 (129 f.); *Hilkenbach/Falke*, ZNER 2020, 1.
[98] Vgl. BVerwG, Beschl. v. 21.06.2021 – 4 BN 43/20 (4 CN 6/21).
[99] BT-Drs. 20/3743, S. 23.
[100] Vgl. zur Unionsaufgabe Umweltschutz auch *Calliess*, in: ders./Ruffert (Hrsg.), EUV/AEUV, 2022, Art. 191 Rn. 1 f.

Es wurde bereits angedeutet, dass man sich auch auf europäischer Ebene mit der Förderung erneuerbarer Energien beschäftigt.[101] Mit der Einführung des WindBG und den Änderungen des BauGB zur Förderung der Windenergie greift der deutsche Gesetzgeber Initiativen der Europäischen Kommission zur Förderung erneuerbarer Energien auf.[102]

53 Der europäische Ansatz ist flächenbezogen und steuert auf sog. „renewables go-to areas" zu. Das konzeptionelle Gerüst der Europäischen Kommission geht dabei über die deutsche Lösung hinaus, da es nicht auf bestimmte erneuerbare Energien verengt ist und zudem Netzinfrastruktur und Energiespeicher gleichberechtigt einbezieht. Der Europäische Gesetzgeber erkennt zudem, dass strenge Umweltstandards den Ausbau der erneuerbaren Energien hemmen können und will gem. Art. 16a Abs. 3 des Entwurfs zur EE-RL in den „Go to"-Gebieten von einer Umweltverträglichkeitsprüfung und einer FFH-Verträglichkeitsprüfung absehen. Anders als im deutschen Modell – es sei an den Entwurf des § 6 WindBG-E erinnert –[103] wird vor der Festsetzung aller „Go to"-Gebiete eine Strategische Umweltprüfung sowie FFH-Verträglichkeitsprüfung gem. Art. 15c EE-RL-E eingefordert. Der Schutz der Umweltgüter wird also auf die Ebene der Flächenausweisung vorverlagert.[104] Bei der Zulassung der Windenergieanlagen in den „Go to"-Gebieten – also den deutschen Windenergiegebieten nach § 2 Nr. 1 WindBG – soll dann nur noch eine reduzierte Überprüfung von solchen Auswirkungen erfolgen, die bei der Gebietsausweisung nicht möglich waren.[105]

---

[101] Siehe hierzu bereits die obigen Ausführungen unter Rn. 29 ff.
[102] Vorschlag der Europäischen Kommission für eine Richtlinie des Europäischen Parlaments und des Rates zur Änderung der Richtlinie (EU) 2018/2001 zur Förderung der Nutzung von Energie aus erneuerbaren Quellen, der Richtlinie 2010/31/EU über die Gesamtenergieeffizienz von Gebäuden sowie der Richtlinie 2012/27/EU zur Energieeffizienz v. 18.05.2022, COM/2022/222 final.
[103] Siehe oben Rn. 29 ff.
[104] *Schlacke/Wentzien/Römling*, NVwZ 2022, 1577 (1585).
[105] Siehe Art. 16a Abs. 4 EE-RL-E.

VII. Kritik

Das Windenergie-an-Land-Gesetz ist positiv zu beurteilen. Es wird seiner Zielsetzung gerecht. Leider wurden die durch die Neuregelungen bewirkten Erleichterungen, die bei der Planung von Windenergiegebieten entstanden sind, nicht zum Anlass genommen, ambitioniertere Zeitvorgaben zu formulieren, um die Flächenbeiträge frühzeitiger zu erfüllen.[106] Das ist verschenkte Zeit. 54

Außerdem ist es verständlich, dass sich der Gesetzgeber bei der Beschleunigung der Energiewende zunächst auf *eine* Art der erneuerbaren Energien, nämlich die Windenergie, im Wesentlichen konzentriert und dabei Flächenziele genutzt hat, um die Übersetzung der EEG-Zielwerte in die Planung möglichst reibungslos zu gestalten.[107] Eine Ausrichtung der Planungsbemühungen in den Ländern nach Terawattstunde (TWh) hätte demgegenüber den Vorteil mit sich gebracht, technologieoffen zu steuern und andere Formen erneuerbarer Energien mit einzubeziehen.[108] Außerdem hätte es den Ländern die Möglichkeit eröffnet, durch die Ausweisung hochwertiger (und damit energieträchtiger) Standorte insgesamt den Flächenverbrauch einzudämmen. Die Sicherstellung der Flächenqualität erfolgt aktuell nur durch die schwächeren Maßstäbe des § 1 Abs. 3, 7 BauGB, die keine wesentlichen Impulse setzen können.[109] 55

Trotz der leisen Kritik ist das Gesetzespaket zur Windenergie an Land der richtige Schritt in die richtige Richtung, auch wenn er politisch spät kommt. Er bringt große rechtliche Umwälzungen mit sich und löst bei den Ländern und Gemeinden einen gewaltigen Handlungsbedarf aus. Diesen Prozess gilt es weiterhin juristisch zu begleiten. 56

---

[106] *Benz/Wegner*, ZNER 2022, 367 (377).
[107] Vgl. dazu auch SRU, Klimaschutz braucht Rückenwind: Für einen konsequenten Ausbau der Windenergie an Land, 2022, Tz. 37.
[108] *Kment*, NVwZ 2022, 1153 (1156).
[109] *Kment*, NVwZ 2022, 1153 (1156).

Bewältigung naturschutzrechtlicher Konflikte beim Ausbau erneuerbarer Energien

Dr. Oliver *Hendrischke*, Bundesamt für Naturschutz, Bonn

I. Einführung: Umweltinterne Zielkonflikte einer naturverträglichen Energiewende

1 Durch die Energie-, Klima- und Biodiversitätskrise ergeben sich zahlreiche Flächenkonkurrenzen und umweltinterne wie externe Zielkonflikte. Zentraler Baustein der ökologischen Transformation ist ein nachhaltiger Umbau des Energieversorgungssystems. Um die deutschen Klimaschutzziele nach § 3 Abs. 1 und 2 Klimaschutzgesetz (KSG) zu erreichen, muss der Anteil des aus erneuerbaren Energien erzeugten Stroms nach § 1 Abs. 2, § 1a Abs. 1 Erneuerbare-Energien-Gesetz (EEG) 2023 gesteigert werden. Dies darf aber nicht einseitig zu Lasten der Biodiversität gehen.

2 Ziele der Energiewende können trotz vieler Synergien mit verschiedenen Naturschutzzielen in Konflikt stehen. Landschaften sind in ihrer Eigenart und Schönheit sowie dem Erholungs- und Erlebniswert von Verunstaltung und Zerschneidung durch Windenergie-, Photovoltaik- und Leitungsanlagen betroffen, vgl. § 1 Abs. 1 Nr. 3 und Abs. 4 und 5 des Bundesnaturschutzgesetzes (BNatSchG). Energiepflanzenerzeugung, Flächenverluste und -versiegelungen berühren die Leistungs- und Funktionsfähigkeit des Naturhaushalts (§ 1 Abs. 1 Nr. 2, § 1 Abs. 3 Nr. 1 BNatSchG). Betroffen sind nicht zuletzt Populationen wild lebender Tiere (z.B. Vögel, Fledermäuse oder Fische), die entsprechend dem jeweiligen Gefährdungsgrad zu schützen sind (§ 1 Abs. 1 Nr. 1 und Abs. 2 Nr. 1 BNatSchG).

3 Um den Umbau der Energieversorgung naturverträglich zu gestalten, bedarf es geeigneter Mechanismen zum Interessenausgleich. Zur Lösung von Zielkonflikten zwischen verschiedenen Gemeinwohlbelangen bietet insbesondere das öffentliche Recht bereits ein großes Arsenal an Instrumenten. In formell-rechtlicher Hinsicht kommen z.b. ein System von „checks and balances" durch unterschiedliche Sachwalter und Kompetenzträger oder Beteiligungs-, Prüf- und Begründungspflichten in Betracht. Materiell-rechtlich sind u.a. Berücksichtigungspflichten, Abwägungsregeln sowie Ausnahmen etabliert. Auch die Umweltökonomie kann zur Prioritätensetzung (z.b. durch Kosten/Nutzen-Analysen, Abbau naturschädlicher Subventionen, wirtschaftliche Anreize und Umweltabgaben) beitragen.

II. Unionsrechtliche Rahmenbedingungen

Die Energiewende und ihre Naturverträglichkeit sind teilweise durch europäisches Energie- und Umweltrecht determiniert. Die Richtlinie zur Förderung erneuerbarer Energien (EE-RL/RED)[1] bestimmt, welche Maßnahmen als finanziell förderfähiger Klimaschutzbeitrag anerkannt werden. Für Bioenergie sind dabei weltweit anwendbare Naturschutzkriterien vorgesehen (Art. 29, 30), die im deutschen Recht untergesetzlich durch die Biokraftstoff- und die Biomassestrom-Nachhaltigkeitsverordnung konkretisiert sind. Nennenswerte Anforderungen, welche die Biodiversität auch bei Nutzung der Wasserkraft oder Windenergie schützen sind bislang nicht geregelt.

Auf die ambitionierten Ziele zum Klimaschutz und Ausbau der Erneuerbaren treffen ebenso anspruchsvolle Vorgaben des sonstigen europäischen Umweltrechts. Bereits die Wasserrahmenrichtlinie[2] (WRRL) schützt auch biotische Umweltgüter. Gleiches gilt für die Meeresstrategie-Rahmenrichtlinie (MSRL)[3], wobei deren Relevanz in marinen Planungs- und Zulassungsverfahren nach wie vor unklar ist. Integrierte Umweltprüfungen nach der UVP-

---

[1] Richtlinie (EU) 2018/2001 des Europäischen Parlaments und des Rates vom 11. Dezember 2018 zur Förderung der Nutzung von Energie aus erneuerbaren Quellen.
[2] Richtlinie 2000/60/EG des Europäischen Parlaments und des Rates vom 23. Oktober 2000 zur Schaffung eines Ordnungsrahmens für Maßnahmen der Gemeinschaft im Bereich der Wasserpolitik.
[3] Richtlinie 2008/56/EG des Europäischen Parlaments und des Rates vom 17. Juni 2008 zur Schaffung eines Ordnungsrahmens für Maßnahmen der Gemeinschaft im Bereich der Meeresumwelt.

und SUP-Richtlinie[4] sind geeignet, interne Zielkonflikte und Belastungsverlagerungen zwischen den verschiedenen Schutzgütern zu ermitteln und zu bewerten. Entsprechende Prüferfordernisse können nicht nur auf Seiten der EE-Pläne und -Projekte bestehen, sondern auch bei Naturschutzmaßnahmen. Selbst die wasser- oder naturschutzrechtliche Unterschutzstellung bestimmter Gebiete ist hiervon nicht grundsätzlich ausgenommen. Der EuGH hat seine Rechtsprechung hierzu dieses Jahr jedoch präzisiert. Danach sind nur solche Schutzgebietsverordnungen rahmensetzend und damit SUP-Pflichtig, die eine signifikante Gesamtheit von Kriterien und Modalitäten für Projekte aufweisen. Zu den Kriterien zählen u.a. Standort, Art, Größe und Betriebsbedingungen.[5]

1. Naturschutzrechtliche Beeinträchtigungs- und Zugriffsverbote

6   Pläne und Projekte müssen mit den Erhaltungszielen von Natura 2000-Gebieten verträglich sein (Art. 6 Abs. 3 FFH-RL[6]). Die Schutzgebiete konnten bislang meist frei von Beeinträchtigungen von Windenergie-, Wasserkraft- und PV-Anlagen gehalten werden. Konflikte mit dem europäischen Artenschutz sind beim Ausbau erneuerbarer Energien dagegen recht häufig.

7   Insbesondere der Betrieb von Windenergieanlagen (WEA) kann Vögel und Fledermäuse gefährden, deren Beeinträchtigung nach Art. 5 VRL[7] und Art. 12 FFH-RL verboten ist. Nach der Rechtsprechung des EuGH erfüllt dabei die Tötung oder Verletzung bereits einzelner Exemplare den Verbotstatbestand[8], auch wenn sie nicht bezweckt wird. Von einer einschränkenden Auslegung des Art. 5 Buchst. a VRL danach, ob das Verbot i.S.d. Art. 2 VRL zur Sicherung des Erhaltungszustands der Population – z.B. häufig vorkommen-

---

[4]   Richtlinie 2011/92/EU des Europäischen Parlaments und des Rates vom 13. Dezember 2011 über die Umweltverträglichkeitsprüfung bei bestimmten öffentlichen und privaten Projekten; Richtlinie 2001/42/EG des Europäischen Parlaments und des Rates vom 27. Juni 2001 über die Prüfung der Umweltauswirkungen bestimmter Pläne und Programme.
[5]   Vgl. EuGH, Urt. v. 22.02.2022 – C-300/20.
[6]   Richtlinie 92/43/EWG des Rates vom 21. Mai 1992 zur Erhaltung der natürlichen Lebensräume sowie der wildlebenden Tiere und Pflanzen.
[7]   Richtlinie 2009/147/EG des Europäischen Parlaments und des Rates vom 30. November 2009 über die Erhaltung der wildlebenden Vogelarten.
[8]   EuGH, Urt. v. 04.03.2021 – C-473/19 u. 474/19, Rn. 54.

der „Allerweltsarten" – notwendig ist[9], hat der Gerichtshof bislang abgesehen.

2. Ausnahmen im öffentlichen Interesse

Die sektoralen Pflichten des Klima- und Naturschutzes gelten nebeneinander. Mangels Generalausnahmen müssen daher Zielkonflikte beim Ausbau erneuerbarer Energien ggf. durch Einzelfallabweichung aufgelöst werden, was u.a. eine Abwägung bedingt: Verursachen Vorhaben verbotene Beeinträchtigungen von Arten oder Lebensräumen, können diese zugelassen werden, wenn zwingende Gründe des überwiegenden öffentlichen Interesses vorliegen.

Während Art. 6 Abs. 4 Satz 1 und Art. 16 Abs. 1 Buchst. c FFH-RL die anerkennungsfähigen Interessen insoweit nicht näher einschränken und daher neben positiven Folgen für die Umwelt (einschließlich Klimaschutz) auch energiewirtschaftliche Gründe Berücksichtigung finden, ist eine Ausnahme vom Vogelschutz nach bisheriger Rechtsprechung des EuGH nur aus den in Art. 9 Abs. 1 VRL abschließend aufgeführten Gründen möglich.[10] Sonstige dort nicht ausdrücklich spezifizierte Interessen des Allgemeinwohls bleiben hiernach außer Acht. Da EE-Anlagen nicht unmittelbar dem Schutz der Pflanzen- und Tierwelt oder Gesundheit dienen, kommt als Ausnahmegrund v.a. das Interesse der öffentlichen Sicherheit in Betracht.

Energiequellen sind wesentlich für die Existenz eines Staates, weil das Funktionieren seiner Wirtschaft, öffentlichen Einrichtungen und Dienste (z.B. Kommunikation/Gesundheit) von ihnen abhängt.[11] Gerade die nachhaltige Nutzung erneuerbarer Energien ist insoweit von hoher Priorität und trägt zur Versorgungssicherheit bei.[12] Jede einzelne Anlage verringert die ökonomische Abhängigkeit von Energieimporten und erhöht so die geopolitische Souveränität. EE-Anlagen dienen damit der öffent-

---

[9] Vgl. Schlussanträge der GA *Kokott* v. 10.09.2020 – Rs. C-473/19 und C-474/19, Rn. 93.
[10] Urt. v. 26.01.2012 – C-192/11, Rn. 39.
[11] Vgl. EuGH, Urt. v. 10.07.1984 – C-72/83, Rn. 34.
[12] EuGH, Urt. v. 04.05.2016 – C-346/14, Rn. 73.

lichen Sicherheit, was auch Ausnahmen vom Vogelschutz rechtfertigen kann.[13]

11 Dennoch darf auch der nationale Gesetzgeber dem Ausbau der erneuerbaren Energien keinen absoluten Vorrang vor den Integritätsinteressen des Arten- und Gebietsschutzes einräumen. Vielmehr ist stets unter Berücksichtigung der Umstände des jeweiligen Einzelfalls abzuwägen, weil die Ausnahmen nur in „besonderen Situationen" greifen und eine konkrete und gezielte Anwendung erfordern.[14]

III. Bundesrechtliche Ziele, Konkretisierungen und Maßgaben

1. Besondere Bedeutung der erneuerbaren Energien

12 Zur juristischen Bewältigung von Zielkonflikten sind allgemeine Berücksichtigungspflichten und Abwägungsregeln hilfreich. Dies gilt auch beim Ausbau erneuerbarer Energien im Verhältnis zwischen Klima-, Gewässer- und Naturschutz sowie anderen Sektoren.

13 Schon aus verfassungsrechtlichen Gründen müssen Behörden bei Abwägungsentscheidungen nicht nur dem Schutz der Biodiversität und des Naturhaushalts, sondern auch der hohen Bedeutung des Klimaschutzes Rechnung tragen.[15] Einfachgesetzlich haben die Träger öffentlicher Aufgaben dementsprechend bei ihren Planungen und Entscheidungen nach § 13 Abs. 1 Satz 1 i.V.m. § 1 KSG zu „berücksichtigen", dass die Erfüllung der nationalen und europäischen Klimaschutzziele zu gewährleisten ist. Dies ähnelt der – noch weitergehenden – Verpflichtung aller Bundes- und Landesbehörden nach § 2 Abs. 2 BNatSchG, die Verwirklichung der Ziele des Naturschutzes und der Landschaftspflege im Rahmen ihrer Zuständigkeit zu „unterstützen".

14 Bei umweltinternen Zielkonflikten erscheint der Bewirtschaftungsgrundsatz nach § 6 Abs. 1 Satz 2 Wasserhaushaltsgesetz (WHG) unter Zugrundelegung der Pflichten nach Art. 20a GG sowie Art. 191 Abs. 2 Satz 1 AEUV verallgemeinerungsfähig: Alle Normen,

---

[13] A.A. u.a. VG Gießen, Urt. v. 22.01.2020 – 1 K 6019/18.GI.
[14] EuGH, Urt. v. 07.03.1996 – C-118/94, Rn. 21.
[15] Vgl. BVerfG, Beschl. v. 24.03.2021 – 1 BvR 2656/18, Rn. 198.

Planungen und Maßnahmen sind nur dann nachhaltig, wenn ein hohes Schutzniveau für die Umwelt insgesamt gewährleistet wird. Beim Ausbau erneuerbarer Energien müssen daher insbesondere mögliche Verlagerungen nachteiliger Auswirkungen von einem Schutzgut auf ein anderes berücksichtigt werden. Insbesondere wenn die zur Zielverwirklichung zur Verfügung stehenden Ressourcen (z. b. Flächen für Natur- und Klimaschutz) nach Menge oder Beschaffenheit nicht für alle gewünschten Nutzungen und Funktionen ausreichen, ist ein angemessener Ausgleich zwischen konkurrierenden Interessen nach pflichtgemäßem Ermessen unter Abwägung aller Umweltanforderungen untereinander und gegen die sonstigen Anforderungen der Allgemeinheit an Natur und Landschaft festzulegen (vgl. § 2 Abs. 3 BNatSchG). Auch § 1 Satz 2 KSG fordert insoweit zu Recht, dass auch die ökologischen Folgen bei der Planung und Umsetzung von Klimaschutzmaßnahmen zu berücksichtigen sind.

In der am 29.07.2022 in Kraft getretenen allgemeinen Bestimmung des § 2 EEG 2021 wird die allgemeine klimaschutzrechtliche Berücksichtigungspflicht des § 13 Abs. 1 Satz 1 KSG konkretisiert und den erneuerbaren Energien der amtlichen Überschrift entsprechend eine „besondere Bedeutung" beigemessen. Mit dem Ziel der Beschleunigung des Ausbaus der erneuerbaren Energien[16] und besserer Durchsetzungsfähigkeit gegenüber anderen Belangen in Planungs- und Zulassungsverfahren wird durch eine Wertungsentscheidung des Gesetzgebers der Stellenwert der Erneuerbaren umschrieben und priorisiert:

a) Überragendes Interesse (§ 2 Satz 1 EEG)

Anlagen zur Erzeugung von Strom aus erneuerbaren Energien liegen nach der Gewichtungsvorgabe des § 2 Satz 1 EEG „im überragenden öffentlichen Interesse" und dienen der öffentlichen Sicherheit. Die Regelung folgt u. a. dem Vorbild des § 1 Satz 3 NABEG (2011), § 1 Abs. 2 Satz 3 EnLAG (2019) und § 1 Abs. 1 Satz 2 BBPlG (2019). Speziell zur Windenergie bekräftigt dies § 45b Abs. 8 Nr. 1 BNatSchG für artenschutzrechtliche Ausnahmen, auch im Hinblick auf Art. 9 Abs. 1 Buchst. a VRL (siehe Rn. 9 ff.). Soweit eine Abwägung konkurrierender Belange vorgesehen ist, muss das

---

[16] BT-Drs. 20/1630, S. 139.

durch die Vorschrift vermittelte besonders hohe Gewicht der erneuerbaren Energien berücksichtigt werden.[17] Das Überragen der energie- und klimapolitischen Interessen führt jedoch zu keinem generellen Überwiegen; ihr hoher Stellenwert nimmt vorgeschriebene Abwägungen nicht vorweg. Es bestehen also z.B. nicht bereits in jedem Einzelfall „zwingende Gründe des überwiegenden öffentlichen Interesses" i.S.v. § 34 Abs. 3 Nr. 1 und § 45 Abs. 7 Satz 1 Nr. 5 BNatSchG.

b) Vorrangigkeit in der Abwägung (§ 2 Satz 2 EEG)

17 Nach § 2 Satz 2 EEG sollen die erneuerbaren Energien als vorrangiger Belang in die jeweils durchzuführenden Schutzgüterabwägungen eingebracht werden, bis die Stromerzeugung im Bundesgebiet nahezu treibhausgasneutral ist. Bezweckt ist keine energierechtliche „Binnennorm" für Abwägungen nach dem EEG, sondern eine gänzlich umfassende Anwendung „in allen Rechtsbereichen", also im gesamten Bundes- und Landesrecht und wohl auch im Unionsrecht, gegenüber jedwedem Belang[18].

18 Schutzgüterabwägungen, wie etwa zu Vollzugsfolgen (vgl. § 80c Abs. 4 VwGO-E), sind stets durchzuführen, wenn eine Behörde ermächtigt ist, nach ihrem Ermessen zu handeln oder mittels unbestimmter Rechtsbegriffe (z.B. bzgl. der „Zumutbarkeit" von Alternativen oder der Anwendung „gebotener" Schutzmaßnahmen) Spielräume eröffnet werden. Nicht erfasst werden insbesondere alle fachlichen Wertungen, wie z.B. zur Erheblichkeit von Beeinträchtigungen.

19 § 2 Satz 2 EEG begründet kein absolutes Primat erneuerbarer Energien. Hiergegen spricht bereits die Ausgestaltung als Soll-Vorschrift. Die „als vorrangiger Belang" einzubringenden EE-Interessen unterliegen vielmehr der jeweiligen Abwägung im Einzelfall. Nach der amtlichen Begründung sollen sie jedoch „nur in Ausnahmefällen überwunden werden" können.[19] Die Abwägung wird so in eine bestimmte Richtung vorgezeichnet. Es handelt sich demzufolge um eine optimierende Direktive, die einen relativen Gewichtungsvorrang begründet, der weitgehend zu beachten ist.

---

[17] BT-Drs. 20/1630, S.159.
[18] BT-Drs. 20/1630, S.2, 159.
[19] BT-Drs. 20/1630, S.159.

Andere Belange können insbesondere dann überwiegen, wenn 20
diese als ebenso überragend einzuordnen sind, weil ihnen ein vergleichbarer verfassungsrechtlicher Rang zukommt.[20] Dies ist u.a.
beim Schutz der natürlichen Lebensgrundlagen nach Art. 20a GG
der Fall. Insbesondere der gesetzlich verankerte Schutz der Biodiversität kann sich daher in der Abwägung gegenüber EE-Interessen durchsetzen, etwa wenn eine Anlage mit geringem Energieertrag das Vorkommen einer seltenen Art gefährdet.

Der sektorale und föderale Durchgriff auf alle Abwägungen des 21
gesamten öffentlichen wie privaten Bundes- und Landesrechts
ist ein regulatorischer Handstreich, der mit minimalem Regelungsaufwand maximale Ausstrahlungswirkung entfalten soll.
Auch ohne ausdrückliche Verweise soll der Grundsatz bei Anwendung selbst solcher Fachgesetze zu berücksichtigen sein, in
denen bereits spezielle Abwägungen und differenzierte Regelungen getroffen wurden. Es erscheint zwar geboten, die anstehenden
energie- und umweltpolitischen Abwägungen nicht gänzlich den
Einzelfallentscheidungen der Vollzugsbehörden zu überantworten. Ob mit der Generalklausel in der Vollzugspraxis ein angemessener Ausgleich erzielt wird, bleibt aber abzuwarten.

2. Räumliche Gesamtplanung

Allein durch behördliche Einzelfallentscheidungen können 22
raumbezogene Konflikte, auch im Umwelt- und Energiebereich,
in der Regel nicht adäquat bewältigt werden. Vielmehr müssen
die Ziele soweit wie möglich bereits im Vorfeld gestuft auf mehreren Ebenen für den jeweiligen Planungsraum konkretisiert
und abgewogen sowie die Erfordernisse und Maßnahmen zu
ihrer Verwirklichung für sonstige Planungs- und Verwaltungsverfahren dargestellt werden. Qualifizierte und regelmäßig fortgeschriebene Gesamt- und Fachplanungen einschließlich der
Landschaftsplanung (§ 9 BNatSchG) können hier insbesondere
durch Trennung konfligierender Raumfunktionen und Nutzungen einen wichtigen Beitrag zur Konfliktvermeidung leisten und
„Wildwuchs" verhindern. Nach § 50 Satz 1 BImSchG sind die Flächen dabei einander insbesondere so zuzuordnen, dass schädliche Umwelteinwirkungen auf schutzbedürftige und naturschutz-

---

[20] BT-Drs. 20/1630, S. 159.

fachlich besonders wertvolle oder empfindliche Gebiete so weit wie möglich vermieden werden. Hiermit ist nicht etwa eine optimierte Vermeidung bezweckt, sondern eine Ausnahme vom Beeinträchtigungsverbot und damit auch von der besonderen Ausgleichspflicht. Es sollte jedoch nicht übersehen werden, dass FFH-Lebensrumtypen wie Sandbänke und Riffe auch außerhalb von Natura 2000-Gebieten nach Umwelthaftungsrichtlinie[21] geschützt sind.

23 Vor allem beim Ausbau der Windenergie ist u.a. bereits aus o.g. unionsrechtlichen Gründen eine solche Entzerrung anzuraten. Werden entsprechende Raumordnungsgebiete oder Konzentrationszonen ausgewiesen, sollten insbesondere unter dem Gesichtspunkt des Vogel- und Fledermausschutzes sensible Gebiete ausgenommen werden. Hierzu zählen u.a. bedeutsame Dichtezentren, Schwerpunktvorkommen und Ansammlungen kollisionsgefährdeter oder störungsempfindlicher Arten. Während die Prüfung des europäischen Gebietsschutzrechts im Bereich der Bauleitplanung und Raumordnung gemäß § 1a Abs. 3, 4 BauGB und § 7 Abs. 6 ROG bereits auf dieser vorgelagerten Ebene erfolgt, ist eine „Hochzonung" der artenschutzrechtlichen Prüfung in der räumlichen Gesamtplanung bislang nicht erfolgt, kommt aber durchaus in Betracht (vgl. § 8 Abs. 5 Satz 1 ROG 2023 und § 9a Abs. 2 Satz 1 BauGB 2023).

3. Naturschutzrechtliche Instrumente und Sonderregeln zu Windenergieanlagen

24 Zahlreiche aktuelle Gesetzesänderungen privilegieren WEA, indem Naturschutzstandards abgesenkt werden oder hierzu ermächtigt wird. So können z.B. durch Verordnung nach Maßgabe des § 1 Abs. 1 Satz 1 Nr. 5 Buchst. c und § 30 Abs. 1 Nr. 3 Buchst. c des Gesetzes zur Sicherung der Energieversorgung (EnSiG) zur Sicherung der Energieversorgung befristete Ausnahmen vom besonderen Artenschutz erlassen werden. Bei Offshore-Anlagen sind gemäß § 72 Abs. 2 Gesetz zur Entwicklung und Förderung der Windenergie auf See (WindSeeG) 2023 erhebliche Beeinträchtigungen gesetzlich geschützter Biotope nicht mehr

---

[21] Richtlinie 2004/35/EG Europäischen Parlaments und des Rates vom 21. April 2004 über Umwelthaftung zur Vermeidung und Sanierung von Umweltschäden.

verboten, sondern nur noch so weit wie möglich zu vermeiden. Hiermit ist nicht etwa eine optimierte Vermeidung bezweckt, sondern eine Ausnahme vom Beeinträchtigungsverbot und damit auch von der besonderen Ausgleichspflicht. Es sollte jedoch nicht übersehen werden, dass FFH-Lebensraumtypen wie Sandbänke und Riffe auch außerhalb von Natura 2000-Gebieten nach Umwelthaftungsrichtlinie geschützt sind. Als Versagungsgrund wird in § 69 Abs. 3 Satz 1 Nr. 1b WindSeeG (2023) ein „nachgewiesenes" signifikant erhöhtes Kollisionsrisiko von Vögeln gefordert. Die Festlegung von Windenergieflächen „darf" nach § 5 Abs. 6 WindSeeG (2023) in einem Meeresschutzgebiet „erst erfolgen", wenn die Ausbauziele ansonsten nicht erreicht werden können. Im Verhältnis zum Naturschutzrecht ähnlich unklar ist § 17d Abs. 1a Sätze 3 und 4 sowie Abs. 1b Satz 2 des Energiewirtschaftsgesetzes zu Offshore-Anbindungsleitungen.

Insbesondere im primär maßgeblichen Fachgesetz selbst, dem Bundesnaturschutzgesetz, wurden materiell-rechtliche Ausnahme- und Sonderregeln vorgesehen: 25

a) Gebietsschutz, insbesondere Öffnung der Landschaftsschutzgebiete (§ 26 Abs. 3 BNatSchG)

Im Sinne einer Segregation von Schutz und Nutzung sollten beim Ausbau erneuerbarer Energien naturschutzrechtliche „Tabuzonen" definiert werden, in denen bestimmte Beeinträchtigungen verboten sind. Dies gilt insbesondere für Natura 2000-Gebiete, Nationalparke und Naturschutzgebiete. Bestimmte Formen der Energiegewinnung werden im Bundesrecht bereits typenbezogen ausgeschlossen (vgl. § 23 Abs. 3 BNatSchG), dies gilt jedoch nicht für die Energieerzeugung aus Wasser, Strömung und Wind. In der ausschließlichen Wirtschaftszone (AWZ) darf diese nach § 57 Abs. 3 Nr. 5 Buchst. a BNatSchG sogar nur beschränkt werden, soweit dies unionsrechtlich erforderlich ist. 26

Je größer die Schutzgebiete und je undifferenzierter EE-Anlagen darin ausgeschlossen sind, umso schwieriger wird es, die Ausbauziele zu erreichen. In Landschaftsschutzgebieten (26 % der BRD-Gesamtfläche) ist dies, oft auch zum Vogelschutz, erfolgt. Die Errichtung und der Betrieb von WEA ist nach den Unterschutzstellungserklärungen nicht selten verboten, weil die Anlagen den 27

Charakter des Gebiets verändern oder dem Schutzzweck zuwiderlaufen. Durch den am 01.02.2023 in Kraft tretenden § 26 Abs. 3 BNatSchG soll nun eine Teilöffnung erfolgen.

28 WEA in einem Windenergiegebiet i.S.v. § 2 Nr. 1 Windenergieflächenbedarfsgesetz (WindBG) sind danach in Landschaftsschutzgebieten nicht verboten. Hierdurch wird nicht bloß die Regelungsermächtigung eingeschränkt, sondern spezifisches Landesrecht durch Bundesgesetz nachträglich überformt. Entgegen der regulatorischen Grundstruktur des Gebietsschutzes (§ 26 Abs. 2 BNatSchG) sind also nicht die näheren Bestimmungen der Unterschutzstellungserklärungen maßgeblich, sondern entgegenstehende Rechtsakte insoweit gemäß Art. 72 Abs. 3 Satz 3 GG unanwendbar. Angesichts der Dringlichkeit des Ausbaus erneuerbarer Energien ist die Öffnung nach § 26 Abs. 3 Sätze 1 bis 3 BNatSchG nachvollziehbar. Völker- und unionsrechtlich begegnet die Privilegierung keinen Bedenken, da sie gemäß Satz 5 keine Anwendung findet, wenn der Standort in einem Natura 2000-Gebiet oder einer UNESCO-Kultur- oder Naturerbestätte liegt.

29 Problematischer ist hingegen Satz 4, wonach die Öffnungsklausel mit sofortiger Wirkung auch außerhalb von Windenergiegebieten so lange entsprechend gilt, bis die spezifischen Flächenziele gemäß § 3 Abs. 1 WindBG erreicht sind. Planungsrechtliche Erleichterungen für WEA im Außenbereich (z.B. der Wegfall landesrechtlich erweiterter Mindestabstände zur Wohnbebauung) gelten dagegen nach § 249 Abs. 7 BauGB erst sanktionierend, wenn in 2027 und 2032 die Flächenziele verfehlt werden. Der Interessenausgleich zur Förderung des Windenergieausbaus erfolgt hier einseitig zu Lasten der Landschaftsschutzgebiete: Während im Baurecht eine vorrangige Positivplanung betont wird, wird im Naturschutzrecht Wildwuchs provoziert.

30 Die detailliert differenzierenden Maßgaben belassen keine landesrechtlichen Regelungsspielräume und sind daher kein allgemeiner Grundsatz des Naturschutzes i.S.v. Art. 72 Abs. 3 Satz 1 Nr. 2 GG. Durch Landesgesetz kann folglich von § 26 Abs. 3 i.V.m. § 20 Abs. 2 Nr. 4 BNatSchG abgewichen werden.

b) Besonderer Artenschutz nach § 44 Abs. 1 und 5 sowie §§ 45b ff. BNatSchG

In Umsetzung der europäischer Naturschutzrichtlinien sind die Tötung und Verletzung von Tieren besonders geschützter Arten gemäß § 44 Abs. 1 Nr. 1 BNatSchG verboten. Nach § 44 Abs. 5 Satz 2 Nr. 1 BNatSchG liegt ein Verstoß jedoch nicht vor, wenn das Risiko nicht signifikant erhöht und die Beeinträchtigung bei Anwendung der gebotenen, fachlich anerkannten Schutzmaßnahmen nicht vermieden werden kann. Das Bundesverfassungsgericht hat hierzu eine zumindest untergesetzliche Maßstabsbildung angemahnt.[22] Da eine verbindliche bundeseinheitliche Standardisierung und inhaltliche Untersetzung des Ausnahmeregimes durch normkonkretisierende Verwaltungsvorschriften oder Rechtsverordnungen angesichts der föderalen Veto- und Abweichungsrechte (Art. 72 Abs. 3, 80 Abs. 1, 84 Abs. 2 GG) kurzfristig nicht leistbar erschien, erfolgte diese in Teilen durch Parlamentsgesetz.

31

aa) Signifikanz der Risikoerhöhung und Zumutbarkeit von Schutzmaßnahmen (§ 45b Abs. 1 bis 6 BNatSchG)

Ob das Tötungs- und Verletzungsrisiko für kollisionsgefährdete Brutvogelarten durch den Betrieb von WEA signifikant erhöht ist, richtet sich zukünftig bei Neuvorhaben nach § 45b Abs. 1 bis 5 i.V.m. Anlage 1 Abschnitt 1 BNatSchG. Die Bewertung knüpft mittels mehrstufiger artspezifischen Prüfbereiche (mit positiven und negativen, teilweise widerleglichen Vermutungen) an die Distanz zwischen Brutplatz und Anlage an. Nach der Gesetzesbegründung soll es sich um eine abschließende Auflistung „prüfungsrelevanter" Arten handeln.[23]

32

Zudem werden gemäß § 45b Abs. 6 und 9 BNatSchG bestimmte in Anlage 1 beschriebene Schutzmaßnahmen anerkannt und hierfür in Anlage 2 Zumutbarkeitsschwellen festgelegt (Abschaltungen z.B. gedeckelt auf 8 bzw. 6% des Jahresenergieertrags, bei Ausnahmeerteilung nochmals um 2% abgesenkt). Die hochkomplexe Berechnung erfolgt dabei nach der wohl längsten mathematischen Formel des gesamten Bundesrechts.

33

---

[22] Beschl. v. 23.10.2018 – 1 BvR 2523/13 u. 1 BvR 595/14, Rn. 24.
[23] BT-Drs. 20/2354, S.25.

34 Von § 45b Abs. 1 bis 6 Satz 1 BNatSchG nicht erfasst sind Fledermäuse, Ansammlungen von Vögeln (z.B. Kolonien) und der Vogelzug, Störungen und Beeinträchtigungen von Lebensstätten sowie die Errichtung von WEA. Insbesondere sind die Sonderregelungen nicht anzuwenden auf bereits genehmigte Vorhaben (§ 74 Abs. 4 BNatSchG).

bb) Erteilung artenschutzrechtlicher Ausnahmen für den Betrieb von Windenergieanlagen (§ 45b Abs. 8 BNatSchG)

35 Verstößt der Betrieb von WEA gegen besonderes Artenschutzrecht, ist er nur zulässig, wenn ein Dispens erteilt werden kann. Weil Bereichs- und Pauschalausnahmen durch Bundesgesetz oder Landesverordnung den strengen Anforderungen des Art. 16 FFH-RL und 9 VRL (siehe Rn. 10) in der Regel nicht genügen, müssen umweltinterne Zielkonflikte einzelfallbezogen gelöst werden. Da eine Befreiung nach § 67 Abs. 2 Satz 1 BNatSchG von den Zugriffsverboten des § 44 Abs. 1 BNatSchG nur bei unzumutbarer Belastung gewährt werden darf, können nur Ausnahmen nach § 45 Abs. 7 BNatSchG aus zwingenden Gründen des überwiegenden öffentlichen Interesses zugelassen werden, wenn zumutbare Alternativen nicht gegeben sind und sich der Erhaltungszustand der Populationen einer Art nicht verschlechtert. Um den Ausbau der Windenergie zu beschleunigen, wurden nun zur Konkretisierung dieser Ausnahmeprüfung mit § 45b Abs. 8 BNatSchG hinsichtlich des Betriebs (nicht der Errichtung) von Anlagen und aller besonders und streng geschützten Arten (einschließlich solche nach Anhang 4 FFH-RL) zahlreiche Sondermaßgaben erlassen:

36 Zunächst entfällt nach Nummer 6 das Versagungsermessen. Eine gebundene Entscheidung ist unionsrechtskonform, da bereits auf Tatbestandsebene eine Abwägung erfolgt, selbst wenn gleichzeitig in Nummer 1 ein „überragendes" Interesse der Versorgungssicherheit festgestellt wird. Insbesondere in Eignungs- und Vorranggebieten bzw. Konzentrationszonen für Windenergienutzung, die in Raumordnungs- oder Flächennutzungsplänen unter Beachtung des Artenschutzrechts ausgewiesen sind, bestehen zwar bis zur Erreichung der Ausbauziele im jeweiligen Raum in der Regel zwingende Gründe des überwiegenden öffentlichen Interesses. Sollte aber z.B. eines der letzten 9 Brutpaare der mit negativem

Bestandstrend vom Aussterben bedrohten Kornweihe oder eine bundesweit bedeutsame Vogelansammlung betroffen sein, wird dies anders zu beurteilen sein.

Anknüpfend an die räumliche Gesamtplanung zur Umsetzung des WindBG sind zudem Standortalternativen außerhalb eines Windenergiegebietes in der Regel bis zur Erreichung der jeweiligen Flächenbeiträge unzumutbar (Nummer 2). Dass für diese widerlegliche Vermutung nur von der Flächennutzungsplanung eine Berücksichtigung artenschutzrechtlicher Belange ausdrücklich gefordert wird, nicht aber bei Ausweisung durch Raumordnungspläne, wird mit deren regelmäßig größerem Plangebiet begründet, was ausreichend konfliktarme Flächen für die abwägungsimmanente Alternativenprüfung biete[24]. Im Übrigen wird, soweit keine Positivplanung für Windenergiestandorte besteht, die Alternativenprüfung nur in einen Suchradius von 20 km für zumutbar erachtet (Nummer 3). Von der Regelung ausgenommen sind abermals lediglich Standorte in bestimmten Natura 2000-Gebieten, die aber ohnehin bereits eigenständig nach §§ 33, 34 BNatSchG geschützt sind.

37

Hinsichtlich des Erhaltungszustands der Populationen genügt – im Einklang mit der Rechtsprechung[25] – die vorrangig zu prüfende Feststellung, dass der Zustand sich lokal nicht verschlechtert (Nummer 4). Andernfalls soll dies auch auf Landes- und sogar Bundesebene ausreichen (Nummer 5). Bei schlechtem Zustand darf die Verbesserung nicht behindert werden.[26] Zu berücksichtigen sind dabei nicht nur sichernde Maßnahmen der Vorhabenträger, sondern auch solche, die das Bundesamt für Naturschutz im Rahmen von Hilfsprogrammen durchführt.

38

cc) Artenhilfsprogramme und Sonderabgabe nach § 45d BNatSchG

Nationale Programme zum Schutz der vom EE-Ausbau betroffenen Arten sollen nach § 45d Abs. 1 BNatSchG den Erhaltungs-

39

---

[24] BT-Drs. 20/2354, S 27.
[25] BVerwG, Urt. v. 12.03.2008 – 9 A 3/06, Rn. 249.
[26] Vgl. auch zu Art. 2 Abs. 2 FFH-RL, EuGH, Urt. v. 17.04.2018 – C-441/17, juris, Rn. 106, 262; EuGH, Urt. v. 14.06.2007 – C-342/05, juris, Rn. 29.

zustand der Populationen durch u.a. lebensraumbezogene Vermeidungs- und Kompensationsmaßnahmen gewährleisten. Die Programme sind primär gemeinlastig aus dem Bundeshaushalt finanziert. Erhöht wird das Budget durch Geldzahlungen, welche Vorhabenträger gemäß § 45d Abs. 2 Satz 1 BNatSchG als zweckgebundene Sonderabgabe zu leisten haben. Die Abgabenpflicht greift jedoch nur, wenn eine Ausnahme nach § 45b Abs. 8 Nr. 5 BNatSchG (trotz ggf. vorliegender Verschlechterung des Zustands der lokalen Population) zugelassen wird, ohne dass vom verantwortlichen Betreiber selbst Maßnahmen zur Sicherung des Erhaltungszustands der betreffenden Art durchgeführt werden. Zu bemessen ist die Höhe der Zahlung u.a. nach dem monetären Ertrag sowie verschiedenen Kostenfaktoren (Ziff. 4 Anlage 2).

dd) Repowering von Windenergieanlagen an Land (§ 45c BNatSchG)

40 Für das Gelingen der Energiewende ist auch eine Kapazitäts- und Effizienzsteigerung durch Modernisierung und (Teil-)Austausch von Anlagen von großer Bedeutung. § 45c BNatSchG soll daher das sog. Repowering von WEA an Land erleichtern. Eine Neuerrichtung gilt selbst dann noch als Modernisierung, wenn diese 48 Monate nach Rückbau der Bestandsanlage in einem Abstand der fünffachen neuen Gesamthöhe erfolgt.

41 Wenn die neue Anlage keine nachteiligeren Auswirkungen als die bestehende Anlage zeitigt, soll gemäß § 45c Abs. 2 Satz 4 BNatSchG davon auszugehen sein, dass die Signifikanzschwelle nach § 44 Abs. 5 Satz 2 Nr. 1 BNatSchG in der Regel nicht überschritten ist (ebenso § 18 Abs. 4a NABEG für Übertragungsnetzleitungen). Soweit die Zulassung der Bestandsanlage oder nachsteuernde Anordnungen den Mindestvorgaben des Art. 5 VRL und 12 FFH-RL entsprechen, mag eine bloße „Deltaprüfung" ausreichen. Verstößt der Betrieb aber gegen das Tötungsverbot (z.B. bei Genehmigungen bis 2007 vor Umsetzung des EuGH-Urteils u.a. zum Absichtsbegriff[27]) darf dies nicht unter Verweis auf eine gleichbleibende oder geringere Beeinträchtigung perpetuiert werden, ohne gebotene Schutzmaßnahmen zu ergreifen oder Ein-

---

[27] EuGH, Urt. v. 10.01.2006 – Rs. C-98/03.

zelfallausnahmen zu erteilen[28]. Solange keine entsprechenden unionsrechtlichen Ausnahmen in Kraft sind (siehe Rn. 45), ist anzuraten, dann von der gesetzlichen Vermutung abzuweichen. Ob die Vorbelastung durch die zu ersetzende Bestandsanlage als zulässig erklärt werden kann, ist also insbesondere davon abhängig, wie die Belange des Artenschutzes zuvor berücksichtigt wurden (vgl. § 45c Abs. 2 Satz 3 Nr. 3 BNatSchG).

Eine sorgsame Prüfung und ggf. Widerlegung der Regelvermutung des § 45c Abs. 2 Satz 4 BNatSchG ist insbesondere bei Standorten in bedeutsamen Dichtezentren, Schwerpunktvorkommen und Ansammlungen kollisionsgefährdeten Vogel- oder Fledermausarten notwendig. Diese sensiblen Gebiete können im Einzelfall ein signifikant erhöhtes Risiko begründen. Eine vergleichbare Widerlegbarkeit gilt für die Vermutung nach § 45c Abs. 4 BNatSchG, wonach Standortalternativen in der Regel stets unzumutbar sind. 42

IV. Ausblick auf Änderungen des Unionsrechts

Neue Entwicklungen im Konfliktfeld Naturschutz und Erneuerbare zeichnen sich insbesondere auf europäischer Ebene ab. 43

1. Änderung der EE-Richtlinie (RED IV)

Die vorgeschlagene Änderung der EE-Richtlinie (RED IV)[29] sieht zahlreiche sektorale Einschränkungen der europäischen Naturschutzrichtlinien vor: 44

Nach Art. 15c sind privilegierte Vorrangzonen (sog. „go to areas") zur Energieerzeugung aus erneuerbaren Quellen außerhalb von Vogelzugrouten und anderen empfindlichen Gebieten auszuweisen. Werden spezifische Schutzvorschriften eingehalten und Minderungsmaßnahmen durchgeführt, entfällt die UVP- und FFH-VP-Pflicht und es wird davon ausgegangen, dass die Vorha- 45

---

28 Vgl. BVerwG, Beschl. v. 08.03.2018 – 9 B 25.17, Rn. 11.
29 Vorschlag einer Richtlinie des Europäischen Parlaments und des Rates zur Änderung der Richtlinie (EU) 2018/2001 zur Förderung der Nutzung von Energie aus erneuerbaren Quellen, der Richtlinie 2010/31/EU über die Gesamtenergieeffizienz von Gebäuden sowie der Richtlinie 2012/27/EU zur Energieeffizienz, COM(2022) 222 final, siehe auch zuletzt die allgemeine Ausrichtung des Rates, 16041/22.

ben nicht gegen die Beeinträchtigungsverbote des Art. 6 Abs. 2 und Art. 12 Abs. 1 FFH-RL, Art. 5 VRL und Art. 4 Abs. 1 Buchst. a WRRL verstoßen. Die Vermutung kann zwar im Genehmigungsverfahren widerlegt werden, jedoch nur unter den sehr hohen Anforderungen des Art. 16a Abs. 4 und 5 EE-RL-E: Nach Überprüfung der Auswirkungen (für das Repowering nur der Änderung/Erweiterung) gelten die Anträge unter Umweltgesichtspunkten auch ohne ausdrückliche Entscheidung als genehmigt, es sei denn, die Behörde erlässt eine auf Grundlage eindeutiger Nachweise begründete Verwaltungsentscheidung, dass ein Projekt höchstwahrscheinlich erhebliche unvorhergesehene nachteilige Auswirkungen haben wird, die bei der SUP des Go-to-Plans nicht ermittelt wurden.

46 Außerhalb der Go-to-Gebiete reicht artenschutzrechtlich nach Art. 16b EE-RL-E ein redliches Bemühen: Wurden beim Projekt geeignete Minderungsmaßnahmen getroffen, gelten Tötungen oder Störungen nicht als absichtlich. Nach Art. 16d EE-RL-E ist schließlich bei Abwägungen zu Einzelfallausnahmen davon auszugehen, dass EE-Anlagen bis zur Klimaneutralität im „überwiegenden" öffentlichen Interesse liegen und u.a. der Sicherheit dienen.

47 Der Bundesgesetzgeber hat mit §45b und §45c BNatSchG quasi im Wege eines vorzeitigen Beginns in diese unionsrechtlich vorgeschlagene Ausnahmelage hinein reguliert. Fortgesetzt wird dies durch einen neuen §6 WindBG-E[30], wonach in Windenergiegebieten an Land nach §2 Nr. 1 WindBG im Genehmigungsverfahren eine UVP und artenschutzrechtliche Prüfung für Vögel außerhalb von Natura 2000- und Naturschutzgebieten sowie Nationalparken nicht durchzuführen ist. Stellt die zuständige Behörde fest, dass ein Verstoß gegen die Verbote nach §44 Abs. 1 BNatSchG zu erwarten ist, kann sie zumutbare Schutzmaßnahmen anordnen. Wird eine WEA genehmigt, ohne dass Schutzmaßnahmen angeordnet wurden, hat der Betreiber für den Eingriff Ersatz in Geld zu leisten. Die Erleichterungen sind dabei erst anzuwenden, wenn ein EU-Rechtsakt Abweichungen im entsprechenden Umfang ermöglicht.

---

[30] Entwurf eines Gesetzes zur Änderung des Raumordnungsgesetzes und anderer Vorschriften (BR-Drs. 508/22, BT-Drs. 20/4823).

2. Verordnung für einen beschleunigten Ausbau erneuerbarer Energien

Die EU-Kommission hat zur Beschleunigung des Ausbaus der Nutzung erneuerbarer Energien eine befristete Dringlichkeitsverordnung nach Art. 122 AEUV vorgeschlagen, die der Rat in Kürze erlassen wird[31]. Die Verordnung soll nach Art. 6 Satz 2 für einen Zeitraum von 18 Monaten gelten und überbrückt die Zeit, die für die Annahme und Umsetzung RED IV-Novelle benötigt wird. Sie betrifft nicht nur Projekte im Bereich Energieerzeugung und -speicherung, sondern auch Stromnetze.

Für den Naturschutz besonders bedeutsam ist Art. 3. Danach ist bei Abwägungen rechtlicher Interessen zu Ausnahmen nach der WRRL, FFH-RL und VRL davon auszugehen, dass die Planung, der Bau und der Betrieb von Anlagen zur Erzeugung, Speicherung und Verteilung von Energie aus erneuerbaren Quellen im überwiegenden öffentlichen Interesse liegen und der öffentlichen Sicherheit dienen (Absatz 1 Satz 1). Dies soll nicht nur für Zulassungsverfahren gelten, die während der Geltungsdauer der Verordnung beginnen, sondern auch bei nachträglichen Ausnahmen. Den Projekten von übergeordnetem öffentlichem Interesse ist in der Abwägung Vorrang einzuräumen (Absatz 2 Satz 1). Für den Artenschutz gilt dies nur, soweit im Hinblick auf den Erhaltungszustand der Populationen geeignete Maßnahmen durchgeführt und hierfür ausreichende finanzielle Mittel sowie Flächen zur Verfügung gestellt werden.

Hinzu tritt Art. 5a, wonach die Mitgliedstaaten von der UVP-Pflicht sowie von Bewertungen der artenschutzrechtlichen Zugriffsverbote für Projekte im Bereich der erneuerbaren Energien Ausnahmen vorsehen können, sofern diese in einem hierfür ausgewiesenen Gebiet für die Integration erneuerbarer Energie in das Elektrizitätssystem erforderlich sind und die Planung des Gebietes einer SUP unterzogen worden ist. Die zuständige Behörde hat sicherzustellen, dass Minderungsmaßnahmen ergriffen werden, um die Einhaltung des Art. 12 Abs. 1 FFH-RL und Art. 5 VRL zu gewährleisten. Sind geeignete Maßnahmen nicht verfügbar oder

---

[31] Vorschlag für eine Verordnung des Europäischen des Rates zur Festlegung eines Rahmens für einen beschleunigten Ausbau der Nutzung erneuerbarer Energien, COM/2022/591 final, Ratsdok. 16238/22.

unverhältnismäßig, hat der Betreiber lediglich einen finanziellen Ausgleich für Artenschutzprogramme zu zahlen. Die Höhe des Ausgleichs muss so bemessen sein, dass mit ihm der Erhaltungszustand der betroffenen Arten entsprechend gesichert bzw. hinreichend verbessert wird.

3. EU-Verordnung über die Wiederherstellung von Natur

51 Nicht minder ambitioniert soll auch das europäische Naturschutzrecht weiterentwickelt werden: In einer Verordnung sollen Ziele zur Wiederherstellung der Natur gesetzt werden.[32] Diese sind zeitlich gestaffelt, quantifiziert und durch nationale Pläne zu konkretisieren. Bei Plänen und Projekten ist zu beachten, dass nach Art. 4 und 5, Absätze 6 und 7, nicht nur der Erhalt, sondern auch die kontinuierliche Verbesserung der Zustände von Ökosystemen sicherzustellen sind. Die Nichteinhaltung ist dabei außerhalb von Natura 2000-Gebieten u. a. ausnahmsweise gerechtfertigt, wenn für ein Projekt von „überwiegendem" öffentlichen Interesse im Einzelfall keine weniger schädlichen Alternativlösungen zur Verfügung stehen (Absatz 8 Buchst. c). Die nationalen Planungen müssen koordiniert werden: Die Go-to-Gebiete sollten die Wiederherstellungspläne berücksichtigen und Letztere müssen wiederum sicherstellen, dass die Funktionsweise der Go-to-Gebiete, einschließlich der dort zum Genehmigungsverfahren geltenden Vorgaben, unverändert bleiben (Art. 11 Abs. 6 Satz 2).

V. Fazit

52 Wenn Ziele und Normen unterschiedlicher Politiken und deren rechtlich gleichrangig geschützte Güter wie im Fall des Ausbaus erneuerbarer Energien miteinander kollidieren, müssen diese im Sinne einer praktischen Konkordanz möglichst schonend und angemessen in Ausgleich gebracht werden. Nicht nur dem Naturschutz, sondern auch dem Klimaschutz sind daher durch eine effiziente Steuerung so weit Grenzen zu setzen, dass beide optimale Wirksamkeit entfalten. Es ist insoweit ein ideales Verhältnis zwi-

---

[32] Vorschlag für eine Verordnung des Europäischen Parlaments und des Rates über die Wiederherstellung der Natur, COM(2022) 304 final.

schen den ökologischen Kosten und Nutzen bzw. Chancen und Risiken herzustellen.

Je konkreter Umweltziele formuliert werden, umso besser lassen sich externe und interne Zielkonflikte – auch bereits auf übergeordneten Entscheidungsebenen – ermitteln und angemessen bewältigen. Standardisierung im Naturschutz bietet auch aus diesem Grund Chancen, soweit dies nicht zum vorschnellen Standardabbau genutzt wird.

Zur Ermittlung und -bewältigung ökologischer Zielkonflikte sind adäquate Umweltprüfungen unabdingbar. Bereits Gesamt- und Fachplanungen können aber Flächenkonkurrenzen auf verschiedenen Ebenen räumlich entzerren. Zudem können sie durch Vorprüfungen zur gestuften Abschichtung bestimmter Prüfaspekte beitragen. Eine vollständige „Hochzonung" der Prüfung ist dagegen im Arten- und Gebietsschutz wohl nur möglich, soweit das Unionsrecht dies erlaubt. Insbesondere sensible Räume und Arten müssen dagegen streng geschützt bleiben. Der Gesetzgeber kann und muss seine Spielräume zur Konkretisierung und Vorprägung von Schutzgüterabwägungen stärker als in der Vergangenheit nutzen. Regelvermutungen und Gewichtungsvorgaben können hier weiterhelfen, in besonderen Ausnahmefällen auch sachlich gerechtfertigte Privilegierungen. Mit erhöhtem Tempo „auf Sicht zu fahren", ist aber gefährlich. Gut ausgestattete Artenhilfsprogramme, Flächenbereitstellungen und sorgfältige Evaluierungen sollten daher die Risiken einer Fehlsteuerung verringern.

Die bisherigen Gesetzesnovellen zielen eher darauf ab, das Umwelt- und Naturschutzrecht zu vereinfachen und die Durchsetzungsfähigkeit der Erneuerbaren Energien zu stärken. Eine sektorübergreifende „Naturschutzbeschleunigung" steht dagegen noch aus. Sie muss nun, mit gleichem Nachdruck wie beim Klimaschutz, u.a. zur Umsetzung der internationalen Zielsetzungen des Übereinkommens über die biologische Vielfalt[33] verfolgt werden.

---

[33] United Nations Biodiversity Conference COP 15, Kunming-Montreal Global Biodiversity Framework, Target 2 und 3; https://www.cbd.int/conferences/2021-2022/cop-15/documents

Planerische und naturschutzfachliche Ansätze zur Lösung umweltinterner Zielkonflikte

Kathrin Ammermann und *Dirk Bernotat*, Bundesamt für Naturschutz, Leipzig

I. Einleitung

1 Ein immer wieder im Zusammenhang mit dem Ausgleich von Zielkonflikten und der Beschleunigung von Planungs- und Genehmigungsverfahren genannter und geforderter Lösungsansatz ist das Thema „Standardisierung". Die Bedeutung von Standardisierung im Naturschutz ist seit Jahren erkannt, sie hat aber auch in jüngster Zeit sowohl politisch als auch praktisch eine erhebliche Bedeutungssteigerung erfahren. Einen Beitrag dazu hat nicht zuletzt die vom BVerfG in einem Beschluss vom 23.10.2018 (Az. 1 BvR 2523/13, BVerfGE 149, 407–421) getroffene Feststellung geleistet, nach der „[...] der Gesetzgeber Verwaltung und Gerichten nicht ohne weitere Maßgaben auf Dauer Entscheidungen in einem fachwissenschaftlichen ‚Erkenntnisvakuum' übertragen [darf], sondern [...] jedenfalls auf längere Sicht für eine zumindest untergesetzliche Maßstabsbildung sorgen [muss]".

2 Im ersten Teil des Beitrags sollen daher etwas grundsätzlicher die Herausforderungen und Ansätze der Standardisierung im Naturschutz beleuchtet werden, im zweiten Teil werden aktuelle Entwicklungen und Lösungsansätze für das Spannungsfeld „Naturschutz und Windenergie an Land" vorgestellt. Dabei werden die aktuellen Regelungen der Konfliktlösung als Beispiel „umweltinterner" Zielkonflikte im Zentrum stehen.

II. Herausforderungen und Ansätze der Standardisierung im Naturschutz

Eine Standardisierung kann über verschiedene gesetzliche und untergesetzliche Formen erfolgen, die sich u.a. in ihrer Verbindlichkeit, ihrem Konkretisierungsgrad, ihrer praktischen Bedeutung, der Entwicklungsdauer und Aktualisierbarkeit mit Vor- und Nachteilen unterscheiden. Kurz gesagt haben gesetzliche Regelungen den Vorteil einer hohen Verbindlichkeit, während Verwaltungsvorschriften und Leitfäden die Vorteile eines hohen Konkretisierungsgrades und Praxisbezugs und einer leichteren Anpassung an den aktuellen Stand von Wissenschaft und Praxis aufweisen. Ziel sollte es sein, über verschiedene Hierarchieebenen ein möglichst auf die konkreten Erfordernisse des Themenfeldes abgestimmtes Set an Standardisierung zu entwickeln.

Im Naturschutz werden Standards traditionell eher „weit" definiert. Es gibt nur wenige Rechtsverordnungen, Verwaltungsvorschriften und Erlasse (fast) nur auf Länderebene, dafür aber zahlreiche Leitfäden, Arbeitshilfen oder Fachkonventionen. Anders als z.B. im technischen Umweltschutz sind die Standards selten als rechts- oder explizit behördenverbindliche Normen ausgestaltet, was u.a. seine Ursache darin hat, dass die Natur weniger einheitlich und standardisierbar ist als z.B. technische Anlagen oder Produkte *(Bernotat & Dierschke* 2021).

Besondere Herausforderungen der Standardisierung bestehen beim europäischen Arten- und Gebietsschutz. Hier sind in der Praxis untergesetzliche Fachstandards bzw. Fachkonventionen von zentraler Bedeutung, da hierbei fachwissenschaftlichen Kenntnissen und Maßstäben eine sehr hohe Bedeutung zukommt. So fordert der EuGH bei der Prüfung der FFH-Verträglichkeit, dass die „besten einschlägigen wissenschaftlichen Erkenntnisse" hinzuzuziehen, ein strenger „Vorsorgegrundsatz" explizit zu berücksichtigen und ein Projekt nur dann zu genehmigen sind, wenn „aus wissenschaftlicher Sicht kein vernünftiger Zweifel daran besteht", dass sich das Projekt nicht nachteilig auf das Gebiet als solches auswirkt (vgl. z.B. Urteil des EuGH zur Herzmuschelfischerei vom 07.09.2004, Az. C-127/02, curia, Rn. 56-61). Auch wenn beim Artenschutz bezüglich der Vorsorge nicht ganz dieselben Maßstäbe wie beim Gebietsschutz anzulegen sind, sind auch hier aktuelle wissenschaftliche Erkenntnisse heranzuziehen (vgl. z. B. VGH Kassel, Beschluss vom 11.05.2022, Az. 9 B 234/22.T, juris, Rn. 11 oder EuGH, Urteil vom 10.10.2019, Az. C-674/17, curia, Rn. 51). Beim Arten- und Gebietsschutz ist zudem immer der Einzelfallbezug der Prüfungen erforderlich, so dass dieser in einen etwaigen Standard zu integrieren ist, was in der Konsequenz keine Pauschalierungen ermöglicht, sondern einen hohen Differenzierungsgrad erforderlich macht. Fachstandards und Fachkonventionen werden diesen Anforderungen am ehesten gerecht.

6   Fachkonventionen sind nach *Plachter* et al. (2002: 37) definiert als „Konventionen mit einem Gültigkeitsbereich für einen bestimmten Wissenschafts- und Technikbereich. I.d.R. fachintern erstellt". Als Verständigung unter Fachleuten stellen sie eine eher weiche Form der Standardisierung dar. Sie stellen häufig eine Verknüpfung wissenschaftlicher Erkenntnisse mit wertenden Elementen an der Schnittstelle zwischen Naturwissenschaft und Rechtsnorm dar. Dies gilt z. B. für unbestimmte Rechtsbegriffe wie jenen der „erheblichen Beeinträchtigung" in der FFH-Verträglichkeitsprüfung nach § 34 BNatSchG (z. B. *Lambrecht & Trautner* 2007) oder dem „signifikant erhöhten Tötungsrisiko" nach § 44 Abs. 5 Satz 2 Nummer 1 BNatSchG im Zusammenhang mit dem artenschutzrechtlichen Tötungsverbot nach § 44 Abs. 1 Nummer 1 BNatSchG.

7   Die vom BVerfG angesprochenen fachwissenschaftlichen Erkenntnisdefizite können daher im Zusammenhang mit rechtlichen Prüfinstrumenten primär durch Fachwissenschaften (z. B. zur Wirkungsforschung) und durch Fachkreise über Fachkonventionen bzw. Fachstandards beseitigt werden. Zur Entscheidung, wann ein Werk als Fachstandard bzw. Fachkonvention gelten kann, können folgende Kriterien bzw. Mindestanforderungen an Fachkonventionen definiert werden (vgl. z. B. *Plachter* et al. 2002, *Bick & Wulfert* 2017, *Bernotat & Dierschke* 2021).

8   Eine Fachkonvention muss die fachwissenschaftlichen Daten und Erkenntnisse des jeweiligen Themenfeldes zu Grunde legen und den aktuellen Stand von Wissenschaft und Technik widerspiegeln. Die Entwicklung muss durch eine neutrale wissenschaftliche Einrichtung bzw. durch Fachleute, Expertengruppen oder fachkundige Gremien erfolgen. Die methodischen Herleitungen und Setzungen müssen transparent und nachvollziehbar dargestellt sein. Es bedarf einer Beteiligung von und Abstimmung mit

verschiedenen Fachleuten des jeweiligen Themenfeldes z.B. über Forschungsbegleitkreise oder schriftliche Experten-Konsultationen. Die Etablierung als Fachkonvention erfolgt nicht durch einen formalen Akt, sondern durch die zunehmende Anwendung in der Praxis und die Anerkennung in Wissenschaft bzw. Fachkreisen sowie idealerweise schließlich auch der Gerichte.

Fachstandards und Fachkonventionen im Naturschutz umfassen klassischerweise Leitfäden z.b. zu Prüfinstrumenten wie dem Arten- oder Gebietsschutz (auf Ebene der EU, des Bundes oder der Länder), zu bestimmten Arbeitsschritten (z.b. zur Bestandserfassung, Bewertung, zu Vermeidungsmaßnahmen, CEF-Maßnahmen oder der Alternativenprüfung), Vorhabentypen (z.b. für Straßen, Schienenwege, Windenergieanlagen oder Freileitungen), Wirkfaktoren (z.b. zu Flächeninanspruchnahme, Zerschneidung, Stickstoffeintrag, Lärm oder Licht) und/oder Artgruppen (z.b. Vögel, Fledermäuse, Amphibien). Eine sehr gute Zusammenstellung basierend auf einem BfN-Forschungsvorhaben findet sich bei *Wulfert* et al. (2015).

Für die Planungspraxis besonders hilfreich ist ein möglichst aufeinander abgestimmtes System aus einem klaren gesetzlichen Rahmen, ergänzt um konkretisierende untergesetzliche Regelwerke, Leitfäden und Fachstandards.

Als Beispiel kann hier der Bereich der Bewertung der Kollisionsrisiken von Vögeln an Freileitungen angeführt werden. Dort liegt mit dem Mortalitäts-Gefährdungs-Index (MGI) ein umfassendes Kompendium der Mortalitätsbewertung in nun vierter, aktualisierter und erweiterter Fassung vor (*Bernotat & Dierschke* 2021), das neben einem Grundlagenband zahlreiche vorhabentyp- und artgruppenspezifische Arbeitshilfen umfasst, wozu auch eine Arbeitshilfe für die Kollisionsgefährdung an Freileitungen zählt. Diese wird ergänzt durch eine BfN-Arbeitshilfe zur arten- und gebietsschutzrechtlichen Prüfung bei Freileitungsvorhaben (*Bernotat* et al. 2018), mit der das BfN seit über fünf Jahren alle länderübergreifenden Vorhaben des Netzausbaus nach einheitlichen Maßstäben prüft. Zudem gibt es für das wichtige Themenfeld der Vermeidungs- und Schutzmaßnahmen die Technischen Hinweise zur Vogelschutzmarkierung (FNN 2014) und die Fachkonvention von *Liesenjohann* et al. (2019) zur artspezifischen Wirksamkeit von Vogelschutzmarkern. Damit liegt in diesem Themenfeld ein vollumfängliches untergesetzliches Anwendungsinstrumentarium für eine einheitliche Bewertung und bedarfsweise Minderung der Kollisionsrisiken von Vögeln an Freileitungen vor.

12 Die untergesetzlichen Fachstandards sind für den Naturschutz von großer Bedeutung. Vorteile von Fachkonventionen und Fachstandards sind z.b., dass sie für die Praxis eine anwendungsorientierte Unterstützung und Erleichterung bieten. Sie vermindern Aufwand und Kosten für alle Beteiligten. Sie reduzieren die Heterogenität der Unterlagen bei unterschiedlichen Vorhabenträgern, Büros oder Bundesländern, was insbesondere bei bundeslandübergreifenden Großvorhaben oder bundesweit agierenden Vorhabenträgern ein Vorteil ist. Sie erhöhen die Nachvollziehbarkeit und Transparenz sowie die Objektivität von Bewertungsentscheidungen. Sie erhöhen die Planungs- und Rechtssicherheit für die Vorhabenträger, da eine auf Fachkonventionen beruhende Bewertungsentscheidung deutlich weniger angreifbar ist als – häufig divergierende – gutachterliche Singuläreinschätzungen. Fachkonventionen und Fachstandards dienen damit im Ergebnis auch der Vereinfachung und Beschleunigung von Verwaltungsverfahren sowie der Lösung umweltinterner Zielkonflikte.

13 Die korrekte Anwendung untergesetzlicher Standards sollte durch Behörden und Gerichte konsequent eingefordert werden. In Verfahren sollte es einen klaren Vorrang vorhandener Standards gegenüber Einzelfall-Methodiken geben, da Fachstandards aus o.g. Gründen bei normativen Bewertungsentscheidungen eine höhere Objektivität und Validität beanspruchen können. Dies könnte z.b. eine jener vom BVerfG geforderten „genaueren Regeln für die behördliche Entscheidung zwischen mehreren vertretbaren Auffassungen" sein. Wenn es an einer untergesetzlichen Maßstabsbildung durch verbindliche Festlegungen etwa mittels Durchführungsverordnungen oder Verwaltungsvorschriften fehlt, dann muss die Zulassungsbehörde „auf außerrechtliche naturschutzfachliche Maßgaben zurückgreifen, zu denen vor allem Fachkonventionen und Leitfäden gehörten. Es ist Aufgabe der Gerichte zu überprüfen, ob diese den aktuell besten wissenschaftlichen Erkenntnisstand widerspiegeln" (BVerwG, Beschluss vom 15.07.2020, Az. 9 B 5/20, juris, 3. Leitsatz). Fachkonventionen bzw. Fachstandards wird daher im Naturschutz auch zukünftig eine wichtige Bedeutung als Bindeglied zwischen fachwissenschaftlichen Erkenntnissen und Rechtsnormen zukommen.

III. Lösungsansätze für das Spannungsfeld zwischen dem Ausbau erneuerbarer Energien und dem Naturschutz

Längst ist belegt, dass die Klimaveränderung auch eine Ursache des Verlusts an biologischer Vielfalt ist (z.B. *EEA* 2012) und insofern Klimaschutz auch dringend notwendig ist, um diesen Verlust zu stoppen. Synergien können zum Beispiel durch eine Renaturierung von intensiv genutzten Flächen erreicht werden, indem diese dann als Treibhausgassenke wirken und zugleich die Lebensraumqualität dieser Flächen verbessert wird, wie bei der Renaturierung von Mooren. In anderen Bereichen der Klimaschutzmaßnahmenpakete sind aber auch Spannungsfelder festzustellen. Zumindest einige der Maßnahmen, die im Zuge eines weitreichenden Umbaus des Energiesystems hin zu erneuerbaren Energien notwendig sind, können zu solchen Spannungen führen. Im Weiteren soll der Ausbau der erneuerbaren Energien im Strombereich (als Klimaschutzmaßnahme) und dessen Auswirkungen auf die Schutzgüter von Natur und Landschaft näher betrachtet werden.

Wesentliche Spannungsfelder lassen sich zusammenfassen in:
- eine Konkurrenz um Flächen z.B. durch Überbauung bzw. eine Intensivierung der Flächennutzung versus eine naturnähere Nutzung, Extensivierung oder Renaturierung,
- eine deutlich sichtbare Veränderung bzw. Beeinträchtigung des Landschaftsbildes und
- mögliche Beeinträchtigungen von vorkommenden Arten und deren Lebensräumen in unterschiedlicher Intensität und Ausprägung.

Die Auswirkungen der verschiedenen Energieträger (z.B. Windenergieanlagen auf See und an Land, Solaranlagen, Wasserkraftanlagen, Bioenergie) sind unterschiedlich weitreichend, betreffen unterschiedliche Schutzgüter und sind auch hinsichtlich der Planung und Genehmigung sehr verschieden geregelt.

Um die Zielsetzungen des Naturschutzes zu erreichen, ist im Sinne des sparsamen Umgangs mit Fläche einerseits eine effiziente Erzeugung und Nutzung der erneuerbaren Energien unerlässlich. Andererseits sind jene Technologien vorrangig auszubauen, für die bereits versiegelte, bebaute oder stark veränderte Flächen genutzt werden können.

18 Die deutlich erhöhten Ausbauziele für die Erneuerbaren stellen gleichwohl eine enorme Herausforderung dar. Im § 1 Abs. 2 Erneuerbare-Energien-Gesetz (EEG 2023) werden diese für 2030 auf mindestens 80 % Anteil EE am Bruttostromverbrauch ganz massiv angehoben, das entspricht ca. 600 TWh im Jahr 2030.

19 Vorgesehen ist nach § 4 Nummer 1 Buchst. d) und Nummer 3 Buchst. d) EEG 2023 ein Zubau bis 2030:
- für Windenergienutzung an Land Anhebung auf jährlich 10 GW. Die Erhöhung von derzeit ca. 56 GW (am 31.12.2021, *Deutsche Windguard* 2022) auf 115 GW Gesamtleistung entspricht grob einer Verdoppelung;
- für Photovoltaik auf 215 GW durch eine Steigerung der Zubauraten auf jährlich 22 GW. Bei derzeit installierten knapp 59 GW (am 31.12.2021, *Fraunhofer ISE* 2022) entspricht das rund einer Vervierfachung (jährliche Ausbaumengen: BT-Drs. 20/1630, S. 2).
- Für Windenergienutzung auf See legt § 1 Abs. 2 Satz 1 Windenergie-auf-See-Gesetz mindestens 30 GW bis 2030 als Zielbestimmung fest (bis 2045 werden 70 GW angestrebt).

20 Zukünftig sollen ganz wesentliche Anteile am erneuerbaren Strom aus der Nutzung von Windenergie (an Land und auf See) sowie von Photovoltaik erbracht werden. Im Folgenden steht Windenergie an Land im Zentrum der Betrachtung.

21 Für den zuletzt ins Stocken geratenen Ausbau der Windenergie an Land wurden u.a. fehlende planerisch gesicherte Flächen, die mangelnde Nutzbarkeit der ausgewiesenen Flächen sowie unter vielen anderen Gründen auch Schwierigkeiten bei der Umsetzung des Artenschutzrechts als Hemmnisse benannt (z.B. *FA Wind* 2022). Hinsichtlich des Artenschutzes werden u.a. als Kritikpunkte eine sehr unterschiedliche Praxis in den Bundesländern bzw. in einzelnen (Planungs-)Regionen und damit eine fehlende bundesweit einheitliche Vorgehensweise aufgeführt. Des Weiteren werden Unklarheiten hinsichtlich des Erfassungsumfanges von Vögeln, der Bewertungsschritte sowie eine fehlende „Signifikanzschwelle" genannt. Auch fehlende Anleitungen hinsichtlich der Bewertung der artspezifischen Wirksamkeit von Schutzmaßnahmen sowie zu deren Einbeziehung in die Signifikanzprüfung werden kritisiert. Zudem fehle es weitgehend an einer Praxis zur Nutzung der artenschutzrechtlichen Ausnahme. Eine umfassende

Zusammenstellung und Bewertung der bisherigen Ansätze zur Signifikanzbewertung und zur artenschutzrechtlichen Ausnahme sowie von entsprechenden Anforderungen für eine Weiterentwicklung finden sich in der aktuellen Publikation von *Wulfert* et al. (2022).

Bestrebungen, eine Vereinheitlichung und Standardisierung im Bereich des Artenschutzes beim Ausbau der Windenergie an Land zu erreichen, wurden spätestens durch den Beschluss des Bundesverfassungsgerichts 2018 und das festgestellte „Erkenntnisvakuum" (s.o.) nochmals verstärkt. Insbesondere im Jahr 2020 gab es intensive Bemühungen der Umweltministerkonferenz u.a. zur Vereinheitlichung der Signifikanzprüfung sowie zur artenschutzrechtlichen Ausnahme. Zu beiden Themenbereichen wurden bundeseinheitliche Rahmenwerke erarbeitet und verabschiedet. Insbesondere zur Signifikanzprüfung war weiterhin eine Untersetzung durch die Bundesländer möglich und notwendig. In einigen Bundesländern waren bereits umfassende Handlungsanleitungen zur Prüfung der artenschutzrechtlichen Verbotstatbestände und darauf basierend eine Genehmigungspraxis etabliert. In anderen Bundesländern fehlte eine vergleichbare Untersetzung.

Um die enorme Anhebung des Ausbaus zu flankieren und wesentlichen Hemmnissen des Ausbaus der Windenergie zu begegnen, wurde im Jahr 2022 im sog. Osterpaket der Bundesregierung ein ganzes Bündel an Gesetzen und Gesetzesänderungen auf den Weg gebracht und inzwischen verabschiedet (BGBl. I S. 1237 ff.; 1353 ff., 1362). Dazu zählt das EEG 2023, das neben allgemeinen Abwägungsregeln zum Ausbau der erneuerbaren Energien im überragenden öffentlichen Interesse (siehe Beitrag Dr. Hendrischke) u.a. die Zielvorgaben für den Ausbau wie auch die Ausschreibungs- und Vergütungsmodalitäten für Strom aus erneuerbaren Energien festlegt. Ein neues Windenergieflächenbedarfsgesetz trifft Regelungen zur Erhöhung der Flächenverfügbarkeit. Auch die Änderungen des Bundesnaturschutzgesetzes, des Baugesetzbuches und des Raumordnungsgesetzes zielen auf eine Erleichterung und Beschleunigung des Ausbaus der Windenergie.

Mit der Änderung des Bundesnaturschutzgesetzes wird das Ziel verfolgt, zügige und rechtssichere Genehmigungsverfahren zu ermöglichen unter gleichzeitiger Wahrung hoher und insbesondere unionsrechtlich gebotener ökologischer Standards. Dafür werden

25 für die artenschutzrechtliche Prüfung bundeseinheitlich Standards festgelegt (Deutscher Bundestag, BT-Drs. 20/2354).

25 Zentrale Elemente der Änderungen im Bundesnaturschutzgesetz sind die Standardisierung der Signifikanzprüfung nach §44 Abs. 5 Satz 2 Nummer 1 BNatSchG für den Betrieb von Windenergieanlagen an Land in Hinblick auf bestimmte Brutvogelarten und in diesem Kontext die Konkretisierung der Voraussetzungen einer artenschutzrechtlichen Ausnahme nach §45 Abs. 7 BNatSchG. Umfasst sind zudem Regelungen zur Einbeziehung von Landschaftsschutzgebieten in die Festlegung von Windenergiegebieten und Klarstellungen für das Repowering von Windenergieanlagen. Flankiert werden diese Neuerungen durch neu zu etablierende nationale Artenhilfsprogramme (AHP).

26 Das Bundesnaturschutzgesetz legt nun in §45b Abs. 2 bis 5 BNatSchG für den Betrieb von Windenergieanlagen an Land bundeseinheitliche Regelungen für die fachliche Prüfung des Tötungs- und Verletzungsverbots für kollisionsgefährdete Brutvögel fest.

Prüfung des signifikant erhöhten Tötungsrisikos

27 In Anlage 1 Abschnitt 1 des Gesetzes werden in einer verbindlichen Liste für 15 Brutvogelarten artspezifisch festgelegte, gestufte Prüfbereiche vorgegeben. Anhand dieser erfolgt nach §45b Abs. 2 bis 5 BNatSchG die fachliche Beurteilung des Signifikanzrisikos mittels Regelvermutungen.

28 Im Einzelnen werden für jede dieser Vogelarten drei Bereiche definiert:
– Ein Nahbereich, in dem von einem signifikant erhöhten Tötungs- und Verletzungsrisiko auszugehen ist (Abb. 1, dunkelgrauer Bereich).
– Ein zentraler Prüfbereich, in dem Anhaltspunkte für eine signifikante Erhöhung des Tötungsrisikos gegeben sind. Diese sind widerlegbar, entweder durch eine Habitatpotentialanalyse (ggf. Raumnutzungsanalyse) oder durch fachlich anerkannte Schutzmaßnahmen (Abb. 1, hellgrauer Bereich).
– Im zentralen Prüfbereich ist damit zwar regelmäßig von einem erhöhten Risiko auszugehen. Allerdings wird die Möglichkeit eröffnet, durch Aufenthaltsprognosen der betroffenen Brutvögel diese Vermutung zu widerlegen, wenn die betreffenden

Planerische und naturschutzfachliche Ansätze 105

Brutplatz
Nahbereich

Zentraler Prüfbereich

Erweiterter Prüfbereich

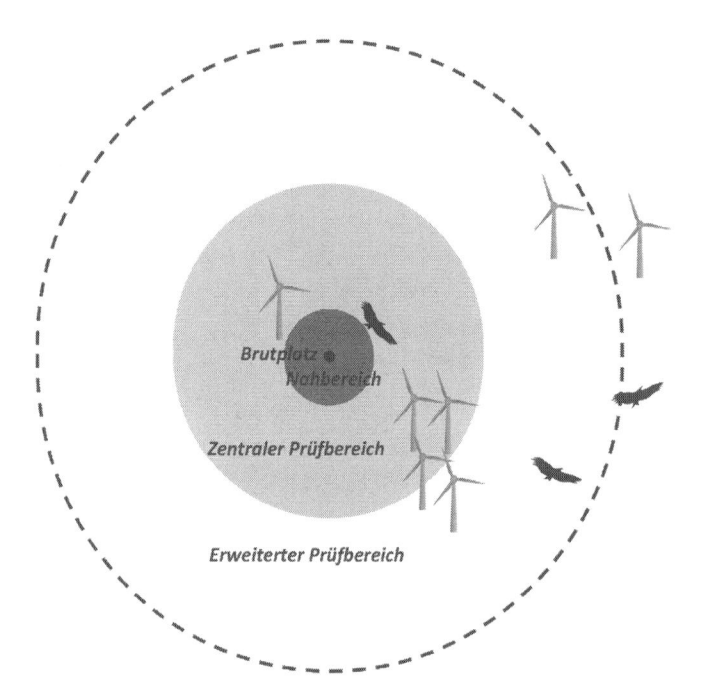

Abb. 1: *Schematische Darstellung des Brutplatzes (schwarzer Punkt), des zentralen Prüfbereichs (hellgrau), des erweiterten Prüfbereichs (gestrichelt)*

Brutvögel beispielsweise regelmäßig bestimmte Gebiete im zentralen Prüfbereich, nämlich für sie ungeeignete Habitate, gar nicht aufsuchen. Als Methode der Prognose ist regelmäßig eine Habitatpotentialanalyse vorgesehen. Nur auf Verlangen des Antragstellers kann eine Raumnutzungsanalyse hinzugezogen werden, wenn dieser beispielsweise absieht, dass eine spezifischere Beobachtung der Brutvögel ggf. zu einem für die Realisierung der Windenergieanlagen an diesem Standort positiven Ergebnis führen könnte.
– Ist weiterhin von einem signifikanten Risiko auszugehen, so sind für diese Art fachlich anerkannte Schutzmaßnahmen notwendig, um das Risiko unter die Signifikanzschwelle zu senken.
– Im erweiterten Prüfbereich wird regelmäßig keine signifikante Erhöhung des Tötungsrisikos angenommen, es sei denn, die Aufenthaltswahrscheinlichkeit der betroffenen Brutvögel im

Gefahrenbereich ist erhöht und das dadurch erhöhte Tötungsrisiko kann nicht durch Schutzmaßnahmen gemindert werden (Abb. 1 bis zur gestichelten Linie).
- Läge z.B. vom Brutplatz aus betrachtet hinter der geplanten Windenergieanlage ein regelmäßig aufgesuchtes Nahrungshabitat, so führte diese Konstellation zu einer entsprechenden Erhöhung des Risikos, da von regelmäßigen Durchflügen auszugehen wäre. Zur Reduzierung des erhöhten Tötungsrisikos müssten dann wirksame Schutzmaßnahmen angeordnet werden, bis das Risiko unterhalb die Signifikanzschwelle gesenkt würde. Andernfalls stünde der Weg einer Prüfung der Ausnahme nach § 45 Abs. 7 BNatSchG an. Für diesen erweiterten Prüfbereich ist zudem festgelegt, dass der Antragsteller insbesondere auf vorhandene Daten und Karten z.B. der Behörde zurückgreifen kann und keine eigenen Erhebungen durchführen muss.
- In darüber hinausreichenden Bereichen ist nicht von einer signifikanten Risikoerhöhung auszugehen und dementsprechend sind auch keine Schutzmaßnahmen notwendig.
- Abweichende Bewertungen hinsichtlich des Kollisionsrisikos werden zudem für drei Arten, sogenannte „Niedrigflieger", (Rohrweihe, Wiesenweihe, Uhu) angenommen, wenn die untere Rotorspitze einen bestimmten Mindestabstand zum Boden aufweist, vgl. die Fußnote in Abschnitt 1 Anlage 1 zum Bundesnaturschutzgesetz.

Habitatpotentialanalyse/Raumnutzungsanalyse

29 Beide Methoden dienen einer Prognose der Aufenthaltswahrscheinlichkeit der betroffenen Vögel im jeweiligen Prüfbereich.

30 Eine Habitatpotentialanalyse (HPA) hat das Ziel, die Raumnutzung von Vogelarten insbesondere auf Basis der Lage von Fortpflanzungs- und Ruhestätten, von Habitatstrukturen sowie landschaftsmorphologischen Merkmalen fachgutachtlich einzuschätzen. Im Zentrum der Betrachtung stehen die für eine Art z.B. als Nahrungshabitat potenziell relevanten Biotop- und Landnutzungstypen und die Landschafts- bzw. Habitatstrukturen. In einem ersten Schritt erfolgt – in Ergänzung zu den Brutplätzen bzw. Brutvorkommen – die Erfassung der Habitattypen und ihrer potenziellen Habitateignung als Nahrungshabitate in den Prüf-

bereichen um die Brutplätze auf Grundlage und durch Verarbeitung vorhandener bzw. öffentlich zugänglicher Daten (z.b. Biotop- oder Biotoptypenkartierungen, Luftbilder, topographische Karten oder Daten zur Gewässerstrukturgüte) in Abgleich mit den typischen Verhaltensmustern und ökologischen Ansprüchen der Art. In einem zweiten Schritt sind diese Ergebnisse i.d.R. im Gelände zu verifizieren und offene Fragen zu klären. Hierfür ist mindestens eine Begehung vorzusehen. Da die Bewertungen auf Landschaftsparametern beruhen, sind sie weniger stichprobenartig als Flugbeobachtungen, sie sind jedoch nicht für alle Arten gleich aussagekräftig.

Die Raumnutzungsanalyse basiert auf tatsächlichen Geländebeobachtungen, die entweder auf den Brutplatz der betroffenen Brutvögel ausgerichtet sind oder auf den zukünftigen Anlagenstandort. Die Prognose erfolgt dann anhand tatsächlich beobachteter Flugbewegungen, die ins Verhältnis zu Flugbewegungen im Umfeld gesetzt werden. Wie oft beobachtet werden muss, wie lange und von welchen bzw. wie vielen Standorten aus, ist in den Ländern unterschiedlich festgelegt. Die Grundlage bildet also eine Erfassung tatsächlicher Flugbeobachtungen, die sich jedoch auch von Jahr zu Jahr, z.b. durch unterschiedliche Zeitpunkte der Beobachtung oder Formen der Feldbewirtschaftung deutlich unterscheiden können. Zudem ist die Beobachtung deutlich aufwändiger. *31*

Allerdings ist für beide zulässigen Formen der Prognose der Raumnutzung keine weitere methodische Klärung erfolgt, insbesondere auch nicht die Frage, in welchen Fällen davon auszugehen ist, dass die signifikante Risikoerhöhung als bestätigt oder widerlegt gelten kann. *32*

Schutzmaßnahmen und Zumutbarkeitsgrenze

In § 45b Abs. 3 Nummer 2 und Abs. 4 Nummer 2 BNatSchG wird auf anerkannte Schutzmaßnahmen Bezug genommen. Erstmalig werden bereits im Gesetzeswortlaut sowie in der § 45b Abs. 1 bis 5 BNatSchG ergänzenden Anlage 1 Abschnitt 2 fachlich anerkannte Schutzmaßnahmen aufgeführt und deren Wirksamkeit in der Anlage grob beschrieben. *33*

34 In §45b Abs. 6 BNatSchG werden Zumutbarkeitsgrenzen für die Schutzmaßnahmen formuliert und dadurch die Ermessensspielräume der Genehmigungsbehörde für die Festlegung von Schutzmaßnahmen begrenzt. Eine maximale Verringerung des Jahresenergieertrages an windhöffigen Standorten von maximal 8 %, an anderen Standorten von maximal 6 % ist demnach zumutbar.

35 Zudem sind in die Zumutbarkeitsberechnungen Maßnahmen für weitere besonders geschützte Arten, also insbesondere Schutzmaßnahmen für Fledermäuse sowie Investitionskosten einzubeziehen, wenn diese 17.000 €/pro MW installierter Leistung überschreiten.

36 Eine Prognose, ob am Anlagenstandort durch die notwendigen Maßnahmen diese Grenze überschritten wird, erfolgt auf Basis einer vorgegebenen Formel (Anlage 2). Im November 2022 wurde durch Artikel 3 des ersten Gesetzes des Elektro- und Elektronikgerätegesetzes, der Entsorgungsfachbetriebsverordnung und des Bundesnaturschutzgesetzes die bisher dahin fehlerhafte Formel korrigiert. Diese Regelung ist am 09.12.2022 in Kraft getreten (BGBl. I S. 2240).

$$Z_{Abs} = \frac{(((Flst_{Mahd} * M_{ahd}) + (Flst_{Ernte} * E_{rnte}) + (Flst_{Pflügen} * P_{flügen})) * h + (Flst_{Ausn} * h) + (P_{häno} * h)) * \frac{P * VBH}{h_a}}{P * VBH} + Flm_a + A_a$$

37 Über der Zumutbarkeitsgrenze liegende Schutzmaßnahmen sind auf Verlangen des Betreibers möglich. Andernfalls ist eine Ausnahmeprüfung nach §45 Abs. 7 BNatSchG erforderlich.

Ausnahmeprüfung

38 Um die Ausnahmeprüfung nach §45 Abs. 7 im Zuge der Windenergienutzung zu erleichtern und rechtssicherer zu gestalten, werden in §45b Abs. 8 und 9 BNatSchG konkretisierende Maßgaben vorgegeben. Dies betrifft die Ausnahmegründe, die Alternativenprüfung und die Prüfung des Erhaltungszustandes. Liegen alle drei Ausnahmevoraussetzungen vor, ist eine Ausnahme zu erteilen (siehe Beitrag Dr. Hendrischke).

39 Dabei ist aus fachlicher Sicht insbesondere eine räumliche Begrenzung des Suchraumes für die Alternativenprüfung, insbesondere in Gebieten, die bereits für die Windenergienutzung planerisch gesichert und artenschutzrechtlich geprüft wurden,

plausibel, § 45b Abs. 8 Nummer 2 und 3 BNatSchG. Außerhalb planerisch ausgewiesener Gebiete wird eine Begrenzung der Prüfung auf einen 20 km-Umkreis festgelegt, was naturschutzfachlich und hinsichtlich der Handhabbarkeit Fragen aufwirft.

Hinsichtlich der Beurteilung des Erhaltungszustandes wird in § 45b Abs. 8 Nummer 4 BNatSchG klargestellt, dass keine Verschlechterung angenommen wird, wenn sich die lokale Population, unter Berücksichtigung von FCS-Maßnahmen, nicht verschlechtert. Verschlechtert sich jedoch der Erhaltungszustand der lokalen Population, so liegt nach § 45b Abs. 8 Nummer 5 BNatSchG dann kein Verstoß gegen das Verschlechterungsverbot vor, wenn sich der Zustand der Populationen im Bundesland/ Bundesgebiet nicht verschlechtert. Ist für die betroffene Art jedoch zudem ein schlechter Zustand der Populationen auf Bundeslands-/ Bundesgebietsebene festgestellt, dürfte keine Ausnahme möglich sein. Zur Beurteilung kann vorübergehend auf Tabellen aus der Gesetzesbegründung zurückgegriffen werden (BT-Drs. 20/2354, S. 27 f.).

Nach § 45b Abs. 9 BNatSchG dürfen im Zuge der Ausnahmeprüfung fachlich anerkannte Schutzmaßnahmen angeordnet werden, jedoch nur, sofern sie den Jahresenergieertrag nicht um mehr als 6 % an sehr windhöffigen Standorten und 4 % an normalen Standorten verringern (sog. Basisschutz). Für die Berechnung ist ebenfalls eine Berechnungsformel vorgegeben, die ebenfalls inzwischen korrigiert wurde.

Kombiniert mit den Möglichkeiten der Refinanzierung von Abschaltungen über Vergütungsregelungen des EEG soll so sichergestellt werden, dass die Maßnahmen im Zuge der Ausnahmeerteilung nicht günstiger sind als im regulären Prüfverfahren.

Repowering

Erleichterungen werden auch für die artenschutzrechtliche Prüfung beim Repowering im § 45c BNatSchG festgelegt, indem z. B. die Auswirkungen der Bestandsanlage als Vorbelastung zu berücksichtigen sind.

Nationale Artenhilfsprogramme

Neu eingeführt werden in § 45 d Abs. 1 Satz 1 BNatSchG sogenannte nationale Artenhilfsprogramme (AHP), die das Ziel verfolgen, dauerhaften Schutz insbesondere der durch den Ausbau der erneuerbaren Energien betroffenen Arten einschließlich deren Lebensstätten zu sichern. Der Erwerb von landwirtschaftlichen Flächen ist auf Ausnahmefälle begrenzt, was durch Rechtsverordnung näher zu bestimmen ist, § 45d Abs. 1 S. 2 BNatSchG. Die Konzeption der AHP liegt beim Bundesamt für Naturschutz. Zu deren Umsetzung wurden im Bundeshaushalt gut 82 Millionen Euro bis 2026 eingeplant. Zusätzlich werden Zahlungen durch Betreiber erwartet, wenn diese z. b. ihr Windenergieprojekt im Zuge einer Ausnahme realisieren und keine Maßnahmen zur Sicherung des Erhaltungszustandes der betreffenden Arten umsetzen. Die Modalitäten der Zahlung werden in § 45 d Abs. 2 BNatSchG vorgegeben und auch hierbei unterstützt eine entsprechende Formel die Umsetzung (Anlage 2 Nummer 4).

Aufträge/Übergangsvorschriften/Evaluierung

45 § 54 Abs. 10c BNatSchG regelt Ermächtigungen für die Bundesregierung mit Zustimmung des Bundesrates durch Rechtsverordnungen zu Änderungen
 – der Anlage 1, insbesondere sie anzupassen hinsichtlich Anforderungen an die Habitatpotentialanalyse (mit Fristen) sowie weiterer artspezifischer Schutzmaßnahmen sowie
 – der Anlage 2, insbesondere bezüglich der Festlegungen zur Höhe der Zahlungen in die AHP und Verfahren (nach § 45 d Abs. 2 BNatSchG).

46 § 74 Abs. 4 und 5 BNatSchG regeln Übergangsvorschriften. In Abs. 6 sind ein Prüfauftrag zur Einführung probabilistischer Methoden zur Berechnung der Kollisionswahrscheinlichkeit im Zusammenhang der Signifikanzprüfung sowie ein Evaluierungsauftrag der Bestimmungen der §§ 45 b bis d BNatSchG festgelegt.

Zusammenfassung und Ausblick

47 Grundsätzlich richtet sich das nun vorgelegte Prüfprogramm stark an bereits etablierten Prüfvorgängen der Bundesländer, wie auch des UMK-Rahmens aus.

48 Einige der Regelungen zur Beurteilung der Signifikanz sind ungewöhnlich weitreichend gesetzlich geregelt worden. Festgelegt wurde z. B.:

- eine Liste der kollisionsgefährdeten Brutvögel sowie die relevanten Abstände zum jeweiligen Brutplatz;
- für den Nahbereich wie auch für den Bereich außerhalb des erweiterten Prüfbereiches eine klare Einordnung des Tötungsrisikos, was für diese „beiden Enden" des Betrachtungsraumes zu einer Reduzierung des Prüfumfangs führen dürfte;
- die regelhafte Anwendung der Habitatpotentialanalyse zur Ermittlung der Aufenthaltsprognose im jeweiligen Prüfbereich bzw. der relevanten essentiellen Habitate (z. B. Nahrungshabitate), was den Aufwand der Erfassung deutlich reduzieren dürfte;
- eine erste Einschätzung der Wirksamkeit und der Zumutbarkeit der Schutzmaßnahmen.

Für bestimmte Prüfschritte ist davon auszugehen, dass in der Planungs- und Genehmigungspraxis konkretisierender untergesetzlicher Klärungsbedarf besteht. Teilweise kann dafür (entsprechend Begründung zum Gesetz) auf Länderregelungen oder anderweitige fachwissenschaftliche Standards zurückgegriffen werden, wie zum Umgang: 49
- mit kollisionsgefährdeten Arten in Ansammlungen (insbesondere Kolonien, bedeutenden Brut- und Rastgebieten, Schlafplatzansammlungen),
- mit weiteren artenschutzrechtlichen Prüfungen, wie dem Störungsverbot dem Beschädigungsverbot,
- mit weiteren Artengruppen, wie z. B. den Fledermäusen,
- sowie zu fehlenden Angaben zur Bestandserfassung und Bewertung.

Andere Elemente der Prüfung wurden neu eingeführt und bedürfen weiterer Konkretisierung für die Umsetzung wie: 50
- die Habitatpotentialanalyse (ggf. Raumnutzungsanalyse) in ihrer neuen Funktion,
- die artspezifische Wirksamkeit der Schutzmaßnahmen, zumal zwischen Gesetzestext und Anlage die Wirksamkeit der möglichen Maßnahmen abweichend beschrieben wird (in §45 b Absatz 3 Nummer 2 BNatSchG wird bei Anlage attraktiver Ausweichhabitate von einer hinreichenden Risikominderung ausgegangen; in Anlage 1 Abschnitt 2 wird ausgeführt, dass, je nach Konstellation auch, nur ergänzend zu weiteren Maßnahmen eine Wirksamkeit anzunehmen ist) oder

- der Umgang und die Ermittlung der Zumutbarkeitsgrenze, insbesondere bei komplexeren Fallkonstellationen, in denen z. B. mehrere Arten oder Arten mit unterschiedlichem Erhaltungszustand betroffen sind.

51 Die im Bundesnaturschutzgesetz eingeführten Regelungen konkretisieren insofern die Prüfschritte im Zuge der Zulassungsverfahren. Gleichzeitig werden in weiteren Gesetzen, insbesondere im Windenergieflächenbedarfsgesetz, aber auch in den im Baugesetzbuch sowie im Raumordnungsgesetz neu eingeführten Verordnungsermächtigungen zur Artenschutzprüfung im Zuge der Windenergieflächenausweisung auch die Prüfinstrumente auf vorgelagerter Planungsebene beim Ausbau der Windenergie adressiert und die vorgelagerten Prüfungen gewinnen für den weiteren Windenergieausbau besondere Bedeutung. Dies gilt bereits heute, da z. B. im Zuge der Ausnahme die räumliche Alternativenprüfung in planerisch festgelegten Gebieten auf diese Gebiete beschränkt wird.

52 Noch weiter gehen die Bestrebungen auf europäischer Ebene (EU-Verordnung 2022/2577 zur Festlegung eines Rahmens für einen beschleunigten Ausbau der Nutzung erneuerbarer Energien sowie ein Entwurf zur Änderung der EU-Richtlinie für erneuerbare Energien 2009/28/EG), die über die Einführung sogenannter „go-to-Gebiete" (für Windenergie und Photovoltaik) die Einzelfallprüfung hinsichtlich des Artenschutzes sehr vereinfachen sollen. Umso wichtiger ist es angesichts dieser Bestrebungen, dass bereits bei der Festlegung von Windenergiegebieten bzw. go-to-Gebieten alle zur Verfügung stehenden Informationen genutzt werden, um diese in eine vorgelagerte Prüfung einzubeziehen und die möglichst konfliktärmsten Flächen für die Windenergie vorzusehen.

Anhang: Quellen und wichtige Rechtsgrundlagen

Bernotat, D. & Dierschke, V. (2021a): Übergeordnete Kriterien zur Bewertung der Mortalität wildlebender Tiere im Rahmen von Projekten und Eingriffen. Teil I: Rechtliche und methodische Grundlagen. 4. Fassung, Stand 31.08.2021, 193 S.

Bernotat, D. & Dierschke, V. (2021b): Übergeordnete Kriterien zur Bewertung der Mortalität wildlebender Tiere im Rahmen von

Projekten und Eingriffen. Teil II.1: Arbeitshilfe zur Bewertung der Kollisionsgefährdung von Vögeln an Freileitungen. 4. Fassung, Stand 31.08.2021, 94 S.

Bernotat, D. & Dierschke, V. (2021c): Übergeordnete Kriterien zur Bewertung der Mortalität wildlebender Tiere im Rahmen von Projekten und Eingriffen. Teil II.3: Arbeitshilfe zur Bewertung der Kollisionsgefährdung von Vögeln an Windenergieanlagen (an Land). 4. Fassung, Stand 31.08.2021, 107 S.

Bernotat, D. (2018): Naturschutzfachliche Bewertung eingriffsbedingter Individuenverluste – Hinweise zur Operationalisierung des Signifikanzansatzes im Rahmen des artenschutzrechtlichen Tötungsverbots. Zeitschrift für Umweltrecht 29 (11): 594–603.

Bernotat, D., Rogahn, S., Rickert, C., Follner, K. & Schönhofer, C. (2018): BfN-Arbeitshilfe zur arten- und gebietsschutzrechtlichen Prüfung bei Freileitungsvorhaben. Bundesamt für Naturschutz (Hrsg.). BfN-Skripten 512, 200 S.

Bick, U. & Wulfert, K. (2017): Der Artenschutz in der Vorhabenzulassung aus rechtlicher und naturschutzfachlicher Sicht. Neue Zeitschrift für Verwaltungsrecht 36 (6): 346–355.

Deutsche Windguard (2022): Status des Windenergieausbaus an Land in Deutschland – Jahr 2021, S. 3, https://www.windguard.de/jahr-2021.html

Deutscher Bundestag (21.06.2022): Fraktionen der SPD, Bündnis 90/ Die Grünen und FDP: Gesetzesentwurf eines vierten Gesetzes zur Änderung des Bundesnaturschutzgesetzes, Drucksache 20/2355, S. 1–2.

Deutscher Bundestag (02.05.2022): Gesetzesentwurf der Bundesregierung: Gesetz zu Sofortmaßnahmen für einen beschleunigten Ausbau der erneuerbaren Energien und weiteren Maßnahmen im Stromsektor, Drucksache 20/1630, S. 2

European Environment Agency (EEA) (2012): Climate change, impacts and vulnerability in Europe 2012. ISBN 978-92-9213-346-7, http://www.eea.europa.eu/publications/climate-impacts-and-vulnerability-2012

Fachagentur Windenergie an Land (FA Wind) (2022): Hemmnisse bei Ausbau der Windenergie an Land, Ergebnisse einer Branchenbefragung; S. 11ff. https://www.fachagentur-windenergie.de/aktuelles/detail/hemmnisse-beim-windenergieausbau/.

Forum Netztechnik/Netzbetrieb im VDE (FNN) (2014): Technischer Hinweis „Vogelschutzmarkierung an Hoch- und Höchstspannungsfreileitungen", Dezember 2014, 39 S.
Fraunhofer ISE (2022) Energy.-Charts, Installierte Netto-Leistung zur Stromerzeugung in Deutschland 2021 https://www.energy-charts.info/charts/installed_power/chart.htm?l=de&c=DE&chartColumnSorting=default&year=2021
Lambrecht, H. & Trautner, J. (2007): Fachinformationssystem und Fachkonventionen zur Bestimmung der Erheblichkeit im Rahmen der FFH-VP. – Endbericht zum Teil Fachkonventionen, Schlussstand Juni 2007. – FuE-Vorhaben im Rahmen des Umweltforschungsplanes des Bundesministeriums für Umwelt, Naturschutz und Reaktorsicherheit im Auftrag des Bundesamtes für Naturschutz, Hannover, Filderstadt, 239 S.
Liesenjohann, M., Blew, J., Fronczek, S., Reichenbach, M. & Bernotat, D. (2019): Artspezifische Wirksamkeiten von Vogelschutzmarkern an Freileitungen. Methodische Grundlagen zur Einstufung der Minderungswirkung – ein Fachkonventionsvorschlag. Bundesamt für Naturschutz (Hrsg.). BfN-Skripten 537: 286 S.
Plachter, H., Bernotat, D., Müssner, R. & Riecken, U. (2002): Entwicklung und Festlegung von Methodenstandards im Naturschutz. Schriftenreihe für Landschaftspflege und Naturschutz 70, 566 S.
Wulfert, K., Lau, M., Widdig, T., Müller-Pfannenstiel, K. & Mengel, A. (2015): Standardisierungspotenzial im Bereich der arten- und gebietsschutzrechtlichen Prüfung. FuE-Vorhaben im Rahmen des Umweltforschungsplanes des Bundesministeriums für Umwelt, Naturschutz und Reaktorsicherheit im Auftrag des Bundesamtes für Naturschutz – FKZ 3512 82 2100, Herne, Leipzig, Marburg, Kassel.
Wulfert, K., Köstermeyer, H. & Lau, M. (2022): Vögel und Windenergienutzung, BfN-Schriften 634 S. 35 ff.

Arbeitskreis A
Diskussionszusammenfassung: Rechtliche Instrumente einer nachhaltigen und unabhängigen Energieversorgung

MinDir'in Dr. *Susanne Lottermoser*, Bundesministerium für Umwelt, Naturschutz, nukleare Sicherheit und Verbraucherschutz, Berlin

In der Diskussion zu Thema A wurden die beiden Ziele einer Energieversorgung beleuchtet: Nachhaltigkeit und Unabhängigkeit. Zum einen ging es um den beschleunigten Ausbau erneuerbarer Energien (EE), allen voran der Windenergie, zum anderen um Erleichterungen im Planungs- und Genehmigungsrecht, um in der bestehenden Gasmangellage schnell Alternativen zu russischen Gasimporten bereitzustellen. Ausgehend von diesen beiden Zielen erfolgte die Diskussion in zwei Blöcken:

Im ersten Teil wurden die relevanten Regelungen, die der Planungs- und Genehmigungsbeschleunigung für den Ausbau der EE dienen, zur Diskussion gestellt (im Folgenden unter 1.). In einem zweiten Teil (2.) waren ausgewählte Regelungen erlaubter Abweichungen vom Immissionsschutzrecht Gegenstand der Diskussion.

1. a)

Die Aussprache konzentrierte sich zu Beginn auf § 2 EEG. § 2 Satz 1 EEG sei § 1 Satz 3 NABEG nachgebildet, in dem die Errichtung und der Betrieb von Anlagen als im überragenden öffentlichen Interesse liegend und der öffentlichen Sicherheit dienend definiert werden. Neu sei die gesetzliche Einführung eines Gewichtungsvorrangs für den Ausbau der EE im Rahmen von Schutzgüterabwägungen in Satz 2.

Im Mittelpunkt der Aussprache stand die Relevanz des Vorrangs im Vergleich zu Art. 20a GG und den von ihm erfassten Schutzgütern. Thematisiert wurde, dass der Umweltschutz als Belang von Verfassungsrang gem. Art. 20a GG den EE-Vorrang neutralisieren könne, da Art. 20a GG das Zurücksetzen anderer Belange bei Abwägungsentscheidungen rechtfertigen könne. Die gesetzliche Hervorhebung der EE in § 2 könne daher im Ergebnis den Ausbauzielen nicht zum Durchbruch verhelfen.

5   Es wurde herausgearbeitet, dass für ein Zurücksetzen des EE-Ausbaus in einer Abwägung Belange von vergleichbarem Rang und Gewicht vorliegen müssten. Entgegenstehende Belange zum Schutz von Rechtsgütern des Art. 20a hätten nicht notwendigerweise dasselbe Gewicht. Hier komme es auf eine Entscheidung im Einzelfall an. Hinzu komme, dass der Regelung ein Zeitmoment innewohne. Der Vorrang gelte solange, d.h. für einen befristeten Zeitraum, „bis die Stromerzeugung nahezu treibhausgasneutral ist". Die Dringlichkeit des Aufbaus einer nachhaltigen Energieversorgung wirke sich im Rahmen der Abwägung ebenfalls aus. Der relative Gewichtungsvorrang schließe aber andere Abwägungsergebnisse in atypischen Fällen auch nicht aus. Der Behörde bliebe daher ein Spielraum. In Anlehnung an das intendierte Ermessen führe § 2 EEG allerdings zu einer intendierten Abwägung mit der Folge einer Darlegungslastumkehr bei beabsichtigter Abweichung vom Vorrang.

6   Die Frage, ob der Gewichtungsvorrang die Regelung des neuen § 249 Abs. 2 BauGB mit der Rechtsfolge des § 35 Abs. 2 BauGB nicht aushebeln könne, wurde verneint, da im Rahmen der neuen Privilegierungssystematik gem. § 249 i.V.m. § 35 Abs. 2 BauGB keine Abwägung mehr stattfindet.

7   Aus § 2 EEG lassen sich keine Individualansprüche ableiten. Einen Anspruch auf Zulassung einer bestimmten Anlage zur EE-Erzeugung begründet § 2 EEG daher nicht.

b)

8   Aus der Diskussion zum Windenergieflächenbedarfsgesetz (WindBG) und der Integration der Flächenziele in das Planungsrecht durch § 249 BauGB ist festzuhalten:

9   Der Systemwechsel bei der Windenergie vergrößert den Suchradius für Flächen deutlich, auch wenn es weiterhin Flächen geben wird, die nicht in Frage kommen.

Es ist eine Beschleunigung durch die klare Quantifizierung erforderlicher Flächen und die Sanktionierung bei nicht ausreichender Flächenausweisung zu erwarten.

Der frühere Automatismus einer Privilegierung ist entfallen. Damit ist der Eigentumsschutz der Vorhabenträger reduziert worden.

Die Fehleranfälligkeit des bisherigen Systems durch die komplexen Anforderungen des Substanzgebotes wird beseitigt. Erforderlichkeits- und Abwägungsgebot gelten jedoch weiterhin. Insofern werden rechtliche Maßstäbe, systematische Grundstrukturen und dogmatische Herleitungen der früheren Konzentrationszonenplanung auch für das neue Planungsrecht nutzbar bleiben.

Landesrechtliche Moratorien können nur in dem von § 249 Abs. 7 und 9 BauGB vorgesehenen Rahmen ihre Wirkung behalten und werden ihre Rechtfertigung mit dem neuen Zulassungsregime durch das Windenergieflächenbedarfsgesetz (WindBG) in Verbindung mit §§ 245e und 249 BauGB nach und nach verlieren.

Mit der Planerhaltungsvorschrift des § 249 Abs. 6 Satz 2 BauGB wird die Entwicklung eines Ausbaukonzepts insofern erleichtert, als es für die Rechtswirksamkeit des Plans unbeachtlich ist, ob und welche sonstigen Flächen im Planungsraum geeignet sind.

c)

Anschließend wurde der am 28.9.2022 beschlossene Regierungsentwurf für eine Änderung des WindBG für sog. „go to-areas" diskutiert.

Da der Entwurf eines neuen § 6 WindBG nicht mehr in den Tagungsunterlagen abgedruckt werden konnte, wird er nachfolgend gekürzt wiedergegeben:

Verfahrenserleichterungen in Windenergiegebieten
(1) Wird die Errichtung und der Betrieb einer Windenergieanlage in einem Windenergiegebiet nach § 2 Nummer 1 beantragt, ist im Genehmigungsverfahren abweichend von den Vorschriften des Gesetzes über die Umweltverträglichkeitsprüfung eine Umweltverträglichkeitsprüfung und abweichend von § 44 Absatz 1 des Bundesnaturschutzgesetzes eine artenschutzrechtliche Prüfung für Vögel nicht durchzuführen. Satz 1 ist nicht anzuwenden, soweit das Windenergie-

gebiet in einem Natura 2000-Gebiet, einem Naturschutzgebiet oder einem Nationalpark liegt. Stellt die zuständige Behörde fest, dass ein Verstoß gegen die Verbote nach § 44 Absatz 1 Nummer 1 Bundesnaturschutzgesetz zu erwarten ist, kann sie zumutbare Schutzmaßnahmen in den Windenergiegebieten anordnen. (...)
(2) Absatz 1 ist erst anzuwenden, wenn
1. ein verbindlicher Rechtsakt der Europäischen Union in Kraft tritt, der den Mitgliedstaaten ermöglicht, in dem in Absatz 1 vorgesehenen Umfang im Genehmigungsverfahren in Abweichung von den Vorgaben nach Artikel 12 Absatz 1 der Richtlinie 92/43/EWG des Rates vom 21. Mai 1992 zur Erhaltung der natürlichen Lebensräume sowie der wildlebenden Tiere und Pflanzen ... auf eine artenschutzrechtliche Prüfung zu verzichten und in Abweichung von den Vorgaben der Richtlinie 2011/92/EU des Europäischen Parlaments und des Rates vom 13. Dezember 2011 über die Umweltverträglichkeitsprüfung bei bestimmten öffentlichen und privaten Projekten ... auf eine Umweltverträglichkeitsprüfung zu verzichten,
2. die in dem verbindlichen Rechtsakt nach Nummer 1 vorgesehenen Voraussetzungen gegeben sind und
3. durch das Bundesministerium für Wirtschaft und Klimaschutz im Einvernehmen mit dem Bundesministerium für Umwelt, Naturschutz, nukleare Sicherheit und Verbraucherschutz sowie dem Bundesministerium für Wohnen, Stadtentwicklung und Bauwesen im Bundesanzeiger bekanntgemacht wird, dass der Rechtsakt nach Nummer 1 in Kraft getreten ist und die Voraussetzungen des Rechtsakts durch Absatz 1 erfüllt werden.

18 Nach dem Entwurf unterliegt die Ausnahme von UVP und artenschutzrechtlicher Prüfung einem Anwendungsvorbehalt: Die Ausnahme kann gemäß § 6 Abs. 2-E erst Anwendung finden, wenn die Anforderungen, die das antizipierte Europarecht stellt, auch erfüllt sind. Problematisiert wurde die Geltung dieser Regelung für bestehende Pläne, die Windenergiegebiete enthalten und die nach den jeweils geltenden planungsrechtlichen Vorschriften aufgestellt wurden. Wenn auf Zulassungsebene die Prüfung der

Umweltverträglichkeit entfiele, müsste der Plan das vom künftigen Europarecht vorgesehene Mindestniveau einhalten. Es wurde die Frage gestellt, wie mit bestehenden Plänen, die ein Prüfungsdefizit in Bezug auf das vom Unionsrecht vorgesehene Schutzniveau aufwiesen, umzugehen sei. Es wurde erwogen, dass es ggf. erforderlich sei, die Anwendbarkeit von § 6 Abs. 2-E durch eine nachträgliche gesetzliche Korrektur auf neue Pläne zu begrenzen, um das Schutzniveau des Unionsrechts sicherzustellen.

2.

Im zweiten Teil der Aussprache standen die Sonderregelungen im Genehmigungsrecht, insbes. §§ 31e–31j BImSchG zur Diskussion. *19*

Bezüglich der für eine Gasmangellage bestehenden Voraussetzungen ("Gasmangeltrias") wurde die Frage erörtert, was unter „Betriebsmittel" im Sinne von z.B. § 31e zu verstehen sei. Es wurde herausgearbeitet, dass nach dem Gesamtzusammenhang nur sächliche und nicht auch finanzielle Betriebsmittel gemeint sein können. Anwendungsfall dürften vorrangig Störungen der Lieferkette sein. *20*

Es wurde der Charakter einer Zulassung einer Abweichung von der TA Luft nach § 31i BImSchG diskutiert. Hier stelle sich die Frage, ob es dafür eines VAs bedürfe: *21*
Die Beantwortung hänge davon ab, ob die Zulassung bzw. Duldung der Abweichung in einem Genehmigungsverfahren oder im Vollzug verortet sei. Für Letzteres spreche der Zeitdruck infolge der Gasmangellage. Man könne hier von einer stillschweigenden Zulassung einer Abweichung im Vollzug sprechen. Der Sache nach sei es eine Einzelfallentscheidung durch schlüssiges Verhalten. Da ein Antrag gestellt worden sei, könne aber eine schriftliche Bestätigung der Behörde verlangt werden. *22*

§ 31a BImSchG erfordere demgegenüber eine „Ausfertigung der Zulassung der Abweichung" von Emissionsgrenzwerten. Dies gewährleiste, dass die Abweichung nicht ohne Kenntnis der Behörde erfolgt und sie ggf. einschreiten kann. *23*

24 Hingewiesen wurde auf Gesundheitsgefahren für die Bevölkerung durch eine erwartbare breite Anwendung von Abweichungen und eine möglicherweise nicht ausreichende Überwachung der Auswirkungen. Letztlich sei dies eine Frage der behördlichen Ressourcen. Die Behörde habe hier ein Ermessen, welche Fälle sie einer näheren Kontrolle unterzieht.

25 Weiterhin wurden EU-Rechtskompatibilität und Rechtsstaatlichkeit von § 31e BImSchG thematisiert. Es sei unklar, wie im Falle der Zulassung des vorzeitigen Beginns gem. § 31e Abs. 2 ohne Vorliegen vollständiger Antragsunterlagen eine sachgerechte Entscheidung getroffen werden könne.

26 Auch hierbei komme es auf den Einzelfall an. Die Anforderungen an die ausreichende Vorlage von Antragsunterlagen hingen von der beantragten Zulassung ab. Die Behörde habe ein Ermessen hinsichtlich der von ihr für erforderlich gehaltenen Beurteilungsgrundlagen.

27 Im Übrigen gelte § 31e vorrangig für die *Errichtung* einer Anlage. Beim *Betrieb* sei die Gefährdungslage anders. Daher fordert § 31e Abs. 5 Satz 3 BImSchG ausdrücklich die Einhaltung der IED-RL bei vorläufiger Zulassung des Betriebs.

28 Weiterhin wurde die Frage gestellt, ob es eines vorgezeichneten Endes der Abweichung durch eine Nebenbestimmung in Form einer auflösenden Bedingung oder einer Befristung bedürfe:

29 Da es keine Instanz gebe, die das Ende der Gasmangellage feststelle, fehle es an einem Anknüpfungspunkt für den Eintritt einer Bedingung. Daher käme eher eine Befristung in Frage. Die Feststellung des Fortbestehens der Gasmangellage und damit die Anwendbarkeit der Sonderregelungen liege im Vollzug in der Zuständigkeit der Behörde.

30 Abschließend wurde darauf hingewiesen, dass die Aussage in einer Kommentierung zur Aarhus Konvention (AK), das Compliance Committee folgere aus Art. 6 AK eine Pflicht zur UVP, nicht den Tatsachen entspreche. Auch das Compliance Committee sei der Auffassung, dass Art. 6 AK keine UVP vorschreibt, sondern nur eine Öffentlichkeitsbeteiligung zu den vorhandenen Unterlagen. Die Ausnahmen von einer UVP nach dem LNG-Beschleunigungsgesetz stellten daher keinen Verstoß gegen die Aarhus Konvention dar.

Arbeitskreis B
Diskussionszusammenfassung: Instrumente zur Lösung ökologischer Zielkonflikte

MinDir'in Dr. *Christiane Paulus*, MinDirig'in Dr. *Susan Krohn*, ORR *Kevin Drewing*, LL.M., Bundesministerium für Umwelt, Naturschutz, nukleare Sicherheit und Verbraucherschutz, Bonn

I. Einleitung

Die 45. Fachtagung der Gesellschaft für Umweltrecht stand ganz im Zeichen der Schaffung und Sicherung einer nachhaltigen und unabhängigen Energieversorgung. Ein besonderer Schwerpunkt lag auf dem Ausbau der erneuerbaren Energien und hier angesichts der im Juli 2022 verabschiedeten Regelwerke des „Wind-Land-Gesetzes"[1] und des „Vierten Gesetzes zur Änderung des Bundesnaturschutzgesetzes (BNatSchG)"[2] auf der Windenergie an Land. Schwerpunkte des Themenfeldes B „Instrumente zur Lösung ökologischer Zielkonflikte" bildeten der naturverträgliche Ausbau und die hierfür zur Verfügung stehenden Werkzeuge. Die entsprechenden Vorträge wurden von Herrn Dr. *Oliver Hendrischke*, Frau *Kathrin Ammermann* und Herrn *Dirk Bernotat* (jeweils vom Bundesamt für Naturschutz) beigesteuert.

Herr Dr. *Hendrischke* referierte über die naturschutzrechtlichen Rahmenbedingungen beim Ausbau der erneuerbaren Energien. In diesem Zusammenhang ging er auf die bestehenden umweltinternen Zielkonflikte, die einschlägigen Vorgaben des nationalen und des Unionsrechts sowie auf die Auswirkungen durch den mit dem „Gesetz zu Sofortmaßnahmen für einen beschleunigten Ausbau der erneuerbaren Energien und weiteren Maßnahmen im

---

[1] Gesetz zur Erhöhung und Beschleunigung des Ausbaus von Windenergieanlagen an Land, BGBl. I 2022, S. 1353.
[2] BGBl. I 2022, S. 1362.

Stromsektor"³ eingeführten § 2 EEG ein. Des Weiteren skizzierte er die mit der Vierten BNatSchG-Änderung verbundenen Änderungen bei der Prüfung der artenschutzrechtlichen Zugriffsverbote nach § 44 Abs. 1 Nr. 1 BNatSchG im Hinblick auf den Betrieb von Windenergieanlagen an Land (WEA).

3   Frau *Ammermann* und Herr *Bernotat* beleuchteten in ihrem gemeinsamen Vortrag naturschutzfachliche Ansätze zur Lösung der bereits von Herrn Dr. *Hendrischke* angesprochenen umweltinternen Zielkonflikte zwischen dem Klimaschutz in Form eines verstärkten Ausbaus der erneuerbaren Energien und dem – auch angesichts der ebenfalls bestehenden Biodiversitätskrise nicht minder bedeutsamen – Schutz von Natur und Landschaft. In besonderem Maße gingen die Referenten im Folgenden auf den Lösungsansatz der „Standardisierung" ein, den sie in den Kontext des „Rotmilan-Beschlusses"⁴ des BVerfG stellten. In diesem hatte der 1. Senat den Gesetzgeber aufgefordert, angesichts weitreichender fachwissenschaftlicher Erkenntnisdefizite für die Schaffung einer „zumindest untergesetzlichen Maßstabsbildung" Sorge zu tragen. Frau *Ammermann* und Herr *Bernotat* stellten dar, dass die Standardisierung sowohl gesetzlich als auch untergesetzlich anhand von Fachstandards bzw. Fachkonventionen erfolgen könne. Gerade den untergesetzlichen Standardisierungen würde zukünftig eine wichtige Bedeutung als Bindeglied zwischen fachwissenschaftlichen Erkenntnissen und Rechtsnormen zukommen. Die Referenten vertraten die Auffassung, dass mit der Vierten BNatSchG-Änderung ein erster Schritt zu einer Standardisierung getätigt worden sei. Weitere fachliche Konkretisierungen seien jedoch erforderlich und könnten beispielsweise durch untergesetzliche Arbeitshilfen in Form von Fachstandards bzw. Fachkonventionen realisiert werden.

II. Diskussionsbeiträge

4   An diese gehaltvollen und höchst aktuellen Vorträge schloss sich die Diskussion an. Diese konzentrierte sich auf die im Rahmen der Vierten BNatSchG-Änderung eingeführten Regelungen der

---

3   BGBl. I 2022, S. 1237.
4   BVerfG, Beschl. v. 23.10.2018 – 1 BvR 2523/13, 1 BvR 595/14, BVerfGE 149, 40.

§§ 45b ff. Das Plenum befasste sich mit der Signifikanzprüfung (§ 45b Abs. 1 bis 6 BNatSchG), der artenschutzrechtlichen Ausnahme beim Betrieb von WEA (§ 45b Abs. 8 BNatSchG) und den in § 45d BNatSchG vorgesehenen Artenhilfsprogrammen. Stellungnahmen erfolgten auch zu den rechtlichen Rahmenbedingungen der untergesetzlichen Standardisierung durch Fachstandards bzw. Fachkonventionen.

1. Signifikanzprüfung

Durch die Einfügung des § 45b Abs. 1 bis 6 BNatSchG hat der Gesetzgeber zum Zwecke der Beschleunigung von WEA-Genehmigungsverfahren die Signifikanzprüfung im Hinblick auf die Exemplare kollisionsgefährdeter Brutvogelarten (Einzelbrutpaare) standardisiert. In der Anlage 1 zu § 45b Abs. 1 bis 5 BNatSchG hat der Gesetzgeber 15 Brutvogelarten als kollisionsgefährdet eingestuft und ihnen artspezifische Nah- und Prüfbereiche zugeordnet. § 45b Abs. 2 bis 5 BNatSchG knüpft an diese – auf dem Abstand zwischen Brutplatz und WEA beruhenden – Bereiche entsprechende Rechtsfolgen.

Auf diese neuen Regelungen nahm eine Frage aus dem Plenum Bezug. Es wurde gefragt, auf welchen wissenschaftlichen Erkenntnissen die Liste mit den 15 Arten beruhe und wie ggf. auf eine Veränderung des Erkenntnisstandes zu reagieren sei. Frau *Ammermann* führte dazu aus, dass die Basis für die Erstellung der Liste der Signifikanzrahmen der Umweltministerkonferenz[5] gewesen sei. Die dort aufgeführten 12 Arten seien noch ergänzt worden. Eine Angleichung der Liste an die des „Helgoländer Papiers"[6] sei hingegen nicht geboten gewesen, da diese – anders als die Anlage 1 zu § 45b Abs. 1 bis 5 BNatSchG – nicht zwischen kollisionsgefährdeten und störungsempfindlichen Arten differenziere. Herr Dr. *Hendrischke* nahm ebenfalls zu der Frage Stellung und ergänzte, dass bei einer Veränderung des fachwissenschaftlichen

---

[5] *Umweltministerkonferenz*, Standardisierter Bewertungsrahmen zur Ermittlung einer signifikanten Erhöhung des Tötungsrisikos im Hinblick auf Brutvogelarten an Windenergieanlagen (WEA) an Land – Signifikanzrahmen vom 11.12.2020.

[6] *Länderarbeitsgemeinschaft der Vogelschutzwarten*, Abstandsempfehlungen für Windenergieanlagen zu bedeutsamen Vogellebensräumen sowie Brutplätzen ausgewählter Vogelarten (Stand April 2015).

Erkenntnisstandes zur Kollisionsgefährdung von Arten eine Anpassung der Liste über die Verordnungsermächtigung des § 54 Abs. 10c BNatSchG möglich sei. Die Liste könne somit jederzeit aktualisiert werden. Die Notwendigkeit einer Aktualisierung der Liste auf Basis neuer wissenschaftlicher Erkenntnisse wurde auch von den Teilnehmer*innen der Diskussion hervorgehoben.

7   Anknüpfend hieran wurde darauf verwiesen, dass es zutreffend sei, dass die Liste der Anlage 1 weniger Arten aufweise als das „Helgoländer Papier". Jedoch seien weitere Arten bei der Signifikanzprüfung zu berücksichtigen, wenn sie nicht als Einzelbrutpaare, sondern als Ansammlung vorkämen. Hieraus ergebe sich die Frage, ob der Begriff der „Ansammlung" als rechtliches Differenzierungsmerkmal nicht zu unbestimmt sei. Herr *Bernotat* wies dies zurück. Er führte aus, dass den Fachleuten auf dem Gebiet der Begriff der „Ansammlung" bekannt sei. Diesen sei es daher problemlos möglich, den Begriff sachgerecht zu verwenden und die entsprechende Differenzierung vorzunehmen.

8   Ebenfalls auf die Artenliste in der Anlage 1 zu § 45b Abs. 1 bis 5 BNatSchG bezog sich die Frage, ob bei der Aufstellung der Liste berücksichtigt worden sei, dass einzelne der aufgeführten Arten ggf. Klimaprofiteure seien und die Populationen bei steigenden Temperaturen potentiell wachsen würden. Die Fragestellerin erkundigte sich, ob solche Arten überhaupt zu schützen seien.

9   Herr *Bernotat* stellte klar, dass der Erhaltungszustand der Population in der Signifikanzprüfung – also auf der Tatbestandsebene der Artenschutzprüfung – nicht von Bedeutung ist. Die Überlegungen der Fragestellerin könnten ggf. bei der Prüfung einer artenschutzrechtlichen Ausnahmeerteilung von Relevanz sein. Auf eine solche beziehe sich § 45b Abs. 1 bis 5 BNatSchG jedoch nicht.

10 Eine weitere Frage aus dem Plenum fokussierte sich auf die Probabilistik. Hiermit ist eine Methode gemeint, nach der die Kollisionsgefährdung von Vögeln an WEA anhand von Instrumenten der Wahrscheinlichkeitsrechnung bestimmt werden soll. § 74 Abs. 6 BNatSchG sieht einen Prüfauftrag zur Einführung der Methode vor. Der Fragesteller bat die Referent*innen, sich vor diesem Hintergrund dazu zu äußern, welche Auswirkungen durch die Einführung der Probabilistik zu erwarten seien und ob Anpassungen am System des § 45 Abs. 1 bis 5 BNatSchG vorgenommen werden müssten.

Frau *Ammermann* machte deutlich, dass nach ihrer Auffassung die Arbeiten zur Einführung der Probabilistik noch am Anfang stünden. Es stehe in Frage, was die Methode überhaupt leisten könne und wie geeignet sie zum Einsatz in der vorhabenbezogenen Signifikanzprüfung sei.

2. Artenschutzrechtliche Ausnahme

In der Vierten BNatSchG-Änderung hat der Gesetzgeber nicht nur neue Regelungen zur Signifikanzprüfung im Hinblick auf den Betrieb von WEA geschaffen. § 45b Abs. 8 BNatSchG sieht darüber hinaus Erleichterungen bei der Erteilung von artenschutzrechtlichen Ausnahmen nach § 45 Abs. 7 BNatSchG vor. Anders als bei § 45b Abs. 1 bis 5 BNatSchG ist der Anwendungsbereich weiter gefasst. § 45b Abs. 8 BNatSchG gilt für alle Arten und differenziert nicht, welches Zugriffsverbot auf der Tatbestandsebene einschlägig ist. Wie § 45b Abs. 1 bis 5 BNatSchG bezieht sich Absatz 8 der Vorschrift aber ausschließlich auf den Betrieb von WEA. Artenschutzrechtliche Verstöße wegen der Errichtung fallen – wie bisher – ausschließlich unter § 45 Abs. 7 BNatSchG.

11

An die unterschiedlichen Anwendungsbereiche der Normen knüpfte eine Frage aus dem Plenum an. Gefragt wurde, warum sich § 45b Abs. 1 bis 5 BNatSchG ausschließlich auf die das Tötungsverbot und kollisionsgefährdete Brutvogelarten beziehe, § 45b Abs. 8 BNatSchG aber an andere Konstellationen anknüpfe. Dabei wurde die These aufgestellt, dass diese Unterschiede einer Beschleunigung bei in der Genehmigungspraxis eher entgegenstünden. Dem wurde entgegengehalten, dass mit der Vierten BNatSchG-Änderung nur die dringlichsten Problematiken in Bezug auf den Artenschutz in WEA-Genehmigungsverfahren adressiert werden konnten. Zu diesen gehöre insbesondere die Signifikanzprüfung für kollisionsgefährdete Brutvogelarten. Das gleiche gelte für die Erteilung von Ausnahmen im Hinblick auf Arten, die durch den Betrieb beeinträchtigt werden könnten. Hierzu würden – neben den kollisionsgefährdeten Brutvogelarten – auch die Fledermäuse gehören. Die Arten, die bei der Errichtung – in Abgrenzung zum Betrieb betroffen – sein könnten, seien wiederum völlig andere. Daher erstrecke sich die Regelung des § 45b Abs. 8 BNatSchG nicht auf diese.

12

13 Die Fragestellerin hakte noch einmal in Bezug auf die konkret durch § 45b Abs. 8 BNatSchG gewährten Erleichterungen nach. Sie bat um Stellungnahme, wie der Umstand, dass § 45b Abs. 8 Nr. 6 BNatSchG nun – anders als § 45 Abs. 7 BNatSchG – eine gebundene anstatt einer Ermessensentscheidung zur Erteilung einer Ausnahme vorsehe, mit dem Unionsrecht im Einklang stünde. Herr Dr. *Hendrischke* teilte die unionsrechtlichen Bedenken der Fragestellerin nicht. Er führte aus, dass auf der Tatbestandsseite weiterhin eine Abwägung zu erfolgen habe. Dies genüge den unionsrechtlichen Maßstäben. Auf die Einräumung eines Ermessens auf Rechtsfolgenseite habe der Gesetzgeber daher verzichten können.

3. Artenhilfsprogramme

14 Weitere Fragen aus dem Plenum adressierten ebenfalls die Ausnahmeerteilung, fokussierten sich aber auf die Schnittstelle zu den in § 45d BNatSchG geregelten nationalen Artenhilfsprogramme. Der mit der Vierten BNatSchG-Änderung eingeführte § 45d Abs. 1 Satz 1 sieht vor, dass das Bundesamt für Naturschutz zum dauerhaften Schutz insbesondere der durch den Ausbau der erneuerbaren Energien betroffenen Arten, einschließlich deren Lebensstätten, nationale Artenhilfsprogramme aufstellt und die zu deren Umsetzung erforderlichen Maßnahmen ergreift. Einen Teil der diesen Programmen zur Verfügung stehenden Mittel hat der Gesetzgeber aus dem Bundeshaushalt bereitgestellt. Weitere Mittel sollen durch die Vorhabenträger von Windenergievorhaben geleistet werden. Nach § 45d Abs. 2 Satz 1 BNatSchG ist eine solche Zahlung dann zu erbringen, wenn eine artenschutzrechtliche Ausnahme unter den Voraussetzungen des § 45b Abs. 8 Nr. 5 BNatSchG erteilt worden ist und keine Maßnahmen zur Sicherung des Erhaltungszustands (FCS-Maßnahmen) durchgeführt werden sollen.

15 Vor diesem Hintergrund bat der erste Fragesteller zu diesem Komplex um Auskunft, ob die Vorschrift des § 45b Abs. 8 BNatSchG zur artenschutzrechtlichen Ausnahme schon vollzogen werden könne, obwohl die in § 45d Abs. 1 BNatSchG angelegten Artenhilfsprogramme ihre Arbeit noch nicht aufgenommen hätten. Hierzu nahm Herr Dr. *Hendrischke* Stellung und führte aus, dass kein direkter Konnex zwischen einer WEA-Genehmigung (ggf.

unter Erteilung einer artenschutzrechtlichen Ausnahme) und den im Rahmen der Artenhilfsprogramme durchgeführten Maßnahmen bestehe. Seines Erachtens könnten daher ab Inkrafttreten des § 45b Abs. 8 BNatSchG Ausnahmen schon auf Grundlage dieser Norm erteilt werden.

Eine weitere Frage nahm diesen Faden auf. Der Fragesteller gab zu bedenken, dass es ein Problem darstelle, dass die Ausnahmen bereits unter erleichterten Bedingungen erteilt werden könnten, die Umsetzung der Artenhilfsprogramme aber noch ausstehe. Herr Dr. *Hendrischke* betonte, dass an den Artenhilfsprogrammen und deren Umsetzung intensiv gearbeitet werde. Die zur Umsetzung erforderliche Förderrichtlinie stehe kurz vor der Fertigstellung. Zudem stellte er noch einmal heraus, dass den Artenhilfsprogrammen nicht nur die durch die Erteilung von Ausnahmen generierten Mittel zur Verfügung stünden. Darüber hinaus habe der Bund erhebliche Haushaltsmittel bereitgestellt.

4. Fachstandards

Kontrovers diskutiert wurden mit Blick auf die Anlage 1 des BNatSchG zu § 45 Abs. 1 bis 5 des Gesetzes die Erfordernisse und Grenzen zum verstärkten Einsatz von untergesetzlichen Standardisierungen in Form von Fachstandards bzw. Fachkonventionen. Herr *Bernotat* hatte in seinem Vortrag dafür plädiert, dass diese ein geeignetes Mittel seien, um dem Auftrag des BVerfG aus dem „Rotmilan-Beschluss", eine „zumindest untergesetzliche Maßstabsbildung" zu leisten, nachzukommen. Der 1. Senat hatte sich – vor dem Hintergrund versagter WEA-Genehmigungen wegen angenommener Verstöße gegen § 44 Abs. 1 Nr. 1 BNatSchG – in seiner Entscheidung mit der Problematik befasst, wie weit die gerichtliche Kontrolle behördlicher Beurteilungen in Bezug auf außerrechtliche Fragestellungen reicht und welche Folgen es nach sich zieht, wenn die Anwendung einer gesetzlichen Regelung außerrechtliche naturschutzfachliche Maßstäbe erfordert, es insoweit aber an allgemein anerkannten fachlichen Konventionen fehlt.[7] In grundrechtsrelevanten Bereichen könne der Gesetzgeber ein derartiges „fachwissenschaftliches Erkenntnisvakuum" auf Dauer

---

[7] BVerfG, Beschl. v. 23.10.2018 – 1 BvR 2523/13, 1 BvR 595/14, BVerfGE 149, 40.

nicht tolerieren, sondern müsse jedenfalls auf längere Sicht durch geeignete Maßnahmen für eine zumindest untergesetzliche Maßstabsbildung sorgen. Aus dem Plenum wurde die Auffassung vertreten, dass ein Dokument, welches ausschließlich in Fachkreisen erstellt und verabschiedet würde, den Anforderungen des BVerfG an eine demokratische Legitimation von Entscheidungen nicht genüge.

18 Dem wurde entgegengehalten, dass die zu regelnden fachlichen Inhalte zu komplex seien, um umfänglich in Gesetzesform gießen zu können. Ein potentieller Kompromiss sei eine Kombination aus dem Fachstandard bzw. der Fachkonvention und einer im Gesetz verankerten Anknüpfung. Ein weiterer Weg könnte ggf. sogar darin bestehen, Normungsinstitutionen wie DIN oder ISO auch auf dem Gebiet des Naturschutzes zu nutzen. Einigkeit schien zu bestehen, dass nicht alles regelbar ist; unterschiedlich wurde indes die Frage beantwortet, ob ein „Mehr" an Regelungen geboten sei. Jedenfalls dann, wenn sich ein Erkenntnisprozess noch im Fluss befinde, seien normative Festlegungen (noch) nicht sachgerecht.

19 Hingewiesen wurde zudem darauf, dass auf eine klare Differenzierung zwischen der fachlichen Sachverhaltsermittlung und der anschließenden rechtlichen Bewertung zu achten sei. Eine Standardisierung, die Auswirkungen auf die rechtliche Bewertung habe, müsse jedoch auch auf rechtlichem Wege – und nicht rein fachlich – vorgenommen werden. Ein Weg, Bewertungen so verbindlich wie möglich zu regeln, sei ein Vorgehen über Rechtsverordnungen. Oftmals bedürfte es jedoch langwieriger Verfahren, um diese zu etablieren. Ein überlegenswerter Ansatz zur Beschleunigung sei es, das Zustimmungsbedürfnis des Bundesrates beim Erlass von Rechtsverordnungen zu streichen und stattdessen den Ländern jeweils ein Abweichungsrecht einzuräumen.

III. Fazit

20 Insgesamt lässt sich sagen, dass es bei der Diskussion zum Thema B zu einem lebendigen und hochwertigen juristischen Austausch gekommen ist. Die Diskussionsbeiträge konzentrierten sich insbesondere auf die aktuell relevanten Fragen im Zuge der BNatSchG-Änderung (Artenliste, Signifikanzprüfung, Ausnahmeprüfung,

AHP). Der zweite große Themenkomplex behandelte den Aspekt der Standardisierung und inwieweit diese einer formellen Rechtsetzung bedürfe oder – vor dem Hintergrund der Rechtsprechung des BVerfG – auch durch Fachstandards bzw. Fachkonventionen erfolgen könne.

Rechtsschutzverkürzung als Mittel der Verfahrensbeschleunigung? – Die Umsetzung der Energiewende im Spannungsfeld von Klimawandel und Umwelt(rechts)schutz[1]

Dr. *Julia Wulff* (geb. *Chladek*), Konstanz

I. Relevanz und Kontext

1 „Planungs- und Genehmigungsverfahren müssen schneller gehen!" Diese Forderung ist nicht neu und beherrscht das Umwelt- und Planungsrecht wie keine andere. Bereits seit Jahrzehnten prägt das „Zauberwort **Verfahrensbeschleunigung**"[2] politische Agenden und schmückt Gesetzgebungsoffensiven. Und dennoch pressiert die Thematik mehr denn je.

2 Denn zum einen ist bei der **Energiewende** der Zenit noch längst nicht überschritten. So fehlen von den in den aktuellen Fassungen von Bundesbedarfsplan (BBPl) und Energieleitungsausbaugesetz (EnLAG) vorgesehenen 12.234 km an Energieleitungen noch immer 10.100 km.[3] Diese Leitungen werden aber dringend benötigt, um die in den Offshore-Windkraftanlagen in Nord- und Ostsee bereits heute in nicht unerheblicher Menge gewonnene Energie

---

[1] Vortrag und Schriftfassung sind zugleich eine aktualisierte Kurzfassung der im Januar 2021 erschienenen Dissertation der Verfasserin: *Chladek, Julia*: Rechtsschutzverkürzung als Mittel der Verfahrensbeschleunigung. Völker- und europarechtliche Anforderungen an Umweltprüfungen und Umweltrechtsschutz in der gestuften Infrastrukturplanung unter besonderer Berücksichtigung des MgvG, 1. Aufl. 2021.

[2] *Chladek*, VerfBlog 2022/1/14, https://verfassungsblog.de/das-zauberwort-verfahrensbeschleunigung/, DOI: 10.17176/20220115-105944-0 (Letzter Abruf: 28.12.2022, 18:10 Uhr).

[3] Vgl. die Informationen zum Stand der Leitungsvorhaben nach dem zweiten Quartal 2022 auf der Website der Bundesnetzagentur, abrufbar unter https://www.netzausbau.de/Vorhaben/uebersicht/report/de.html (Letzter Abruf: 29.12.2022, 22:46 Uhr).

zu den Großverbrauchern im Süden und Westen des Landes zu transportieren.

Parallel dazu hat die russische Invasion in der Ukraine eine **Energieversorgungskrise** ausgelöst. Schnellstmöglich muss Deutschland unabhängig werden von russischem Gas und will hierfür unter anderem auf Flüssiggas (LNG) zurückgreifen. Doch auch für die Regasifizierung von LNG und dessen Einspeisung in das bestehende Gas-Netz wird Infrastruktur in Form von Terminals und Leitungen benötigt – natürlich ebenfalls schnellstmöglich.

Ein Weg, über den der Gesetzgeber – bisher beschränkt auf den Bereich der Energie- und Verkehrswende – die dringend benötige Beschleunigung zu erreichen sucht, ist die Verkürzung von **Rechtsschutzmöglichkeiten** in umweltrelevanten Planungs- und Zulassungsverfahren. Zu diesem Zweck hat er mit dem Maßnahmengesetzvorbereitungsgesetz (MgvG) vom 1. April 2020 die Voraussetzungen geschaffen, um inzwischen 29 Infrastrukturgroßprojekte in Zukunft statt wie bisher per Planfeststellungsbeschluss nunmehr **durch Gesetz** zuzulassen. Derzeit finden sich in den §§ 2, 2a MgvG nur Straßen-, Schienen- und Wasserwegevorhaben, die Inanspruchnahme für Energieleitungen ist aber im Koalitionsvertrag bereits angekündigt.[4]

II. Infrastrukturplanung als europäisch geprägtes Rechtssystem

1. Das Verfahren nach dem MgvG

Eine Revolution des Verwaltungsverfahrensrecht ist mit der Einführung des MgvG jedoch nicht verbunden. Die Zulassung folgt weitgehend bekannten Mustern – nämlich denjenigen des Planfeststellungsverfahrens gem. §§ 73 ff. VwVfG. Entsprechend bleiben den Vorhaben für das vorbereitende Verfahren nach den §§ 4 – 8 MgvG auch das Eisenbahnbundesamt, die Generaldirektion Wasserstraßen und Schifffahrt und das Fernstraßenbundesamt als bisher zuständige Behörde erhalten, § 3 Abs. 2 MgvG.

---

[4] SPD/BÜNDNIS 90/DIE GRÜNEN/FDP, Mehr Fortschritt wagen. Bündnis für Freiheit, Gerechtigkeit und Nachhaltigkeit, Koalitionsvertrag 2021 – 2025 zwischen der Sozialdemokratischen Partei Deutschlands (SPD), BÜNDNIS 90/DIE GRÜNEN und den Freien Demokraten (FDP), S. 13.

6   Erst die Fertigstellung des Abschlussberichts nach § 8 MgvG markiert den Übergang des Verfahrens auf den Deutschen Bundestag – und stellt sowohl Behörde als auch Parlament vor beinahe unlösbare Aufgaben. Denn der Abschlussbericht soll gem. § 8 Abs. 1 MgvG inhaltlich einem Planfeststellungsbeschluss entsprechen, ist dabei aber *"so zu erstellen, dass durch ihn die Entscheidung des Deutschen Bundestages nicht vorweggenommen wird. In ihm muss so weit wie möglich Raum für eigene Abwägungen des Gesetzgebers gelassen werden"*, § 8 Abs. 3 MgvG a.E. Die **Abwägung** als zentrales Element der planerischen Gestaltungsfreiheit wird also dem Bundestag überantwortet; gleichzeitig soll die zuständige Behörde letztlich einen vollständigen **Planfeststellungsbeschluss** vorlegen, ohne jedoch selbst abzuwägen. Wie diese Vorgaben angesichts des Umstandes, dass *"Planung ohne Gestaltungsfreiheit ein Widerspruch in sich wäre"*[5] in der Praxis umgesetzt werden sollen, bleibt die Gesetzesbegründung zu beantworten schuldig.

2. Umweltprüfungen nach europäischen Vorgaben

7   Die auf Grundlage des MgvG beschlossenen Maßnahmengesetze müssen also ihren Platz noch finden in der bestehenden dreistufigen **Planungskaskade** aus Bedarfsplanung, Korridorplanung und Projektzulassung – und damit in einem Planungssystem, das heute vornehmlich **europäisch** geprägt ist. Denn inzwischen ist auf jeder der drei Planungsstufen eine **Umweltprüfung** nach europäischen Vorgaben durchzuführen, die das weitere Schicksal des Vorhabens wesentlich mitbestimmt.

8   Bundesverkehrswegeplan und Bundesbedarfsplan unterliegen gem. § 35 Abs. 1 Nr. 1, § 2 Abs. 7 S. 1 Nr. 2 i.V.m. Anl. 5 Nr. 1.1 UVPG bzw. §§ 12c Abs. 2 S. 1 EnWG, § 35 Abs. 1 Nr. 1, § 2 Abs. 7 S. 1 Nr. 1 i.V.m. Anl. 5 Nr. 1.10 UVPG der Pflicht zur Durchführung einer Strategischen Umweltprüfung (SUP), ebenso wie die Korridorplanung für Energieleitungsvorhaben im Anwendungsbereich des NABEG, § 5 Abs. 7 NABEG, § 35 Abs. 1 Nr. 1, § 2 Abs. 7 S. 1 Nr. 1 i.V.m. Anl. 5 Nr. 1.11 UVPG. Die Raumordnungsverfahren auf Korridorebene im Verkehrsbereich unterliegen demgegenüber gem. § 6 S. 1 i.V.m. Anl. 1 Nr. 14.2.1, Spalte 1, Anl. 1 Nr. 14.3 Spalte 1,

---

5   BVerwG, Urt. v. 12.12.1969 – IV C 105.66, BVerwGE 34, 301, juris Rn. 20.

Anl. 1 Nr. 14.7 Spalte 1 UVPG einer UVP-Pflicht,[6] ebenso wie nach denselben Vorschriften bzw. im Falle der Energieleitungen nach Anl. 1 Nr. 19.1.1, Nr. 19.11 Spalte 1 UVPG die Projektzulassungsentscheidungen.

III. Historie der Beschleunigungsbemühungen

„Unheimlich viel Papier"[7] also und ein unnötig kompliziertes Verfahren, das das Unionsrecht da von deutschen Behörden und Vorhabenträgern verlangt? Diesem immer noch weit verbreiteten Eindruck scheint auch der Gesetzgeber aufgesessen zu sein und sucht Vereinfachung, **Beschleunigung** und größere Akzeptanz[8] nun in einem Beschleunigungsansatz, dessen Geschichte ebenso lang ist wie das Beschleunigungsproblem selbst.

9

Denn die **Legalplanung** ist keineswegs eine Erfindung des Jahres 2020. Bereits 1838 wurde erstmals im Großherzogtum Baden der Bau einer Eisenbahnstrecke per Gesetz zugelassen.[9] 1886 folgte etwa die Zulassung für den Bau des Nord-Ostseekanals[10] per Gesetz. Man mag es als Ironie oder als Wink des Schicksals bezeichnen, dass dessen Vertiefung heute in § 2 Nr. 1 MgvG zu finden ist.[11]

10

In der jüngeren (Rechts-)Geschichte kam der Gesetzgeber dann erstmals zu Zeiten der Wiedervereinigung auf das Instrument der Legalplanung zurück. Der Ausbaubedarf im Infrastrukturbereich in den neuen Bundesländern und auf den Verbindungswegen

11

---

[6] Soweit im Raumordnungsverfahren eine ordnungsgemäße UVP durchgeführt wurde, entfällt in der Folge gem. § 47 Abs. 2 UVPG die Pflicht zur Durchführung einer UVP im Linienbestimmungsverfahren für Straßen- und Schienenwege. Ausdrücklich bestehen bleibt gem. § 36 Satz 1 Nr. 1 BNatSchG allerdings die Pflicht zur Durchführung einer FFH-Verträglichkeitsprüfung.
[7] *Wemdzio,* NuR 2008, 479 (479).
[8] So jedenfalls die Gesetzesbegründung zum MgvG: BT-Drs. 19/15619, S. 11.
[9] *Schneller, Christian*: Objektbezogene Legalplanung. Zur Zulässigkeit von Investititonsmaßnahmengesetzen, 1. Aufl. 1999, S. 24 mit Verweis auf das Großherzoglich Badische Staats- und Regierungsblatt vom 2. April 1838, S. 121 ff., abrufbar unter https://digital.blb-karlsruhe.de/blbihd/periodical/pageview/752940 (Letzter Abruf: 28.12.2022, 18:11 Uhr).
[10] Vgl. *Schneller* (Fn. 9), S. 24 f. mit Verweis auf das Gesetz, betreffend die Herstellung des Nord-Ostseekanals vom 16. März 1886 (RGBl. vom 20. März 1886, S. 58), abrufbar unter https://de.wikisource.org/wiki/Gesetz,_betreffend_die_Herstellung_des_Nord-Ostseekanals (Letzter Abruf: 28.12.2022, 18:11 Uhr).
[11] *Chladek* (Fn. 1), S. 74.

zwischen Ost und West war groß, von der gesetzlichen Vorhabenzulassung erhoffte man sich eine beschleunigte Umsetzung der „Verkehrsprojekte Deutsche Einheit"[12]. Tatsächlich per Legalplanung realisiert wurden letztlich aber nur die „Südumfahrung Stendal" sowie ein Teilstück der A20 bei Wismar. Denn der erhoffte Beschleunigungseffekt blieb aus und die übrigen eigentlich vorgesehenen Projekte blieben im Genehmigungsverfahren stecken oder wurden in dieses gar nicht eingebracht.[13] Weshalb die beinahe unveränderte Anwendung eines bereits einmal gescheiterten Beschleunigungsverfahrens nunmehr die erhoffte Beschleunigung bringen soll – und dies inmitten ungleich höherer und umfangreicherer materieller Anforderungen gerade im Bereich des Umweltrechts – bleibt die Gesetzesbegründung zum MgvG ebenfalls zu beantworten schuldig.

12 Das **Maßnahmengesetz** für die Südumfahrung Stendal gelangte sodann 1996 vor das BVerfG – und hielt trotz erheblicher verfassungsrechtlicher Bedenken stand.[14] Ebenso ungünstig wie die Chancen, aus der parlamentarischen Maßnahmengesetzgebung plötzlich unentdecktes Beschleunigungspotenzial zu bergen, stehen für den Gesetzgeber jedoch die Chancen, mit einer beinahe dreißig Jahre alten Entscheidung als „Freifahrtschein"[15] ungesehen die verfassungs-, völker- und europarechtlichen Anforderungen passieren zu können.

13 Denn zum einen war Grundlage der bestätigenden Entscheidung von 1996 zu großen Teilen die *„historische Ausnahmesituation"*[16] Wiedervereinigung,[17] deren Dimension nur schwerlich nochmals erreicht werden dürfte – jedenfalls für die Vielzahl von 29 Projekten, die in den §§ 2, 2a MgvG vorgesehen sind. Allenfalls die Energieversorgungskrise vermöchte gegebenenfalls in diese

---

[12] „Verkehrsprojekte Deutsche Einheit" war der Titel einer größeren Planungsoffensive, die 1991 ins Leben gerufen wurde und insgesamt neun Schienenprojekte, sieben Fernstraßenprojekte und ein Wasserstraßenprojekt umfasste: *Stüer, Bernhard:* Handbuch des Bau- und Fachplanungsrechts. Planung. Genehmigung. Rechtsschutz, 5. Aufl. 2015, Rn. 4636.
[13] *Blümel*, DVBl 1997, 205 (206).
[14] BVerfG, Beschl.v. 17.07.1996 – 2 BvF 2/93, BVerfGE 95, 1; zur damaligen verfassungsrechtlichen Diskussion ausführlich *Schneller* (Fn. 8).
[15] *Chladek* (Fn. 1), S. 74.
[16] *Wegener*, ZUR 2020, 195 (199).
[17] BVerfG, Beschl. v. 17.07.1996 – 2 BvF 2/93, BVerfGE 95, 1, juris Rn. 70.

Sphären vorzudringen – doch das diese Krise adressierende LNG-Beschleunigungsgesetz setzt gerade nicht auf die Legalplanung, sondern auf gänzlich andere Beschleunigungsinstrumente.[18]

Zum anderen ist es längst nicht mehr nur und nicht einmal primär das nationale Verfassungsrecht, an dem sich die Zulässigkeit der Maßnahmengesetzgebung messen lassen muss – es sind vor allem die **völker- und europarechtlichen Verpflichtungen**, denen die Bundesrepublik Deutschland unterliegt.

IV. Völker- und europarechtliche Anforderungen an Rechtsschutzmöglichkeiten in umweltrelevanten Planungsverfahren

Anforderungen an den von der Legalplanung besonders tangierten Bereich der Rechtsschutzmöglichkeiten gegen Zulassungsentscheidungen in umweltrelevanten Planungsverfahren stellen auf völker- und europarechtlicher Ebene die **Århus-Konvention** (AK) und die **UVP-Richtlinie**. Als sog. gemischtes Abkommen („mixed agreement")[19] bindet die Århus-Konvention die Bundesrepublik parallel auf zwei Wegen: Über die eigene Konventionsmitgliedschaft und über die Konventionsmitgliedschaft der EU, die die völkerrechtlichen Verpflichtungen ihrerseits vor allem in Art. 11 UVP-RL umgesetzt hat.[20]

Beinahe gleichlautend zu Art. 9 Abs. 2 AK fordert Art. 11 Abs. 1 UVP-RL daher, dass alle Mitglieder der betroffenen Öffentlichkeit, die ein ausreichendes Interesse haben oder alternativ eine Rechtsverletzung geltend machen können, Zugang zu einem gerichtlichen oder anderen adäquaten Überprüfungsverfahren erhalten. Das Interesse einer anerkannten Umweltvereinigung gilt nach Art. 9 Abs. 3 AK und Art. 11 Abs. 3 UVP-RL automatisch als ausreichend in diesem Sinne.

Trotz dieser vermeintlich klaren Anforderungen geht die Gesetzesbegründung zum MgvG in nur einem Satz über die Völker-

---

[18] Dazu im Folgenden unter VII.
[19] *Berkemann*, DVBl 2015, 389 (389); *Breuer/Riegger*, EurUP 2014, 293 (293); *Heß*, UTR 133 (2017), 177 (184).
[20] Zum Verbindlichkeitsgrad und zur Auslegungshoheit durch den EuGH ausführlich *Chladek* (Fn. 1), S. 143 ff.

und Europarechtskonformität hinweg: *"Dieses Gesetz ist mit dem Recht der Europäischen Union und völkerrechtlichen Verträgen, die die Bundesrepublik Deutschland abgeschlossen hat, vereinbar."*[21] Zu weiteren Erörterungen lässt sich der Gesetzgeber nicht hinreißen. Zu erklären ist dieser nonchalante Umgang mit dem Völker- und Europarecht nur auf einem Wege: Hält man weder Århus-Konvention noch UVP-Richtlinie für anwendbar, bereiten diese naturgemäß auch keine Probleme.

1. Anwendbarkeit der Århus-Konvention

18 Ausgangspunkt einer Argumentation zugunsten der **Nichtanwendbarkeit** der Århus-Konvention – die ursprünglich sogar die EU-Kommission selbst geführt hatte[22] – ist Art. 2 Abs. 2 AK. Denn die Norm definiert nicht nur als „Behörde" Stellen der öffentlichen Verwaltung, sie statuiert a.e. sogar ausdrücklich, dass die Begriffsbestimmung keine Gremien oder Einrichtungen umfasst, die in gesetzgebender Eigenschaft handeln.

19 Allerdings ist Art. 2 Abs. 2 AK eben eine solche – nämlich eine Begriffsbestimmung und damit keine Norm, die den Anwendungsbereich der Konvention zu definieren vermag. Vielmehr ist es gerade im Umweltrecht mehr als üblich, rechtsverbindlichen Dokumenten Erklärungen über die in der Folge verwandten Begrifflichkeiten voranzustellen.[23] Dem Wortlaut allein kann daher kein umfassender Anwendungsausschluss entnommen werden.[24]

20 Auch die Auslegung nach Systematik und Telos spricht gegen einen umfänglichen Anwendungsausschluss. Denn während die Auffangvorschrift des Art. 9 Abs. 3 AK ausdrücklich auf *„von Privatpersonen und Behörden vorgenommene[n] Handlungen"* abstellt, findet sich eine parallele Formulierung in Art. 9 Abs. 2 AK

---

[21] BT-Drs. 19/15619, S. 11.

[22] *Europäische Kommission,* Informationen der Organe, Einrichtungen und sonstigen Stellen der Europäischen Union. Mitteilung der Kommission über den Zugang zu Gerichten in Umweltangelegenheiten vom 18. August 2017, ABl. EU 2017 C 275/1, Rn. 152; ebenso *Heß,* ZUR 2018, 686 (689).

[23] Vgl. bspw. aus dem europäischem Recht Art. 1 Abs. 2 UVP-RL, aus dem deutschen Recht § 2 UVPG.

[24] So im Ergebnis auch Ziekow in seinem für das BMVI erstellten Gutachten zur Zulässigkeit der Legalplanung: *Ziekow, Jan*: Vorhabenplanung durch Gesetz. Verfassungsrechtliche und prozedurale Anforderungen an die Zulassung von Verkehrsinfrastrukturen durch Maßnahmengesetz, 1. Aufl. 2020, S. 64.

gerade nicht. Und schließlich hatte sich bereits im Jahr 2011 das **Arhus Convention Compliance Committee** (ACCC), das Rechtsprechungsorgan der Århus-Konvention, mit Sinn und Zweck der Rechtsschutzvorgaben zu beschäftigen. Der Entscheidung zum *Crossrail Act*[25] lagen britische *Hybrid Bills* zugrunde, den in Deutschland geplanten Maßnahmengesetzen dem Grunde nach vergleichbare Einzelzulassungen in Gesetzesform, über die das britische Parlament Abschnitte der Eisenbahnstrecke zwischen Maidenhead/Heathrow Airport und Shenfield/Abbex Wood per Gesetz (*hybrid bill*)[26] zugelassen hatte. Das ACCC stellte fest: Art. 9 Abs. 2 AK sei nach wie vor uneingeschränkt anzuwenden, denn funktional handle es sich um eine Verwaltungsentscheidung, die lediglich äußerlich in die Form eines Gesetzes gekleidet sei.[27]

2. Anwendbarkeit der UVP-Richtlinie

Ein ähnliches Bild ergibt sich beim Blick auf die UVP-Richtlinie. *21* Anknüpfungspunkt für die Argumentation zugunsten eines **Anwendungsausschlusses** ist hier Art. 2 Abs. 5 UVP-RL, der anders als die Regelungen der Århus-Konvention ausdrücklich vorsieht, dass *„die Mitgliedstaaten ein Projekt, das durch einen besonderen einzelstaatlichen Gesetzgebungsakt zugelassen wird, von den Bestimmungen dieser Richtlinie, die sich auf die Beteiligung der Öffentlichkeit beziehen, ausnehmen* [können], *jedoch unter der Voraussetzung, dass die Ziele dieser Richtlinie verwirklicht werden."*

Eine Ausschlussmöglichkeit besteht also für solche Entschei- *22* dungen, die sich (1) auf die Beteiligung der Öffentlichkeit beziehen und bei denen in der Folge trotz Ausschlusses (2) die Ziele der Richtlinie dennoch verwirklicht werden können. Ein genauer Blick auf den Wortlaut von Art. 11 Abs. 1 UVP-RL, in dem sich die Rechtsschutzanforderungen finden, zeigt, dass die Norm bereits

---

[25] *ACCC,* Findings and recommendations with regard to communcation ACCC/C/2011/61 concerncing the United Kingdom.

[26] Unter *Hybrid Bills* werden in Großbritannien Gesetze verstanden, die vergleichbar der Diskussion um die Einstufung von Maßnahmengesetzen als Einzelfallgesetze i.S.d. Art. 19 Abs. 1 S. 1 GG einen einzelnen Sachverhalt regeln und daher einem besonderen Gesetzgebungsverfahren unterliegen, vgl. das Glossar des britischen Parlaments unter https://www.parliament.uk/site-information/glossary/hybrid-instruments/ (Letzter Abruf: 28.12.2022, 18:12 Uhr).

[27] *ACCC* (Fn. 21), Rn. 60.

die erste der beiden Voraussetzungen für einen Anwendungsausschluss nicht erfüllt, es sich nämlich nicht um eine Bestimmung handelt, die sich auf die Beteiligung der Öffentlichkeit bezieht.

23 Denn Art. 11 UVP-RL enthält selbst keinerlei Vorgaben zur **Öffentlichkeitsbeteiligung.** Vielmehr bezieht sich Art. 11 UVP-RL lediglich auf die *„Entscheidungen, Handlungen oder Unterlassungen",* für die die Bestimmungen zur Öffentlichkeitsbeteiligung gelten. Die Bezugnahme auf die Öffentlichkeitsbeteiligung dient also nur der Definition des Anwendungsbereichs. Für diejenigen Entscheidungen, für die eine Öffentlichkeitsbeteiligung durchzuführen ist, müssen im Anschluss auch Rechtsschutzmöglichkeiten zur Verfügung gestellt werden – naheliegend, denn ohne Durchsetzungsmöglichkeiten verlören die Regelungen zur Öffentlichkeitsbeteiligung jegliche praktische Wirksamkeit[28]. Die Öffentlichkeitsbeteiligung selbst kann sodann über Art. 2 Abs. 5 UVP-RL modifiziert oder ersetzt werden – z.B. in einem parlamentarischen Verfahren – nicht aber die im Anschluss zur Verfügung zu stellenden Rechtsschutzmöglichkeiten selbst.

24 Dieses Ergebnis bestätigt auch die Historie der Norm. Denn der gegenwärtige Wortlaut besteht in dieser Form erst seit Einführung der Änderungsrichtlinie 2014/52/EU. Ursprünglich sah Art. 1 Abs. 4 RL 2011/92/EU an seiner Stelle vor, dass die Richtlinie nicht *„für Projekte [gilt], die im einzelnen durch einen besonderen einzelstaatlichen Gesetzgebungsakt genehmigt werden."* Ausgehend von den EuGH-Entscheidungen in den Fällen *Boxus*[29] und *Solvay*[30] initiierte das EU-Parlament im Jahr 2013 aber eine Verschärfung der Formulierung, da es in der alten Wortwahl *„einen Freibrief für Abweichungen mit eingeschränkten Verfahrensgarantien [...] [sah], wodurch die Umsetzung dieser Richtlinie in wesentlichen Teilen umgangen werden könnte."*[31]

---

[28] Vgl. auch EuGH, Urt. v. 07.11.2013, Altrip, C-72/12, ECLI:EU:C:2013:712, Rn. 37.
[29] EuGH, Urt. v. 18.10.2011, Boxus u.a., C-128/09 bis C-131/09, C-134/09, C-135/09, ECLI:EU:C:2011:667.
[30] EuGH, Urt. v. 16.02.2012, Solvay, C-182/10, ECLI:EU:C:2012:82.
[31] Abänderungen des Europäischen Parlaments vom 9. Oktober 2013 zu dem Vorschlag für eine Richtlinie des Europäischen Parlaments und des Rates zur Änderung der Richtlinie 2011/92/EU über die Umweltverträglichkeitsprüfung bei bestimmten öffentlichen und privaten Projekten (COM(2012)0628 – C7-0367/2012 – 2012/0297(COD), Änderungsantrag 18, Erwägung 13 a (neu).

Den Verfahren *Boxus* und *Solvay* lagen Klagen mehrerer Anlieger der Flughäfen Lüttich-Bierset, Charleroi-Brüssel-Süd sowie der zugehörigen Eisenbahnstrecke Brüssel-Charleroi zugrunde, die sich gegen einzelne Baumaßnahmen im Rahmen dieser Projekte gewandt hatten. Dabei handelte es sich insofern um eine besondere Konstellation, als dass die Klagen gegen die entsprechenden Verwaltungsentscheidungen bereits beim Conseil d'Etat[32] anhängig waren, als das wallonische Parlament die Zulassung per Dekret, also in Gesetzesform, bestätigte und damit nachträglich die Alleinzuständigkeit des Cour constitutionnelle[33] begründete.[34] In der Folge legten dann zunächst der Conseil d'Etat und anschließend noch einmal der Cour constitutionnelle dem EuGH vor. Im Zentrum stand aber in beiden Verfahren die Frage, ob Art. 9 Abs. 2 AK sowie Art. 10a RL 85/337/EWG (heute Art. 11 UVP-RL) anwendbar oder durch Art. 1 Abs. 5 RL 85/337/EWG (heute Art. 2 Abs. 5 UVP-RL) ausgeschlossen waren.[35]

25

Mit deutlichen Parallelen zur ACCC-Spruchpraxis zum *Crossrail Act* stellte der EuGH fest: Der *„bloße Umstand, dass ein Projekt durch einen Gesetzgebungsakt genehmigt wurde"*[36] könne nicht dazu führen, dass sämtliche Rechtsschutzanforderungen der UVP-Richtlinie ausgeschlossen seien. Eine umfängliche Überprüfungsmöglichkeit vor einem Gericht oder einer anderen adäquaten Stelle nach Art. 11 Abs. 1 UVP-RL sei auch bei in Gesetzesform ergehenden Zulassungsentscheidungen erforderlich.[37]

26

---

[32] Beim Conseil d'Etat, dem belgischen Staatsrat, handelt es sich um ein nur in Belgien existierendes besonderes Rechtsprechungsorgan, das inhaltlich die Funktion des obersten Verwaltungsgerichts übernimmt.
[33] Der cour constitutionnelle ist das belgische Verfassungsgericht.
[34] *Chladek* (Fn. 1), S. 159.
[35] EuGH, Urt. v. 18.10.2011, Boxus u.a., C-128/09 bis C-131/09, C-134/09, C-135/09, ECLI:EU:C:2011:667, Rn. 15 ff.; EuGH, Urt. v. 16.02.2012, Solvay, C-182/10, ECLI:EU:C:2012:82, Rn. 20 ff.; zu beiden Entscheidungen ausführlich *Chladek* (Fn. 1), S. 159 ff.
[36] EuGH, Urt. v. 18.10.2011, Boxus u.a., C-128/09 bis C-131/09, C-134/09, C-135/09, ECLI:EU:C:2011:667, Rn. 53; ebenso später EuGH, Urt. v. 16.02.2012, Solvay, C-182/10, ECLI:EU:C:2012:82, Rn. 48.
[37] EuGH, Urt. v. 18.10.2011, Boxus u.a., C-128/09 bis C-131/09, C-134/09, C-135/09, ECLI:EU:C:2011:667, Rn. 54; ebenso später EuGH, Urt. v. 16.02.2012, Solvay, C-182/10, ECLI:EU:C:2012:82, Rn. 49.

3. Ausbau der Rechtsschutzanforderungen in der Rechtsprechung des EuGH

27 Die besseren Argumente sprechen also für eine vollumfängliche Anwendbarkeit sowohl der Århus-Konvention als auch der UVP-Richtlinie auch in Fällen, in denen die Zulassungsentscheidung per Maßnahmengesetz ergeht. Ähnlich wie Art. 19 Abs. 4 GG fordern Århus-Konvention und UVP-Richtlinie dabei nicht *irgendeine*, sondern eine **effektive**, also umfängliche und ergebnisoffene **Rechtsschutzmöglichkeit**.[38] Der **EuGH** hat die inhaltlichen Anforderungen an diese Rechtsschutzmöglichkeiten dabei in den vergangenen Jahren zunehmend ausgeweitet, wie die nachfolgende kurze Rechtsprechungsübersicht zeigt:

28 Bereits im Jahr 2011 hatte der EuGH in der Entscheidung zum *Slowakischen Braunbären I* die zu Art. 9 Abs. 2 AK entwickelten Prinzipien auch auf Art. 9 Abs. 3 AK übertragen, also auf alle sonstigen behördlichen Entscheidungen, und entsprechende Rechtsschutzmöglichkeiten gefordert.[39] In Deutschland resultierte dies im Jahr 2013 in einer viel beachteten Entscheidung des BVerwG, in der die höchsten deutschen Verwaltungsrichter Umweltverbänden erstmals eine prokuratorische Klagebefugnis in Bezug auf Luftreinhaltepläne zugestanden;[40] später dann in der Einfügung einer Verbandsklagebefugnis gegen SUP-pflichtige Pläne und Programme durch die UmwRG-Novelle 2017[41].

29 Die ersten unmittelbar Verfahren aus Deutschland betreffenden Entscheidungen im Bereich der Rechtsschutzanforderungen im Umweltrecht fielen sodann in den Jahren 2011 und 2013 mit *Trianel* und *Altrip*. Der EuGH stellte klar, dass Rechtsschutzmög-

---

[38] Vgl. entsprechend das BVerfG zu Art. 19 Abs. 4 GG: BVerfG, Urt. v. 17.12.2013 – 1 BvR 3139/08, BVerfGE 134, 242, juris Rn. 194.

[39] EuGH, Urt. v. 08.03.2011, Slowakischer Braunbär I, C-240/09, ECLI:EU:C: 2011:125, Rn. 47 ff.

[40] BVerwG, Urt. v. 05.09.2013 – 7 C 21.12, BVerwGE 147, 312, juris Rn. 19 ff.; dazu *Franzius*, DVBl 2018, 410 (414 ff.); *Schlacke, Sabine*: Rechtsschutz von Umweltverbänden gegen die Bundesfachplanung, in: Kment, Martin/Battis, Ulrich/Kloepfer, Michael/Reidt, Olaf (Hrsg.): Das Zusammenwirken von deutschem und europäischem Öffentlichen Recht. Festschrift für Hans D. Jarass zum 70. Geburtstag, 1. Aufl. 2015, S. 379 (387 f.).

[41] Art. 1 des Gesetzes zur Anpassung des Umwelt-Rechtsbehelfsgesetzes und anderer Vorschriften an europa- und völkerrechtliche Vorgaben vom 29. Mai 2017 (BGBl. I, S. 1298).

lichkeiten gegen UVP-pflichtige Entscheidungen weder von einer subjektiven Rechtsverletzung abhängig gemacht[42] noch „bloße" Verfahrensfehler von der Überprüfungsmöglichkeit ausgeschlossen[43] werden durften. Im Jahr 2015 markierte die Entscheidung des EuGH im *Vertragsverletzungsverfahren Kommission gegen Deutschland*[44] sodann das weitgehende Ende der materiellen Präklusion im deutschen Verwaltungsrecht.

Schließlich gestatte der EuGH in *Slowakischer Braunbär II* im Jahr 2016 einer Umweltvereinigung erstmals eine direkte Berufung auf die Vorschriften der FFH-Richtlinie in Bezug auf eine weder UVP- noch SUP-pflichtige Entscheidung[45] und leitete in *Protect* im Jahr 2017 aus Art. 9 Abs. 3 AK i.V.m. Art. 47 GrCh sogar eine **allgemeine Klagebefugnis** in Bezug auf alle umweltrelevanten Normen des Unionsrechts[46] her.

Mit seiner Rechtsprechung, die – so könnte man es wohl zusammenfassen – keinerlei Raum mehr für Rechtsschutzeinschränkungen jeglicher Art lässt, entspricht der EuGH dabei nicht nur hinsichtlich der *Hybrid Bills*-Entscheidung vollumfänglich der Spruchpraxis des ACCC, dessen Entscheidungen er regelmäßig aufnimmt und bestätigt.[47]

30

31

V. Bewertung der durch das MgvG geschaffenen Situation

Den umfänglichen Rechtsschutzanforderungen der Århus-Konvention und der UVP-Richtlinie, wie sie gerade durch die Rechtsprechung des EuGH ihre Ausprägung gefunden haben, stehen im deutschen Recht insbesondere im Anwendungsbereich des MgvG verschwindend geringe Kontrollmöglichkeiten gegenüber. Gegen Gesetze steht bekanntlich kein **Rechtsweg** offen. Und die ein-

32

---

[42] EuGH, Urt. v. 12.05.2011, Trianel, C-115/09, ECLI:EU:C:2011:289, Rn. 44 ff.
[43] EuGH, Urt. v. 07.11.2013, Altrip, C-72/12, ECLI:EU:C:2013:712, Rn. 48.
[44] EuGH, Urt. v. 15.10.2015, Kommission/Deutschland, C-137/14, ECLI:EU:C: 2015:683.
[45] EuGH, Urt. v. 08.11.2016, Slowakischer Braunbär II, C-243/15, ECLI:EU:C: 2016:838, Rn. 49 ff.
[46] EuGH, Urt. v. 20.12.2017, Protect, C-664/15, ECLI:EU:C:2017:987, Rn. 45, 52, 58; dazu *Schlacke/Römling*, in: Schlacke, Sabine/Schrader, Christian/Bunge, Thomas (Hrsg.): Aarhus-Handbuch. Informationen, Beteiligung und Rechtsschutz in Umweltangelegenheiten, 2. Aufl. 2019, § 3, Rn. 57.
[47] Dazu ausführlich *Chladek* (Fn. 1), S. 146 ff.

zig verbleibende Möglichkeit der Einlegung einer **Verfassungsbeschwerde** vermag unabhängig davon, ob man den Weg zum BVerfG als Rechtsweg i.S.d. Art. 19 Abs. 4 GG einordnen will oder nicht,[48] keine ausreichende Abhilfe zu schaffen.

1. Fehlender Zugang außerhalb von Art. 14 GG-Verletzungen

33 Denn für die meisten Rechtsschutzsuchenden – nämlich all jene, die keine Verletzung in ihrem Eigentumsgrundrecht aus Art. 14 GG gelten machen können – steht der Weg zum Bundesverfassungsgericht bereits von vornherein nicht offen. Das **UmwRG** findet auf die Verfassungsbeschwerde keine Anwendung.[49] Nicht in Art. 14 GG betroffene Individualkläger können sich also nicht auf Umweltverstöße berufen, sondern allenfalls eine Verletzung in anderen Grundrechten geltend machen. Selbst bei Rückgriff auf die weitestmögliche Definition des Eingriffsbegriffs wäre ein Eingriff jedoch nur zu bejahen, soweit das Vorhaben die Schwelle zur Gesundheitsverletzung überschritte und physische[50] oder erhebliche psychische Folgen wie etwa Schlafstörungen[51] verursachte. Und auch der Weg über die Darlegung einer Schutzpflichtverletzung erscheint nicht erfolgversprechender: Denn eine solche hat das BVerfG im Umweltrecht in seiner 71-jährigen Geschichte noch kein einziges Mal als gegeben angesehen.[52]

34 Für alle sonstigen Betroffenen scheidet die Einlegung einer Verfassungsbeschwerde im Übrigen gänzlich aus. Denn auf das Recht auf gerechte Abwägung, über das im Rahmen des Verwaltungsverfahrens bzw. -prozesses auch die Berücksichtigung von Interessen geschützt würde, die nicht selbst einen grundrechtlichen Gewährleistungsgehalt abdecken und mithin kein eigenständiges

---

[48] Zum Streitstand ausführlich *Chladek* (Fn. 1), S. 119 ff.
[49] *Groß*, JZ 2020, 76 (79); *Heß*, ZUR 2018, 686 (689); *Chladek* (Fn. 1), S. 193 ff.
[50] *Di Fabio*, in: Maunz, Theodor/Dürig, Günter (Begr.)/Herdegen, Matthias/Herzog, Roman/Klein, Hans/Scholz, Rupert (Hrsg.): Grundgesetz Kommentar, Loseblatt, Werkstand: 94. Ergänzungslieferung, Stand: Januar 2021, München 2021, Art. 2 Abs. 2 Satz 1 (Stand: 43. EL Febr. 2004), Rn. 60; *Schulze-Fielitz*, in: Dreier, Horst: Grundgesetz. Kommentar, Band, I, Präambel, Artikel 1-19, 3. Aufl. 2013, Art. 2 Abs. 2, Rn. 47.
[51] *Schneller* (Fn. 9), S. 151
[52] *Groß*, EurUP 2019, 354 (360).

subjektives öffentliches Recht darstellen,⁵³ können sie sich nicht berufen.⁵⁴

Noch drastischer stellt sich die Situation für Umweltverbände dar. Auch sie können sich im Rahmen der Verfassungsbeschwerde nicht auf das UmwRG stützen. Eine Verletzung eigener Grundrechte kommt nicht in Betracht; ebensowenig eine unmittelbare Berufung auf Art. 47 GrCh, wie das BVerfG zuletzt im **Klimaschutz-Beschluss** mit deutlichen Worten klargestellt hat.⁵⁵ Es bliebe den Umweltverbänden die zweifelhafte Möglichkeit, zum Erwerb sog. „Sperrgrundstücke" zurückzukehren⁵⁶ – eine Praxis, die eigentlich längst der Vergangenheit angehört hatte.

35

2. Fehlende Kontrolldichte

Selbst wenn die Hürde der Zulässigkeit auf dem ein oder anderen Wege überwunden werden kann, hilft das den Rechtsschutzsuchenden im Ergebnis aber nicht wirklich weiter. Denn auch im Anwendungsbereich des MgvG bleibt es dabei: Das Bundesverfassungsgericht kontrolliert ausschließlich die **Verletzung spezifischen Verfassungsrechts**.⁵⁷ Einen **Vollüberprüfungsanspruch** wie den des Grundstückseigentümers vor den Verwaltungsgerichten⁵⁸ gibt es im Rahmen einer Verfassungsbeschwerde nicht. Weder das Völker- und Unionsrecht noch die nationalen Umset-

36

---

⁵³ *Ziekow* (Fn. 24), S. 62.
⁵⁴ *Chladek* (Fn. 1), S. 194.
⁵⁵ BVerfG, Beschl. v. 24.03.2021 – 1 BvR 2656/18, 1 BvR 78/20, 1 BvR 96/20, 1 BvR 288/20, juris Rn. 112
⁵⁶ Das BVerwG hatte diese Praxis in einem Grundsatzurteil aus dem Jahr 2000 zwar als unzulässige Rechtsausübung und damit rechtsmissbräuchlich eingestuft: BVerwG, Urt. v. 27.10.2000 – 4 A 10.99, BVerwGE 112, 135, juris Rn. 20. Dem erteilte das BVerfG in *Garzweiler II* jedoch eine klare Absage und ließ die formale Eigentümerstellung für die Klage- und Beschwerdebefugnis ausreichen: BVerfG, Urt. v. 17.12.2013 – 1 BvR 3139/08, BVerfGE 134, 242, juris Rn. 156.
⁵⁷ St. Rspr. Statt vieler: BVerfG, Beschl. v. 30.06.2015 – 2 BvR 1282/11, BVerfGE 139, 321, juris Rn. 130; BVerfG, Urt. v. 19.12.2000 – 2 BvR 1500/97, BVerfGE 102, 370, juris Rn. 65; BVerfG, Beschl. v. 13.10.1998 – 2 BvR 1275/96, BVerfGE 99, 100, juris Rn. 78.
⁵⁸ St. Rspr. seit BVerwG, Urt. v. 21.03.1986 – 4 C 48.82, BVerwGE 74, 109; aktuell zur faktischen Ausweitung des Vollüberprüfungsanspruchs infolge des Wegfalls der materiellen Präklusion BVerwG, Beschl. v. 15.09.2016 – 9 B 13.16, juris Rn. 7.

zungsgesetze im Umweltrecht gehören zum Prüfungsumfang der Verfassungsrichter. Die verfassungsgerichtliche Kontrolldichte ist gegenüber der verwaltungsgerichtlichen *„geradezu skelettiert"*[59].

37 Welche fatalen Folgen dieser Umstand im Falle der Maßnahmengesetze haben kann zeigt ein Blick in den Katalog des § 2 MgvG. Die dort unter Nr. 8 zu findende Weservertiefung scheiterte 2016 vor dem BVerwG[60] vor allem wegen Verstößen gegen die Wasserrahmenrichtlinie. Das BVerwG hatte die diesbezüglichen Fragen im Jahr 2013 dem EuGH vorgelegt,[61] seit der Entscheidung im Jahr 2016 liegt das Projekt auf Eis. Ob die Verstöße gegen die Wasserrahmenrichtlinie und nationales Wasserrecht mit einem neuen Zulassungsversuch behoben werden können ist einer weiteren gerichtlichen Kontrolle nun aber voraussichtlich vollständig entzogen.

3. Fehlende Alternativen

38 Schließlich vermögen auch die in der Literatur verschiedentlich diskutierten Rechtsschutzalternativen außerhalb der Verfassungsbeschwerde[62] den Rechtsschutzverlust nicht zu kompensieren. Denn selbst „kumuliert" können sie keine den Anforderungen der Århus-Konvention und UVP-Richtlinie genügende Rechtsschutzsituation schaffen.

39 So erscheint auf den ersten Blick beispielsweise die Erhebung einer **Feststellungsklage** naheliegend, wird sie doch vom BVerfG im Rahmen der materiellen Subsidiarität der Verfassungsbeschwerde im weiteren Sinne ohnehin seit Längerem gefordert.[63] Doch Abhilfe zu verschaffen vermag diese Idee nur vordergründig. Denn würde überhaupt die Schwelle der Zulässigkeit

---

[59] *Stüer*, EurUP 2020, 163 (167).
[60] BVerwG, Urt. v. 11.08.2016 – 7 A 1.15, BVerwGE 156, 20, juris.
[61] BVerwG, Vorlagebeschl. v. 11.07.2013 – 7 A 20.11, juris.
[62] Vgl. hierzu im Hinblick auf das MgvG etwa *Ziekow* (Fn. 24), S. 59 ff. sowie allgemein zur Legalplanung *Kürschner, Alexandra:* Legalplanung. Eine Studie am Beispiel des Standortauswahlgesetzes für ein atomares Endlager, 1. Aufl. 2020, S. 144 ff.
[63] St. Rspr.: BVerfG, Beschl. v. 17.01.2006 – 1 BvR 541/02, BVerfGE 115, 81, juris Rn. 40 ff.; BVerfG, Urt. v. 27.09.2005 – 2 BvR 1387/02, BVerfGE 114, 258, juris Rn. 88 ff.; BVerfG, Beschl. v. 11.10.1988 – 1 BvR 777/85, 1 BvR 882/85, BVerfGE 79, 1, juris Rn. 58; BVerfG, Beschl. v. 30.01.1985 – 1 BvR 1341/82, BVerfGE 69, 122, juris Rn. 14.

überwunden – bereits hier dürften Umweltverbände erneut auf Probleme stoßen, mangelt es ihnen aufgrund von fehlender individueller Betroffenheit durch die Festlegungen des Maßnahmengesetzes doch an Kongruenz zwischen Klagebefugnis und Feststellungsinteresse[64] – stellte sich spätestens auf Ebene der Begründetheit das Problem, dass das Instanzgericht nicht über die erforderliche Normverwerfungskompetenz hinsichtlich des Maßnahmengesetzes verfügt und dieses dem **BVerfG** über Art. 100 GG vorlegen müsste. Das BVerfG kontrollierte sodann – erneut – aber nur die Verletzung spezifischen Verfassungsrechts. Selbiges gilt, will man den Umweltverbänden angelehnt an eine Entscheidung des BVerwG aus dem Jahr 2017[65] vorschlagen, wegen Unterlassen eines Planfeststellungsverfahrens vor den Verwaltungsgerichten gegen die Maßnahmengesetze vorzugehen. Denn auch hier müsste das Verwaltungsgericht das Maßnahmengesetz als einer positiven Entscheidung entgegenstehende Regelung zunächst prüfen – und gegebenenfalls über Art. 100 GG dem BVerfG vorlegen.

Zwar dürfte das Verwaltungsgericht in der Theorie das jeweilige Maßnahmengesetz wegen offensichtlicher Europarechtswidrigkeit auch selbst unangewendet lassen oder die Frage dem EuGH vorlegen. Dazu wäre es grundsätzlich befugt, da das Verwerfungsmonopol des BVerfG im europarechtlichen Kontext nicht gilt.[66] Indes ist dies nicht der Weg, der Århus-Konvention und UVP-Richtlinie vorschwebt. Denn beide Regelwerke gehen konzeptionell von einem vollumfänglichen Überprüfungsanspruch wie dem des Grundstückseigentümers vor regulären nationalen Gerichten aus – nicht von einer mit zahlreichen Unwägbarkeiten belasteten Konstruktion, in der letztlich wiederum nur der **EuGH** Abhilfe schaffen kann. Denn dieser ist kein (nationales) Gericht i.S.d. Art. 9 Abs. 2 AK, Art. 11 Abs. 1 UVP-RL.[67]

40

---

[64] *Chladek* (Fn. 1), S. 203.
[65] BVerwG, Urt. v. 01.06.2017 – 9 C 2.16, BVerwGE 159, 95, Rn. 14; ähnlich VGH Baden-Württemberg, Beschl. v. 13.02.2018 – 5 S 1659/17, juris Rn. 24.
[66] Vgl. EuGH, Urt. v. 22.06.2010, Melki und Abdeli, Rs. C-188/10, C-189/10, ECLI:EU:C:2010:363, Rn. 53 ff.; Urt. v. 19.01.2010, Kücüdeveci, Rs. C-555/07, ECLI:EU:C:2010:21, Rn. 52 ff.; das Ausreichen dieser Rechtsschutzmöglichkeit daher explizit bejahend *Ziekow*, NVwZ 2020, 677 (684).
[67] *Chladek* (Fn. 1), S. 207.

41 Und auch das in jüngerer Vergangenheit am BVerfG neu eingeläutete Zeitalter der Europarechtsfreundlichkeit vermag in diesem speziellen Kontext das Untersuchungsergebnis nicht zu verändern. Denn zwar ist nach dem in *Recht auf Vergessen II*[68] etablierten Konzept der „Grundrechtsvielfalt" vor dem BVerfG nun auch eine Berufung auf die Charta-Grundrechte möglich. In teilharmonisierten Bereichen wie dem des Umweltrechts allerdings nur subsidiär hinter den deutschen Grundrechten und auch nur dann, wenn diese einen entsprechenden Schutzstandard nicht mehr gewährleisten.[69] Die Formulierung erinnert an die *Solange II*-Formel und wird perspektivisch wohl auch ähnlich wie diese faktisch niemals Anwendung finden.[70] Entsprechend wies das BVerfG im Rahmen des KSG-Beschlusses im Frühjahr 2021 die auf Art. 47 GrCh gestützten Verfassungsbeschwerden zweier Umweltverbände auch mit deutlichen Worten ab.[71] Das in der Entscheidung etablierte „Recht auf intertemporale Freiheitssicherung"[72] mag revolutionär sein – geknüpft ist es aber nach wie vor an die menschlichen Freiheitsgrundrechte und hilft dem Kernanliegen von Umweltrechtsschutz und Umweltverbandsklage damit kaum weiter.

42 Letztlich bleibt es dabei: Gegen Maßnahmengesetze nach dem MgvG stehen im deutschen Recht keine ausreichenden Rechtsschutzmöglichkeiten zur Verfügung.

VI. Unklare Perspektiven unter der teil-grünen Bundesregierung

43 Wer die erbitterten Redebeiträge der BÜNDNIS 90/DIE GRÜNEN-Abgeordneten in der parlamentarischen Debatte zum MgvG und den offenen Konflikt mit dem damals federführenden Verkehrsminister Andreas Scheuer von der CSU verfolgt hat,[73] hätte nach

---

[68] BVerfG, Beschl. v. 06.11.2019 – 1 BvR 276/17, BVerfGE 152, 216.
[69] Vgl. BVerfG, Beschl. v. 06.11.2019 – 1 BvR 276/17, BVerfGE 152, 216, juris Orientierungssatz 1a, Rn. 77 ff.
[70] *Chladek* (Fn. 1), S. 213.
[71] BVerfG, Beschl. v. 24.03.2021 – 1 BvR 2656/18, 1 BvR 78/20, 1 BvR 96/20, 1 BvR 288/20, juris Rn. 136.
[72] BVerfG, Beschl. v. 24.03.2021 – 1 BvR 2656/18, 1 BvR 78/20, 1 BvR 96/20, 1 BvR 288/20, juris Rn. 122.
[73] Vgl. Plenarprotokoll 19/137 vom 19.12.2019, S. 17200 ff.

dem Wahlerfolg der **Grünen** und dem Eintritt in die Bundesregierung nun wohl mit einer Rücknahme des MgvG gerechnet oder zumindest mit einem einsamen Schicksal in den vergessenen Schubladen des Verkehrsministeriums.

Doch weit gefehlt. Der **Koalitionsvertrag** stellt die Inanspruchnahme der Legalplanungsmöglichkeiten nach dem MgvG für ausgewählte Schienenprojekte aus dem Deutschlandtakt sowie für Abschnitte der zentralen Höchstspannungsleitungen SüdLink, SüdOstLink und Ultranet nunmehr konkret in Aussicht.[74] Den *„Rechtsschutz und die Effektivität des Umweltrechts"* soll ein *„Zugang zum Bundesverwaltungsgericht"*[75] retten. Wie dieser Zugang aussehen soll, ist bisher jedoch offengeblieben – und mit zahlreichen Fragen behaftet: Denn was genau soll das BVerwG im Rahmen der Begründetheit einer Klage gegen ein Maßnahmengesetz kontrollieren? Ist die Kontrolle auf einfachgesetzliches Umweltrecht respektive unionsrechtliche Verstöße beschränkt oder soll – was wohl Art. 100 Abs. 1 GG widersprechen und damit eine Verfassungsänderung erfordern würde – eine Vollkontrolle des Maßnahmengesetzes einschließlich seiner Verfassungsmäßigkeit erfolgen? Oder legt das BVerwG – sollte es eine Unvereinbarkeit des Maßnahmengesetzes mit materiellen Umweltrecht *und* Verfassungsrecht feststellen, selbst über Art. 100 Art. 1 GG dem BVerfG vor? Und dies dann teilweise in Bezug auf die verfassungsrechtlichen Fragen oder doch ganz auch in Bezug auf vom BVerfG nicht zu kontrollierendes materielles Umweltrecht?[76]

44

Nur eines dürfte angesichts dieser zahlreichen Unwägbarkeiten sicher sein: Ein **Beschleunigungseffekt** wäre mit einer Rechtswegeröffnung zum BVerwG sicher nicht verbunden. Denn erstinstanzlich zuständig ist das BVerwG gem. § 50 VwGO auch jetzt schon für die meisten großen Infrastrukturprojekte, die derzeit noch per Planfeststellungsbeschluss zugelassen werden.

45

---

[74] SPD/BÜNDNIS 90/DIE GRÜNEN/FDP (Fn. 4), S. 13.
[75] SPD/BÜNDNIS 90/DIE GRÜNEN/FDP (Fn. 4), S. 13.
[76] *Chladek*, DVBl 2022, 578 (582).

VII. Alternative Beschleunigungsansätze im Osterpaket und LNGG

46 Wie also alles besser machen? Wie Planungs- und Genehmigungsverfahren beschleunigen und dennoch die Völker- und Europarechtskonformität wahren? Um den Blick auf andere, vielversprechende Beschleunigungsinstrumente zu werfen, müssen die Bundesgrenzen nicht einmal überschritten werden. Während die Ampel-Koalition das MgvG gewissermaßen noch von der Vorgängerregierung „geerbt" hatte, brachte sie in Reaktion auf die „Energiewendekrise", zur Beschleunigung der dringend benötigten Energiewende also, sowie in Reaktion auf die Energieversorgungskrise nach der russischen Invasion in der Ukraine innerhalb kürzester Zeit zwei weitere Beschleunigungspakete auf den Weg, die auf gänzlich andere Instrumente zurückgreifen als das MgvG.

47 Das erste Maßnahmenpaket zur Beschleunigung der Energiewende wurde im Frühjahr 2022 als sog. **„Osterpaket"**[77] verabschiedet und setzt vor allem auf materiell-rechtliche Modifikationen, um die gewünschte Beschleunigungswirkung zu erzielen. So werden dem Ausbau erneuerbarer Energien pauschal ein „überragendes öffentliches Interesse" und das Anliegen der „öffentlichen Sicherheit" zugestanden – und damit die Voraussetzungen z.B. für die erleichterte Inanspruchnahme naturschutzrechtlicher Ausnahmetatbestände geschaffen. Gänzlich neu eingefügt wurde § 45b BNatSchG, der die materiell-naturschutzrechtlichen Anforderungen für den Ausbau von Windenergieanlagen an Land absenkt.

48 Um der drohenden Gasknappheit infolge des Ukraine-Kriegs zu begegnen und den Umstieg auf alternative Energieversorgungsmöglichkeiten zu beschleunigen folgte dann das **„LNG-Beschleunigungsgesetz"** (LNGG) vom 24. Mai 2022[78]. Auch hier stehen materiell-rechtliche Modifikationen im Vordergrund. So soll beispielsweise in bestimmten Fällen keine UVP durchgeführt, natur-

---

[77] Gesetz zu Sofortmaßnahmen für einen beschleunigten Ausbau der erneuerbaren Energien und weiteren Maßnahmen im Stromsektor vom 20. Juli 2022, BGBl. I S. 1237 (Kabinettsbeschluss vom 06.04.2022).
[78] Gesetz zur Beschleunigung des Einsatzes verflüssigten Erdgases (LNG-Beschleunigungsgesetz – LNGG) vom 24. Mai 2022, BGBl. I S. 802.

schutzrechtliche Kompensationsmaßnahmen sollen erst nachträglich festgesetzt werden. Lediglich begleitend erfolgen auch Anpassungen des gerichtlichen Verfahrensrechts.

VIII. „Dänemark ist das bessere Deutschland"[79]

Damit greifen sowohl das Osterpaket als auch das LNGG Ansätze aus unserem Nachbarland Dänemark auf, das oftmals als leuchtendes Beispiel in Sachen Planungsbeschleunigung stilisiert und bereits als *„das bessere Deutschland"*[80] betitelt wurde.

Vor allem die Erfahrungen mit der **Fehmarnbeltquerung** ließen in Deutschland aufhorchen. Während das benötigte dänische Baugesetz bereits am 28. April 2015 verabschiedet wurde, ließ der deutsche Planfeststellungsbeschluss bis zum 31. Januar 2019 auf sich warten.[81] Die im Anschluss anhängigen Klagen wies das BVerwG schließlich mit Urteilen vom 3. November 2020[82] ab und erteilte dem Projekt damit rund fünfeinhalb Jahre nach dem dänischen „Go" auch in Deutschland die „Freigabe". Zwar ist ein Teil des Beschleunigungseffekts in Dänemark einer extrem verringerten materiellen Kontrolldichte geschuldet,[83] die weit über die durch Osterpaket und LNGG vorgenommenen Modifikationen hinausgeht.

Ein anderer Grund für den sehr viel schnelleren Verfahrensablauf liegt aber auch in der gänzlich anderen **Planungskultur**, die Dänemark prägt: Die **Öffentlichkeitsbeteiligung** steht im Fokus und ist versehen mit umfangreichen Rechtsschutzmöglich-

---

[79] So der polemische Titel des Artikels von *Book/Haerder/Tutt*, „Dänemark ist das bessere Deutschland", in: Wirtschaftswoche, 07.12.2017.
[80] *Book/Haerder/Tutt*, „Dänemark ist das bessere Deutschland", in: Wirtschaftswoche, 07.12.2017.
[81] *Siegert*, UPR 2019, 468 (469).
[82] BVerwG, Urt. v. 03.11.2020 – 9 A 7.19, juris; BVerwG, Urt. v. 03.11.2020 – 9 A 9.19, juris; BVerwG, Urt. v. 03.11.2020 – 9 A 11.19, juris; BVerwG, Urt. v. 03.11.2020 – 9 A 12.19, juris; BVerwG, Urt. v. 03.11.2020 – 9 A 13.19, juris.
[83] *Chladek* (Fn. 1), S.261 f.; *Roland Berger Strategy Consultants*, Best-Practices-Studie zur Verkehrsinfrastrukturplanung und -finanzierung in der EU. Endbericht, Stand: Oktober 2013, abrufbar unter https://bdi.eu/media/presse/publikationen/infrastruktur-und-logistik/20131024_BDI_Verkehrsinfrastruktur_Langfassung_gesamt.pdf (Letzter Abruf: 29.12.2022, 23:46 Uhr), S.77, 83; *Siegert* (Fn. 81), 471.

keiten – auch gegen die Maßnahmengesetze.[84] Sie erfolgt bereits sehr viel früher und sehr viel umfangreicher als in Deutschland; insbesondere ist der Blick sehr viel stärker auf die hochstufigen Planungsebenen wie die Bedarfsplanung gerichtet.[85] Und: Vorherrschend ist die Auffassung, dass aus einem Zusammenwirken aller Beteiligten, also auch der Umweltverbände und der Öffentlichkeit, bereits in frühen Planungsstadien echte Kompromisse und ein verbessertes Planungsergebnis im allseitigen Interesse entstehen können. Mit anderen Worten: *„Die Vorhabenträger und die Politik glauben daran, dass von außen konstruktive Ideen kommen können, die das Vorhaben voranbringen."*[86] – eine Sichtweise, die hierzulande allzu oft zu vermissen ist.

IX. Fazit

52 Die Fronten sind verhärtet. **Umweltverbände** und Teile der **Öffentlichkeit** haben den Eindruck, auf den eigentlichen Entscheidungsebenen – nämlich vorrangig der Bedarfsebene – nicht ausreichend eingebunden zu werden. Und wer glaubt, *„als Statisten an einer reinen Alibiveranstaltung mitzuwirken,* [...] [und] *im Rahmen der Öffentlichkeitsbeteiligung zu Tausenden grundsätzliche Einwendungen gegen ein Großprojekt* [zu] *formulieren, auf das sich die Verantwortlichen politisch und sogar vertraglich längst festgelegt haben"*[87], wird nur noch wenig Sympathie für das Vorhaben aufbringen können. Die Konsequenz: Verhinderungspraktiken auf Projektzulassungsebene und das sinnbildliche Suchen nach der „Nadel im Heuhaufen". **Behörden** und **Vorhabenträger** gewinnen so den Eindruck, dass ein sachliches und ergebnisoffenes Verhandeln mit Umweltverbänden und Öffentlichkeit ohnehin aussichtslos und daher wenig sinnvoll ist – ein systemimmanenter Fehler und ein Teufelskreis.

53 Und das in einer Zeit, in der die Zeit knapper ist als je zuvor. Zwar toleriert das BVerfG derzeit noch die methodische Herangehensweise des Gesetzgebers, die den sektorenspezifischen Emis-

---

[84] *Chladek* (Fn. 1), S. 260 m.w.N.; *Siegert* (Fn. 81), 472.
[85] *Chladek* (Fn. 1), S. 261; *Siegert* (Fn. 81), 470 f.
[86] *Siegert* (Fn. 81), 473.
[87] *Wulfhorst*, DÖV 2011, 581 (582).

sionskontingenten des KSG zugrunde liegt.[88] Die Frage ist aber: Wie lange noch? Denn ebenfalls klargestellt hat das BVerfG, dass „*das relative Gewicht der Freiheitsbetätigung bei fortschreitendem Klimawandel aufgrund der immer intensiveren Umweltbelastungen immer weiter*"[89] abnehmen wird. Es dürfte eine Frage der Zeit sein, wann die ersten Genehmigungsentscheidungen auf letzter Ebene scheitern, weil **CO_2-Budgets** überschritten und Klimaziele nicht erreicht werden.

Verhindern lässt sich dieses Szenario nicht durch Grabenkämpfe auf der Projektzulassungsebene und nicht durch die Abschaffung von Rechtsschutzmöglichkeiten– sondern nur, indem wir unsere gesamte **Planungskultur** neu und den Stellenwert von Beteiligungs- und Rechtsschutzmöglichkeiten überdenken. Ein Beispiel, wie es gehen kann, gibt unser Nachbarland Dänemark.

54

---

[88] BVerfG, Beschl. v. 24.03.2021 – 1 BvR 2656/18, 1 BvR 78/20, 1 BvR 96/20, 1 BvR 288/20, juris Rn. 236.
[89] BVerfG, Beschl. v. 24.03.2021 – 1 BvR 2656/18, 1 BvR 78/20, 1 BvR 96/20, 1 BvR 288/20, juris Rn. 185.

Die Standardsetzung der Bund/ Länder-Arbeitsgemeinschaften – informelle Gesetzeskonkretisierung?

Rechtsanwältin Dr. *Julia Hoffmann*, Stuttgart

I. Einführung und Problemaufriss

1 Die dringliche, aber stockende Energiewende fördert insbesondere im Umweltrecht Defizite zutage, deren Existenz lange bekannt ist, für die es aber nach wie vor wenig neue Lösungsansätze gibt. Hierzu gehört eine in Teilen defizitäre untergesetzliche Gesetzeskonkretisierung.

2 Dabei ist die verlässliche Konkretisierung und Standardisierung im untergesetzlichen Recht ein wichtiger Baustein einer schnellen und verlässlichen Umsetzung von Umweltgesetzen. Durch eine untergesetzliche Maßstabsbildung wird Transparenz und Rechtssicherheit geschaffen, die die Entscheidungsfindung der Behörden erleichtert und die Einhaltung gesetzlicher Vorgaben durch die Anlagenbetreiber vereinfacht. Ist das einfach-gesetzliche Recht durch einen untergesetzlichen Normapparat hinreichend ausgeformt, bleibt letztlich weniger Raum für lange Rechtsstreitigkeiten.

3 Standardisierung kann und sollte als Stellschraube der Beschleunigung genutzt werden, sie muss aber gleichzeitig rechtsstaatliche Teilhabe und demokratische Legitimation gewährleisten. Wo dabei die größten Herausforderungen liegen, wird anhand der Standardsetzung der Bund/Länder-Arbeitsgemeinschaften der Umweltministerkonferenz sichtbar.

1. Stellenwert der Papiere von Bund/Länder-Arbeitsgemeinschaften

4 Die formellen untergesetzlichen Normen wie die Rechtsverordnung und die Verwaltungsvorschrift haben sich in der Vergangenheit als zu sperrige Instrumente für eine schnelle Rezeption neuer

technischer Erkenntnisse und europäischer Vorgaben in das nationale Recht erwiesen.

Substituiert oder ergänzt werden die klassischen untergesetzlichen Normen deshalb zusehends durch Papiere der umweltrechtlichen Bund/Länder-Arbeitsgemeinschaften.[1] Dabei handelt es sich um länderübergreifende Verwaltungskooperationen, die der Umweltministerkonferenz (kurz „UMK") unterstehen und als Expertenkreise Handlungsempfehlungen erarbeiten. Diese Papiere sollen Hilfestellung bei der behördlichen Entscheidung geben und einen einheitlichen Gesetzesvollzug garantieren.

Da die genannten Handlungsempfehlungen wesentlich konkreter ausgestaltet sind als Rechtsnormen und für sich in Anspruch nehmen, spezielle Fach- und Rechtsfragen allgemeingültig zu beantworten, kommen sie bei der fachbehördlichen Entscheidung regelmäßig zum Einsatz. Zum einen kann deren Einhaltung einfach und schnell überprüft werden, sodass behördliche Ressourcen geschont werden.[2] Zum anderen beanstanden die Gerichte die so herbeigeführte Entscheidung seltener, sodass das Prozessrisiko minimiert wird.

2. Risiken informeller Standardsetzung

Damit einher geht das Risiko, dass die den Behörden gesetzlich aufgegebene Verhältnismäßigkeitsprüfung des Einzelfalls verkürzt wird. Denn die Papiere der Bund/Länder-Arbeitsgemeinschaften sehen neben Vorschlägen für standardisierte Maßnahmen auch Grenzwerte[3] und Berechnungsmethoden und -verfahren vor. Bei

---

[1] S. exemplarisch Bund/Länder-Arbeitsgemeinschaft für Immissionsschutz (LAI), Hinweise zur Messung, Beurteilung und Minderung von Lichtimmissionen v. 13.09.2012, abgedruckt in: v. Landmann/Rohmer et al., Umweltrecht-Kommentar, Umweltrecht Besonderer Teil (BImSchV, TA Luft, TA Lärm, TEHG u.a.), Ziff. 4.3.

[2] Zur behördlichen Ressourcenschonung durch den Einsatz von technischen Regeln und Grenzwerten *Spiecker gen. Döhmann*, Technische Regeln und Grenzwerte im Umweltrecht, in: Gesellschaft für Umweltrecht e.V. (GfU), Dokumentation zur 42. wissenschaftlichen Fachtagung der GfU in Leipzig 2018, S.43ff., 46.

[3] Grenzwert verstanden als normativer Grenzwert, der keine Naturgesetzlichkeiten beschreibt, sondern eine Grenzlinie, ab welcher ein Überschreiten rechtliche Folgen haben soll, *Buchholz*, Integrative Grenzwerte im Umweltrecht (2001), S.8f.

deren Anwendung können ebenso gute oder sogar bessere Alternativen übersehen werden, die möglicherweise mit geringeren Nachteilen für andere Belange verbunden wären. Gesetzlich vorgesehene Abweichungsspielräume bleiben also ungenutzt, obwohl sie in technischen Lebensbereichen Innovationen fördern sollen.

8 Werden aber die Empfehlungen der Bund/Länder-Arbeitsgemeinschaften faktisch wie geltendes Recht behandelt,[4] stellt sich die Frage, ob die für die untergesetzliche Standardisierung von förmlichen Normen eigentlich vorgesehenen Verfahren umgangen werden. Diese sind verfahrenstechnisch komplex ausgestaltet, weil sie dem Gebot rechtsstaatlicher Teilhabe und der Gewährleistung demokratischer Legitimation Rechnung tragen müssen. Ob das Zusammenwirken verschiedener Verwaltungsbehörden – hier im Rahmen der Arbeitsgemeinschaften – diesen Anforderungen gerecht wird, obwohl es keine klare Befugnis- und Aufgabenzuweisung gibt, und welche Rolle die Verwaltungsgerichtsbarkeit dabei spielt, behandelt dieser Beitrag.

II. Standardsetzung der Bund/Länder-Arbeitsgemeinschaften

9 Um die rechtliche Problematik bewerten zu können, ist zunächst darzustellen, worum es sich bei den Handlungsempfehlungen der Bund/Länder-Arbeitsgemeinschaften eigentlich handelt und wie Bund/Länder-Arbeitsgemeinschaften organisiert sind.

1. Beispiel „Hinweise zum Schallimmissionsschutz bei Windkraftanlagen"

10 Hinlänglich bekannt sind die Freizeitlärm-Richtlinie, die Geruchs-Immissionsrichtlinie oder der Stickstoffleitfaden BImSchG-Anlagen. Zur Veranschaulichung der rechtlichen Problematik soll hier aber ein eingängiges und aktuelleres Beispiel gewählt werden, und zwar ein im September 2017 veröffentlichtes Papier der Bund/

---

[4] *Lübbe-Wolff*, Rechtsnorm und Rechtswirklichkeit im Umweltschutz, in: Aarnio, Rechtsnorm und Rechtswirklichkeit: Festschrift für Werner Krawietz zum 60. Geburtstag, S. 383 ff., 384 in Bezug auf Regelwerke offizieller Beratungsgremien generell.

Länder-Arbeitsgemeinschaft Immissionsschutz (kurz „LAI"). Dieses Papier trägt den Titel „Hinweise zum Schallimmissionsschutz bei Windkraftanlagen (im Folgenden: Schallimmissionshinweise)"[5]. Die Umweltministerkonferenz hat das Papier noch im selben Jahr zur Kenntnis genommen und seine Veröffentlichung empfohlen.

Hintergrund der Entstehungsgeschichte des Papiers ist, dass Nachbarn von Windkraftanlagen regelmäßig über eine zu hohe Belastung durch Schall klagen. Im Rahmen der Zulassungsentscheidung einer solchen Anlage prüft die Fachbehörde daher, ob es sich bei den von einer Windkraftanlage ausgehenden Schallimmissionen um schädliche Umwelteinwirkungen handelt. Hierfür ist eine Schallimmissionsprognose aufzustellen, deren Durchführung im Anhang der TA Lärm näher spezifiziert ist. Gemäß Nr. A 2.2 des Anhangs der TA Lärm richtet sich die Schallausbreitungsrechnung nach der Norm DIN IS. 9613-2, Entwurf Ausgabe September 1997. Diese Berechnungsmethode ist jedoch auf bodennahe Schallquellen ausgerichtet und für die Schallausbreitung von höherliegenden Quellen wie Windkraftanlagen seinerzeit nicht konzipiert worden.

11

Die LAI empfiehlt daher in ihren Schallimmissionshinweisen die Anwendung des sog. „Interimsverfahrens". Dabei handelt es sich um ein Berechnungsverfahren, das eigens auf die Schallausbreitung durch höherliegende Anlagen angepasst ist. In der Folge – je nach dem, welchen Standard man hier heranzieht – kann sich ab einer Entfernung von ca. 1000 m ein Unterschied von bis zu 4,8 dB(A) ergeben.[6] Welche Berechnungsmethode gewählt wird, hat also eine hohe Relevanz für die Zulassungsentscheidung und mögliche Auflagen für den Betrieb der Windkraftanlage.

12

---

[5] Bund/Länder-Arbeitsgemeinschaft für Immissionsschutz (LAI), Hinweise zum Schallimmissionsschutz bei Windkraftanlagen (WKA) v. 30.06.2016, abgedruckt in: v. Landmann/Rohmer et al., Umweltrecht-Kommentar, Umweltrecht Besonderer Teil (BImSchV, TA Luft, TA Lärm, TEHG u.a.), Ziff. 4.7.

[6] *Schmidt/Sailer*, Die Anwendung der neuen LAI-Hinweise in der Rechtsprechung und in den Bundesländern, Würzburger Berichte zum Umweltenergierecht, Nr. 33 v. 20.03.2018, S. 2.

2. Die Organisationsstruktur der Bund/Länder-Arbeitsgemeinschaften

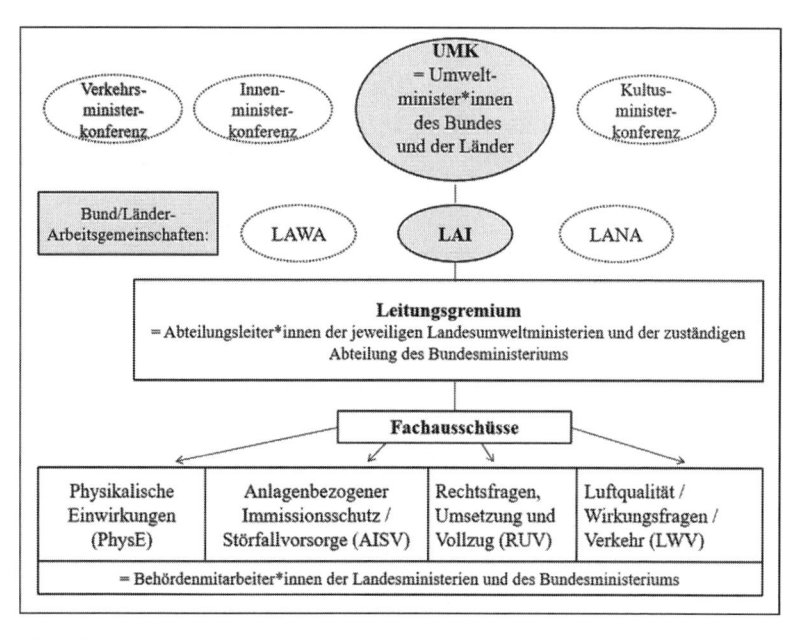

```
                              UMK
  Verkehrs-    Innen-     = Umwelt-              Kultus-
  minister-   minister-   minister*innen         minister-
  konferenz   konferenz   des Bundes             konferenz
                          und der Länder

Bund/Länder-
Arbeitsgemeinschaften:   LAWA      LAI      LANA

                         Leitungsgremium
  = Abteilungsleiter*innen der jeweiligen Landesumweltministerien und der zuständigen
                    Abteilung des Bundesministeriums

                         Fachausschüsse

Physikalische    Anlagenbezogener   Rechtsfragen,    Luftqualität /
Einwirkungen     Immissionsschutz / Umsetzung und    Wirkungsfragen /
(PhysE)          Störfallvorsorge (AISV) Vollzug (RUV) Verkehr (LWV)

  = Behördenmitarbeiter*innen der Landesministerien und des Bundesministeriums
```

Abbildung 1: Die Organisationsstruktur der UMK und ihrer Arbeitsgemeinschaften

13 Urheber dieser Schallimmissionshinweise ist die LAI. Die LAI ist eine der acht Arbeitsgemeinschaften, die dem politischen Dachgremium der Umweltministerkonferenz (kurz „UMK") angegliedert ist. Die UMK wiederum ist eine von 18 ständigen Fachministerkonferenzen wie bspw. die Innenminister- oder die Kultusministerkonferenz. Innerhalb einer Arbeitsgemeinschaft bestehen zwei Ebenen, das Leitungsgremium und die Ebene der nachgeordneten Fachausschüsse.

14 Die durch die nachgeordneten Fachausschüsse erarbeiteten Papiere werden im Leitungsgremium abgestimmt und als Bericht an die UMK weitergeleitet. Befürwortet die UMK die Arbeitsergebnisse, nimmt sie diese in Form eines Beschlusses zur Kenntnis und stimmt der Veröffentlichung auf der Homepage der jeweiligen Arbeitsgemeinschaft zu. Teilweise empfiehlt sie auch, das

Arbeitsergebnis in den Bundesländern in geeigneter Form einzuführen.[7]

Die Papiere tragen Titel wie „Leitfaden", „Fachkonvention" oder „Vollzugshilfe". Sie werden zwar von den Bund/Länder-Arbeitsgemeinschaften verfasst, ihre Ursprünge gehen aber in der Regel auf privatverbandliche Normen zurück oder auf aus Forschungsaufträgen stammende Gutachten und Stellungnahmen. Diese werden entweder von Bundes- oder Landesbehörden in Auftrag gegeben oder sie werden im Rahmen von gerichtlichen Verfahren als Sachverständigenbeweis erhoben. Regelmäßig beziehen die Papiere mehrere, unterschiedliche Erkenntnisquellen ein und vereinen so die Erkenntnisse aus privatverbandlichen Normen, gutachterlichen Untersuchungen und sonstigen Forschungsarbeiten.

Dies zeigen auch die Schallimmissionshinweise. Das durch die Schallimmissionshinweise neu eingeführte Verfahren zur Schallprognose für Windkraftanlagen geht laut Ziff. 2 der Schallimmissionshinweise auf eine Veröffentlichung des DIN-Normenausschusses Akustik, Lärmminderung und Schwingungstechnik (NALS) zurück, die wiederum auf Basis theoretischer Berechnungen des DIN-Unterausschusses „Schallausbreitung im Freien"[8] und auf Basis neuer Untersuchungsergebnisse beruht. Diese neuen Untersuchungsergebnisse stammen von dem durch das LANUV NRW beauftragten privaten Sachverständigenbüro Uppenkamp & Partner, weshalb auch von der „Uppenkamp-Studie" gesprochen wird.[9]

Die Arbeitsgemeinschaften wählen also technische Erkenntnisquellen aus, setzen diese zueinander in Bezug und treffen eine Wertungsentscheidung im Hinblick auf die hinnehmbaren Risiken. Da die Auswahl der Erkenntnisquellen durch eine gewisse

---

[7] Die Geschäftsordnung der Umweltministerkonferenz (i. d. F. v. 30.05.2017) ist abrufbar unter https://www.umweltministerkonferenz.de/Dokumente-Geschaeftsordnung.html (letzter Abruf am 30.03.2023).

[8] Die Dokumentation trägt den Titel „Interimsverfahren zur Prognose der Geräuschimmissionen von Windkraftanlagen (Fassung 2015-05-1)" und ist abrufbar unter https://www.din.de/blob/187138/eb8abdf16f058490895cc310 5f700533/interimsverfahren-data.pdf (letzter Abruf am 30.03.2023).

[9] *Engelen/Wenzel*, Schalltechnischer Bericht der erweiterten Hauptuntersuchung zur messtechnischen Ermittlung der Ausbreitungsbedingungen für die Geräusche von hohen Windenergieanlagen zur Nachtzeit und Vergleich der Messergebnisse mit Ausbreitungsberechnungen nach DIN IS.9613-2 (2014), S. 1; OVG Münster, Beschl. v. 27.07.2015 – 8 B 390/15, juris Rn. 15, 23 f.

Zufälligkeit geprägt ist und das Problembewusstsein der öffentlichen Hand Ursache und Anlass für die Erstellung eines UMK-Papiers ist, stellen sich die UMK-Papiere als Verquickung von fachwissenschaftlichen Erkenntnissen und behördlichen Erfahrungssätzen dar.

3. Das Problem der mangelnden demokratischen Rückbindung

18 Im Idealfall ist es der Gesetzgeber, der steuert, welche technischen Standards normativ Geltung beanspruchen. Dies erfolgt zum einen über Ermächtigungen für den Erlass von Rechtsverordnungen und Verwaltungsvorschriften, zum anderen über die Rechtstechnik der Verweisung. Unterschieden wird zwischen der gesetzlichen[10] und der administrativen Verweisung.

19 Die administrative Verweisung erfolgt durch den Verordnungs- oder Vorschriftengeber. Beispielsweise konkretisiert die TA Luft den unbestimmten Begriff der Immission, indem sie konkrete Grenzwerte festsetzt. Für die Berechnungsmethode verweist die TA Luft wiederum auf DIN- oder VDI-Normen und inkorporiert so deren Inhalte in das Recht. Man spricht deshalb von der sog. Inkorporationstheorie.[11] So wird die Heranziehung der jeweiligen DIN-Norm legitimatorisch abgesichert. Denn durch die Verweisung aus der TA Luft reicht die Legitimationskette bis zum Gesetzgeber zurück.

20 Im Fall der UMK-Papiere fehlt diese rechtliche Verweisung durch Gesetze, Rechtsverordnungen oder Verwaltungsvorschriften, die deren Anwendung legitimieren könnte.

---

[10] Ein Beispiel für eine Verweisung aus einem förmlichen Gesetz heraus stellt § 37b Abs. 3 Satz 2 BImSchG dar.
[11] Hierzu ausführlich und m.w.N. *Debus*, Verweisungen in deutschen Rechtsnormen (2008), S. 83 f.; *Veit*, Die Rezeption technischer Regeln im Strafrecht und Ordnungswidrigkeitenrecht unter besonderer Berücksichtigung ihrer verfassungsrechtlichen Problematik (1989), S. 33 f.; *Lübbe-Wolff*, Konfliktmittlung beim Erlaß technischer Regeln, in: Hoffmann-Riem/Schmidt-Aßmann, Konfliktbewältigung durch Verhandlungen. Konfliktmittlung in Verwaltungsverfahren, S. 87 ff., 89.

III. Auswirkungen auf die Praxis

1. Einfluss auf die behördliche Entscheidung

Der technologische Fortschritt und die hohen Anforderungen des Vorsorgeprinzips stellen Umweltfachbehörden vor die Herausforderung, fortwährend neue (fach-)wissenschaftliche Erkenntnisse in ihre Entscheidungsfindung zu integrieren. Der untergesetzliche Normapparat, der dabei helfen soll, ist jedoch in Teilen veraltet und verfehlt somit seine Entlastungsfunktion beim Gesetzesvollzug.

21

Die UMK-Papiere versprechen Abhilfe. Sie ähneln in Aufbau und Inhalten informellen Normen wie DIN-Normen oder gar normkonkretisierenden Verwaltungsvorschriften. Sie füllen unbestimmte Rechtsbegriffe weiter aus und beanspruchen für sich, eine verlässliche Antwort auf eine spezielle Fach- bzw. Rechtsfrage geben zu können. Damit schafft die UMK durch ihre Beschlüsse ein zusätzliches Angebot an Umweltstandards, mit dem sich die Fachbehörden auseinandersetzen müssen. Werden die Papiere nicht im Erlassweg durch die jeweiligen Landesministerien offiziell angeordnet, steht die Fachbehörde vor der Herausforderung selbst zu bewerten, ob sie sie im Vollzug umsetzt oder nicht.

22

2. Rezeption durch die Verwaltungsgerichte

Dieses unübersichtliche Angebot an informellen Umweltstandards führt auch in der Rechtsprechung zu paradoxen Ergebnissen: teilweise wird die Anwendung der Papiere befürwortet, teilweise nicht. Dies zeigt in Bezug auf das Beispiel des Schallimmissionsschutzes bei Windkraftanlagen eine Rechtsprechungsauswertung der Stiftung für Umweltenergierecht, die im Jahr 2018 durchgeführt wurde. Zu diesem Zeitpunkt variierte die Befürwortung der Anwendung des LAI-Papiers je nach Bundesland und teilweise je nach Verwaltungsgericht.[12] Erst im Jahr 2022, also fünf Jahre nach Veröffentlichung der Handlungsempfehlung, sind

23

---

[12] *Schmidt/Sailer*, Die Anwendung der neuen LAI-Hinweise in der Rechtsprechung und in den Bundesländern, Würzburger Berichte zum Umweltenergierecht, Nr. 33 vom 20.03.2018, S.7, abrufbar unter https://stiftung-umweltenergierecht.de/wp-content/uploads/2018/03/Stiftung_Umweltenergierecht_WueBerichte_33_LAI-Hinweise.pdf (letzter Abruf am 30.03.2023); s. zu der Problematik vor Gericht VGH Kassel, Beschl. v. 06.11.2018 – 9 B 765/18, juris Rn. 56.

sich die meisten Oberverwaltungsgerichte darüber einig, dass die Prognoseberechnung auf der Grundlage des alternativen Verfahrens der DIN IS. 9613-2, auf das die TA Lärm Bezug nimmt, durch das Interimsverfahren des LAI-Papiers zu modifizieren ist.[13]

24 Das Beispiel macht deutlich, dass der Vorsatz der UMK, den Gesetzesvollzug durch die länderübergreifenden Fachkooperationen zu vereinheitlichen, nicht nur teilweise scheitert, sondern sogar das Gegenteil bewirken kann: noch mehr Rechtsunsicherheit.

IV. Rechtliche Bewertung

1. Bisherige Einordnung durch Rechtsprechung und Literatur

25 Das Bundesverwaltungsgericht beschäftigte sich bereits im Jahr 1995 mit der Heranziehung von Papieren der Bund/Länder-Arbeitsgemeinschaften im behördlichen Vollzug.[14] Die zuständige Behörde hatte im Wege einer nachträglichen Anordnung strengere Grenzwerte von Stickstoffoxiden für eine Feuerungsanlage festgesetzt und sich hierfür auf einen Beschluss der UMK gestützt. Das Bundesverwaltungsgericht betonte, dass diese Grenzwerte lediglich als „bundeseinheitliche Vollzugsanweisung" zu begreifen seien. Sie stellten keine Emissionsgrenzwerte mit Rechtsnormcharakter dar, sondern lediglich „Interpretationshilfen" für die Großfeuerungsanlagenverordnung. Insofern enthöben sie die Behörden nicht der einzelfallbezogenen Verhältnismäßigkeitsprüfung.[15]

26 Ohne einen konkreten Lösungsweg aufzuzeigen, stellt das Bundesverwaltungsgericht hier zentrale Probleme der Heranziehung dieser Regelwerke heraus, nämlich, dass sie erstens, weder die unternehmerischen Interessen noch die Belange der Rechtssicherheit und des Vertrauensschutzes hinreichend berücksichtigen, da sie, zweitens nicht in dem hierfür gesetzlich vorgesehenen Verfahren zustande gekommen sind und damit drittens, die Verhältnismäßigkeitsprüfung nicht einzuschränken vermögen. Gleichwohl

---

[13] Beispielhaft für viele s. etwa OVG Münster, Urt. v. 20.04.2022 – 8 A 1575/19, juris 120 ff., m.w.N. zu gleichgerichteter Rechtsprechung, insb. Rn. 121.
[14] BVerwG, Beschl. v. 24.04.1995 – 7 B 172/94.
[15] BVerwG, Beschl. v. 24.04.1995 – 7 B 172/94, juris Rn. 3 f.

erkennt das Gericht eine praktische Bedeutung des UMK-Beschlusses bei der Bestimmung des Standes der Technik an.

In der Literatur wird das Phänomen des Einsatzes informeller Vorschriften als Problem der „faktischen Rechtsnormwirkung" beschrieben. Auch hier liegt die Betonung auf der hohen praktischen Relevanz der Papiere, wobei deren Anwendung „wie Rechtsnormen" grundlegend kritisch hinterfragt wird.[16]

2. Kategorisierung der Papiere der Bund/Länder-Arbeitsgemeinschaften

Um die Rechtsnatur der Papiere der Bund/Länder-Arbeitsgemeinschaften bewerten zu können, ist zunächst eine Kategorisierung vonnöten.

a) Wortschöpfung des Begriffs der „verwaltungskooperativen Norm"

Der untergesetzliche Normapparat lässt sich untergliedern in die förmlichen Rechtsnormen wie Rechtsverordnungen und Verwaltungsvorschriften und informelle Vorschriften. Die informellen Vorschriften wiederum lassen weitere Unterscheidungen zu.

In Anlehnung an die Begriffe der privatverbandlichen und halbstaatlichen Normen[17] (bewusst nicht verstanden als Rechtsnormen) kann für die Papiere der Bund/Länder-Arbeitsgemeinschaf-

---

[16] In Bezug auf technische Regelwerke privater Normungsorganisationen *Roßnagel/Hentschel*, in: Führ, GK-BImSchG, §5 BImSchG Rn. 70ff., 76; *Kloepfer*, Umweltrecht, §15 Rn. 123.

[17] Diese Begriffe gehen auf eine Arbeit von *Irene Lamb* zurück, die unter privatverbandliche Normen Regelungen von privatrechtlich organisierten Gremien fasst und dazu halbstaatliche Normen ab-grenzt, die von sachverständigen Gremien stammen, die der Verwaltung angegliedert sind, und den staatlichen Auftrag innehaben, Standards zu entwickeln, die letztlich von der Verwaltung amtlich eingeführt werden, beispielsweise der Kerntechnische Ausschuss (KTA); zu den verschiedenen Typen kooperativer Standardsetzung Lamb, Kooperative Gesetzeskonkretisierung (1995), S.71ff., 97ff.; der jüngst von *Köck* vorgeschlagene Begriff der „semi-hoheitlichen Grenzwerte" ist abzulehnen, denn er erlaubt zum einen keine Abgrenzung zu den halbstaatlichen Normen und nimmt zum anderen durch die Nutzung des Begriffs der Hoheitlichkeit eine rechtliche Wertung vorweg, vgl. *Köck*, ZUR 2020, 131ff., 138.

ten der Begriff der „verwaltungskooperativen Norm"[18] gewählt werden. Verwaltungskooperativ gesetzte Normen umfassen danach Umweltstandards, die durch den länderübergreifenden Zusammenschluss von Vertreterinnen und Vertretern verschiedener Umweltministerien in einem gemeinsamen Verfahren festgelegt und durch die UMK zur Kenntnis genommen und beschlossen werden.

```
                    Untergesetzliche Vorschriften
                          /        \
                         /          \
        ┌──────────────────────┐    ┌──────────────┐
        │ Rechtsverordnungen,  │    │ Informelle   │
        │ Satzungen,           │    │ Vorschriften │
        │ Verwaltungsvorschriften│   └──────────────┘
        └──────────────────────┘        /  │  \
                                       /   │   \
    ┌────────────┬────────────┬──────────────────┬──────────┐
    │Privatverb. │Halbstaatl. │Verwaltungskooperativ│Sonstige │
    │Normen      │Normen      │gesetzte Normen    │Normen    │
    └────────────┴────────────┴──────────────────┴──────────┘
```

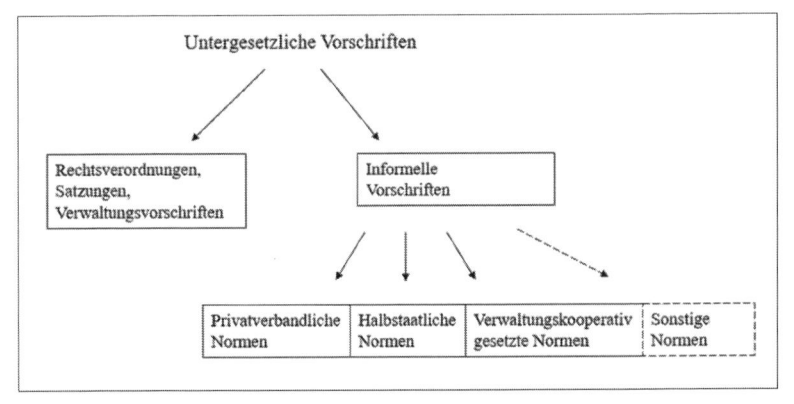

Abbildung 2: Untergliederung untergesetzlicher Vorschriften

b) Der Begriff des Umweltstandards

31 Der Begriff des Umweltstandards entstammt nicht dem deutschen, sondern dem angloamerikanischem Schrifttum.[19] Für das deutsche Recht hat maßgeblich *Feldhaus* den Begriff des Umweltstandards geprägt und definiert als „generelle, durchweg in meßbare Größen aufgelöste Normen, die der Konkretisierung unbestimmter Rechtsbegriffe des Umweltrechts dienen" und „im Kern eine sachverständige Aussage zu der durch den unbestimmten

---

[18] *Ossenbühl* wählte für dieses Phänomen der Standardsetzung seinerzeit den Begriff der „intraföderativ-akkordierte[n] Verwaltungsvorschrift", Ossenbühl, § 65: Autonome Rechtsetzung der Verwaltung, in: Isensee/Kirchhof, HdStR Bd. 3, 1988, Rn. 29; da so aber zum Ausdruck kommt, dass es sich bei den Beschlüssen zwischen Bund und Ländern um Vereinbarungen oder Abmachungen handelt, eignet sich dieser Begriff nicht, um die hier eigentlich problematische Normungsarbeit angemessen widerzuspiegeln.

[19] *Bönker*, Umweltstandards in Verwaltungsvorschriften (1992), S. 8; *Hüttermann*, Funktionen der Grenzwerte im Umweltrecht und Abgrenzung des Begriffes (1993), S. 45 f.

Rechtsbegriff aufgeworfenen Frage" enthalten.[20] Das Umweltgutachten des Sachverständigenrates für Umweltfragen (SRU) übersetzte den Begriff im Jahr 1987 in „quantifizierbare Einzelziele" und stellte den Begriff ebenfalls in Zusammenhang mit der Konkretisierung umweltrechtlicher Normen.[21]

Zu beachten ist, dass Umweltstandards keine in Worte gegossenen naturwissenschaftlichen Gesetzmäßigkeiten sind. Umweltstandards spiegeln zwar immer technischen Sachverstand wider. Ihnen wohnt aber regelmäßig eine wertende Entscheidung inne. Die in den Immissionswerten enthaltene sachverständige Aussage wird etwa durch eine Entscheidung über ein „sozialadäquates, tolerables Restrisiko" ergänzt.[22] Hinzukommt, dass naturwissenschaftliche Erkenntnisse nur selten durch eine Eins-zu-eins-Umsetzung in eine Norm übertragen werden: zum einen, weil häufig eine Grenzwertfestlegung gar nicht möglich ist, die Normierung aber danach verlangt, zum anderen weil ein naturwissenschaftlicher Grenzwert nicht automatisch den Zweck des Gesetzes erfüllt, sodass es einer politischen Korrektur bedarf. Vor dem Hintergrund des Verhältnismäßigkeitsgrundsatzes ist letztlich auch die wirtschaftliche und technische Machbarkeit relevant.[23] 32

Die gesetzlich gestellte Frage nach der Schwelle der Zumutbarkeit einer Umweltbelastung kann daher nicht allein durch Sachverständige beantwortet werden. Sie ist durch den Gesetzgeber 33

---

[20] Wörtlich zitiert *Feldhaus*, UPR 1982, 137 ff., 138, der den Begriff als einer der ersten in die rechtswissenschaftliche Diskussion eingeführt hat und dem seither viele Autorinnen und Autoren gefolgt sind, vgl. nur *Bönker*, Umweltstandards in Verwaltungsvorschriften (1992), S. 9 m.w.N.
[21] Sachverständigenrat für Umweltfragen (SRU), Umweltgutachten 1987, BT-Drs. 11/1568 v. 21.12.1987, 17; s. auch das spätere Umweltgutachten Sachverständigenrat für Umweltfragen (SRU), Umweltgutachten 1996. Zur Umsetzung einer dauerhaft-umweltgerechten Entwicklung, BT-Drs. 13/4108 v. 14.03.1996, 254: „Umweltstandards sind quantitative Festlegungen zur Begrenzung verschiedener Arten von anthropogenen Einwirkungen auf den Menschen und/oder die Umwelt."
[22] Inkl. Wortzitat *Feldhaus*, UPR 1982, 137 ff., 144.
[23] Vgl. in Bezug auf den Benzol-Grenzwert und Minderungsmöglichkeiten Bund/Länder-Arbeitsgemeinschaft für Immissionsschutz (LAI), Bericht „Bewertung von Schadstoffen, für die keine Immissionswerte festgelegt sind – Orientierungswerte für die Sonderfallprüfung und für die Anlagenüberwachung sowie Zielwerte für die langfristige Luftreinhalteplanung unter besonderer Berücksichtigung der Beurteilung krebserzeugender Luftschadstoffe" v. 21.09.2004, S. 7.

der exekutiven Konkretisierung durch Rechtsverordnung oder Verwaltungsvorschrift aufgegeben.

c) Die UMK-Papiere als Umweltstandards

34 Bei den Papieren der Bund/Länder-Arbeitsgemeinschaften handelt es sich bei einem Großteil um Umweltstandards, da sie inhaltlich gesetzliche Tatbestände weiter ausformen und diese in messbare Größen und Zahlenwerte übersetzen. Sie treffen sachverständige Aussagen zu der durch den unbestimmten Rechtsbegriff aufgeworfenen Frage und konkretisieren den Gesetzestext.

35 Im Umweltrecht haben maßgeblich Rechtsverordnungen originäre Konkretisierungswirkung inne. Sie binden die Anlagenbetreiber auch nach Genehmigungserteilung und beanspruchen selbst ohne behördlichen Umsetzungsakt Geltung.[24] Informelle Vorschriften können nur dann Geltung für die Anlagenbetreiber beanspruchen, wenn die Behörde diesen die entsprechende Norm als zwingende immissionsschutzrechtliche Vorgabe im Genehmigungsbescheid auferlegt. Denn der Verwaltungsakt stellt grundsätzlich die Rechtslage im Einzelfall verbindlich fest und hat selbst konkretisierende Wirkung. In der Vollzugspraxis kommt den verwaltungskooperativen Normen also allenfalls eine sog. derivative Konkretisierungswirkung zu.

36 Wie schon der Sachverständigenrat für Umweltfragen im Jahr 1987 feststellte, sind Umweltstandards immer auch Teil einer Konkretisierung des Rechts.[25] Hiervon ist jedenfalls im Hinblick auf die Funktion der Papiere auszugehen. Diese enthalten zum Teil Inhalte, die eigentlich den klassischen untergesetzlichen Normen, also der Rechtsverordnung oder der Allgemeinen Verwaltungsvorschrift, vorbehalten sind. Zuweilen treten die verwaltungskooperativen Normen in Konkurrenz zu den privatverbandlichen Normen oder sie werden trotz gesetzlicher Verweisung auf eine privatverbandliche Norm sogar vorrangig angewendet (bspw. im Fall des Schallschutzes bei Windkraftanlagen).

---

[24] *Dietlein*, in: v. Landmann/Rohmer et al., Umweltrecht-Kommentar, § 5 BImSchG Rn. 13.

[25] Sachverständigenrat für Umweltfragen (SRU), Umweltgutachten 1987, BT-Drs. 11/1568 v. 21.12.1987, 17.

Eine Stütze findet die These der Konkretisierungswirkung letztlich in den Papieren der Arbeitsgemeinschaft selbst. Im Falle der Schallimmissionshinweise bildet sich insofern eine „Konkretisierungskette", vgl. Hinweise zum Schallimmissionsschutz bei WKA [Unterstreichung nicht im Original]:
„In den nachfolgenden Hinweisen werden die Anforderungen der TA Lärm an die Durchführung von Immissionsprognosen im Rahmen der Errichtung und des Betriebs von WKA durch eine vorläufige Anpassung des Prognosemodells auf Basis neuerer Erkenntnisse konkretisiert."

3. Rechtsnatur der verwaltungskooperativen Normen

Besonders relevant für den zukünftigen Umgang mit den verwaltungskooperativen Normen ist die Frage nach deren Rechtsverbindlichkeit. Eine zunächst notwendige Differenzierung betrifft das Fortleben des UMK-Beschlusses nach dessen Kenntnisnahme und Veröffentlichung durch die UMK. Denn die UMK-Beschlüsse werden teilweise durch die jeweiligen Landesministerien formell als interne Anordnung erlassen.[26] Wird ein UMK-Beschluss im Erlassweg eingeführt, ist der Beschluss als Verwaltungsvorschrift zu klassifizieren und bindet jedenfalls verwaltungsintern die nachgeordneten Behörden.[27]

Die übrigen und in der Anzahl wohl überwiegenden Beschlüsse ergehen jedoch nicht im Erlassweg. Insofern gilt: die verwaltungskooperativen Normen entfalten weder auf horizontaler Ebene, also zwischen den Bundesländern, noch auf vertikaler Ebene, also gegenüber den Normadressatinnen und -adressaten, eine rechtliche Bindungswirkung aus sich heraus. Sie stammen nicht von einem mit Rechtsetzungsbefugnis ausgestatteten Normgeber. Eine solche wird der UMK weder durch eine etwaige Organisa-

---

[26] Vgl. *v. Landmann/Rohmer* et al., Umweltrecht-Kommentar, Ziff. 4.2 – Feststellung und Beurteilung von Geruchsimmissionen (Geruchsimmissions-Richtlinie – GIRL), Vorbemerkung Rn. 4.
[27] Die Bindungswirkung ergibt sich zuvörderst aus der Organisations- und Geschäftsleitungsgewalt der übergeordneten Behörde und der dienstrechtlichen Gehorsamspflicht der Beamten der nachgeordneten Behörde, s. hierzu ausführlich *Rogmann*, Die Bindungswirkung von Verwaltungsvorschriften (1998), S. 32 f.

tions- oder Geschäftsleitungsgewalt noch aufgrund gesetzlicher Ermächtigung vermittelt.[28]

41 Wie bereits dargelegt wird auf die verwaltungskooperativen Normen anders als auf privatverbandliche Normen auch nicht rechtstechnisch verwiesen. Während durch gesetzliche oder administrative Verweisungen partielle Inhalte von privatverbandlichen Normen in das Recht inkorporiert werden, gilt dies mangels Verweisung auf verwaltungskooperative Normen für diese nicht.

V. Die verwaltungskooperative Norm als antizipiertes Sachverständigengutachten

42 Schranken sind der Anwendung der UMK-Beschlüsse daher durch die Verwaltungsgerichte zu setzen. Diese lassen eine dogmatisch tragfähige und präzise Einhegung des Phänomens der verwaltungskooperativen Normsetzung jedoch bislang vermissen.

1. Der Ursprung der Figur des antizipierten Sachverständigengutachtens

43 Im verwaltungsgerichtlichen Prozess erfolgt die Heranziehung der verwaltungskooperativen Normen heute vorwiegend im Rahmen der Konzeption des sog. antizipierten Sachverständigengutachtens.

44 Das Erklärungsmodell wurde aber ehemals für die Technischen Anleitungen herangezogen[29] und dann durch das Konzept der normkonkretisierenden Verwaltungsvorschrift ersetzt. Schlagendes Argument war, dass die Einordnung der Technischen Anleitungen als antizipierte Sachverständigengutachten nicht möglich sei, da diese politische Willensentscheidungen enthielten.[30] An die Stelle des antizipierten Sachverständigengutachtens trat in

---

[28] Die Stimmen in der Literatur, die eine Rechtsetzungsermächtigung über einen Normkonkretisierungsspielraum der Exekutive oder eine administrative Normsetzungsbefugnis konstruieren wollen, haben sich bislang (noch) nicht durchgesetzt, sodass auch für die verwaltungskooperativen Normen davon auszugehen ist, dass keine Standardisierungsermächtigung der UMK existiert.
[29] BVerwG, Urt. v. 17.02.1978 – 1 C 102.76, juris Leitsatz Ziff. 2.
[30] OVG Lüneburg, Beschl. v. 28.02.1985 – 7 B 64/84, NVwZ 1985, 357; BVerwG, Urt. v. 19.12.1985 – 7 C 65/82, juris Rn. 44.

der Folge allmählich die Figur der normkonkretisierenden Verwaltungsvorschrift.[31]

2. Die Renaissance des antizipierten Sachverständigengutachtens

Obwohl das antizipierte Sachverständigengutachten durch die normkonkretisierende Verwaltungsvorschrift also zwar vermeintlich abgelöst worden ist, erlebt es heute in Bezug auf die verwaltungskooperativen Vorschriften eine Renaissance. 45

Dies verwundert angesichts dessen, dass auch die verwaltungskooperativen Normen, wie oben dargelegt, politische Wertungen enthalten und eben nicht nur naturwissenschaftliche Gesetzmäßigkeiten abbilden. Diesen Widerspruch erkennen die Verwaltungsgerichte derzeit nicht. Vielmehr werden die verwaltungskooperativen Normen heute wieder unter dem Vorzeichen des antizipierten Sachverständigengutachtens herangezogen und bewertet. Dies bedeutet, dass das Gericht von einem erhöhten Beweiswert des Umweltstandards ausgeht, von dem ohne fachlichen Grund und ohne gleichwertigen Ersatz nicht abgewichen werden darf.[32] 46

Noch unklar ist, ob der jeweilige Umweltstandard einen qualifizierten Erfahrungssatz darstellt, ob also der technische Standard die tatsächliche Vermutung zulässt, dass er mit den gesetzlichen Anforderungen übereinstimmt. Dies wurde unter Hinweis auf den erhöhten Beweiswert aufgrund des konzentrierten Sachverstandes führender Fachleute im Gegensatz zu Privatgutachten einzelner Sachverständiger verschiedentlich angenommen.[33] Auch hier soll 47

---

[31] Durch die ausdrückliche Anerkennung der TA Luft als normkonkretisierende Verwaltungsvorschrift durch das Bundesverwaltungsgericht in den Jahren 1999 (BVerwG, Urt. v. 20.12.1999 – 7 C 15/98) und 2001 (BVerwG, Urt. v. 21.06.2001 – 7 C 21/00) und die breite rechtswissenschaftliche Befassung sind die normkonkretisierenden Verwaltungsvorschriften mittlerweile als eine eigene Kategorie von Verwaltungsvorschriften anerkannt, wenngleich ihre rechtsdogmatische Grundlage und Fragen zu dem Umfang der durch sie vermittelten Bindungswirkung teilweise noch heute kontrovers diskutiert werden.
[32] S. bspw. VGH München, Urt. v. 18.06.2014 – 22 B 13.1358, juris Rn. 45.
[33] *Breuer*, AöR 1976, 46 ff., 80; *Nicklisch*, NJW 1983, 841 ff., 849 f.; *Rittstieg*, NJW 1983, 1098 ff., 110; gegen die Annahme eines qualifizierten Erfahrungssatzes *Vieweg*, NJW 1982, 2473 ff., 2476.

eine Entkräftung dieses Erfahrungssatzes aber für die Fälle möglich sein, dass der technische Standard veraltet ist, es zu den im technischen Standard vorgeschlagenen Lösungsweg alternative Lösungen gibt oder es sich bei dem zu entscheidenden Sachverhalt um einen atypischen handelt, den der technische Standard nicht berücksichtigt.[34]

3. Kritik an der gerichtlichen Praxis

48 Eine Begutachtung der Rechtsprechungspraxis zeigt eine gewisse argumentative Ambivalenz und ein sich immer wiederholendes Narrativ, das rechtsdogmatische Unschärfen aufweist.

a) Das Beweisrecht als unpassender dogmatischer Zugang

49 Als unpassend erscheint zunächst der rechtsdogmatische Zugang. Mit dem Begriff des antizipierten Sachverständigengutachtens verortet die Rechtsprechung die verwaltungskooperativen Standards im Beweisrecht. Sie dürften danach lediglich im Rahmen der Sachverhaltsaufklärung eine Rolle spielen.

50 Dementsprechend betonen die Gerichte mit Nachdruck, dass der verwaltungskooperativen Norm eine untergeordnete Funktion zukomme und diese rechtlich unverbindlich sei. Es handele sich um eine bloße Orientierungshilfe, die nicht verbindlich im Rechtssinne sei; sie werde lediglich aufgrund ihrer fachlichen Ausrichtung und der Relevanz für die Fachfrage des Falles herangezogen. Entgegen dieser klauselartigen Ausführungen zur Rechtsunverbindlichkeit, die in den Urteilsgründen vorangestellt werden, wird aber im weiteren Verlauf der Prüfung die verwaltungskooperative Norm nicht selten als Beurteilungsmaßstab zugrunde gelegt und der Sachverhalt subsumiert. Ein Unterschied zu der Subsumtion anhand einer rechtsverbindlichen Norm ist dabei kaum auszumachen.[35]

---

[34] *Nicklisch*, NJW 1983, 841 ff., 849 f.; ausführlich zu den Gründen der Ungeeignetheit *Wemdzio*, NuR 2012, 19 ff., 23 f.; unter Zurückführung auf den Amtsermittlungsgrundsatz *Breuer*, AöR 1976, 46 ff., 81 f.
[35] S. bspw. VGH Kassel, Urt. v. 03.07.2018 – 4 C 531/17.N; OVG Lüneburg, Urt. v. 16.11.2017 – 1 KN 54/16, bestätigt durch BVerwG, Beschl. v. 09.04.2018 – 4 BN 11.18.

Die verwaltungskooperativen Normen werden dann gerade nicht zur Sachverhaltsaufklärung herangezogen, wie es die Einordnung als antizipiertes Sachverständigengutachten vermuten lassen würde. Vielmehr dient die verwaltungskooperative Norm dem Gericht (wie auch der Fachbehörde) dann dazu, eine Zumutbarkeitsgrenze festzulegen, bspw. die einer Geruchsbelästigung[36]. Dies ist jedoch eine Frage der Ausfüllung des unbestimmten Rechtsbegriffs der schädlichen Umwelteinwirkung und damit eine Frage der Auslegung.

51

b) Mangelnde Einhaltung der Voraussetzungen des antizipierten Sachverständigengutachtens

Die verwaltungskooperativen Normen dürften außerdem die Voraussetzungen eines antizipierten Sachverständigengutachtens nicht erfüllen.

52

Zur Anerkennung einer technischen Regel als antizipiertes Sachverständigengutachten hat die Literatur anhand der Voraussetzungen für das förmlich eingeholte Sachverständigengutachten Anforderungen entwickelt. Für dieses gelten die Grundsätze der Sachkunde, der Objektivität und der Unabhängigkeit des Sachverstandes, außerdem muss die sachverständige Aussage aktuell und konkret, also auf den Fall bezogen, sein.[37] Da das antizipierte Sachverständigengutachten nicht für den Einzelfall, sondern für eine Vielzahl von Fällen entwickelt wurde und zudem einer Gremienentscheidung entspringt, braucht es für die Übertragung dieser Grundsätze einige Modifikationen.

53

Was die besondere Sachkunde angeht, soll das Gremium so besetzt sein, dass alle berührten Fachbereiche vertreten sind und dass besonders renommierte Expertinnen und Experten zum Einsatz kommen. Zur Sicherstellung der Unabhängigkeit und Neutralität soll eine verfahrensmäßig abgesicherte Repräsentanz gewährleistet sein, sodass einseitige Meinungen neutralisiert werden; schon bei der Besetzung des Gremiums ist darauf zu achten,

54

---

[36] S. bspw. VGH Kassel, Urt. v. 03.07.2018 – 4 C 531/17.N, juris Rn. 44; OVG Lüneburg, Urt. v. 16.11.2017 – 1 KN 54/16, juris Rn. 41 ff.; BVerwG, Beschl. v. 09.04.2018 – 4 BN 11.18, juris Rn. 7.

[37] *Sauerland*, Die Verwaltungsvorschriften im System der Rechtsquellen (2005), S. 217; *Vieweg*, NJW 1982, S. 2473 ff., 2475, beide zurückgehend auf *Bremer*, Der Sachverständige (1973), S. 22 ff.

dass für den jeweiligen Fachbereich Vertreterinnen und Vertreter verschiedener Meinungen, insbesondere auch Mindermeinungen vertreten sind.[38] Um die Aktualität der Standards zu gewährleisten, muss durch eine ebenfalls verfahrenstechnisch abgesicherte Regel eine turnusmäßige Überprüfung der Normen stattfinden.[39] Außerdem ist eine Veröffentlichung des Verfahrens und der Begründungen der Gremiumsentscheidungen notwendig, damit das Gericht die Möglichkeit hat, die Neutralität und Unabhängigkeit des Gremiums zu beurteilen.[40]

55 Sind diese Voraussetzungen gegeben, kann das Gericht die technische Norm als antizipiertes Sachverständigengutachten im Rahmen der freien Beweiswürdigung behandeln. Dies wird als argumentum a fortiori daraus abgeleitet, dass das Gericht zur Erkenntnisgewinnung auch Einzelgutachten aus anderen Verfahren heranziehen kann und daher die Heranziehung eines durch ein pluralistisch besetztes Expertengremium entwickelten Umweltstandards gleichfalls möglich sein muss.[41]

c) Mangelnder Rechtsschutz

56 Indem die Gerichte die verwaltungskooperativen Normen nicht nur zur Ermittlung des Sachverhalts, sondern zur Festlegung von materiellen Zumutbarkeitsgrenzen heranziehen und damit eine faktische – wenngleich sprachlich negierte Bindungswirkung – einhergeht, verfahren die Gerichte mit diesen Normen, als handele es sich um normkonkretisierende Verwaltungsvorschriften.

57 Dies führt in der Praxis zu der paradoxen Situation, dass es schwieriger gelingt, gegen die Anwendung einer verwaltungskooperativen Norm vorzugehen als gegen die Anwendung einer normkonkretisierenden Verwaltungsvorschrift.

58 Während die normkonkretisierende Verwaltungsvorschrift eigens Gegenstand einer Normenkontrolle sein kann, gilt dies für antizipierte Sachverständigengutachten gerade nicht. Gleichzeitig geht das Verwaltungsgericht aber von einem erhöhten Beweiswert aus, der im Gerichtsprozess nur schwer widerlegbar ist.

---

[38] *Vieweg*, NJW 1982, 2473 ff., 2475; *Nicklisch*, NJW 1983, 841 ff., 847.
[39] *Vieweg*, NJW 1982, 2473 ff., 2475.
[40] *Wemdzio*, NuR 2012, 19 ff., 21; *Rittstieg*, NJW 1983, 1098 ff., 1099.
[41] *Wemdzio*, NuR 2012, 19 ff., 24.

Zudem bleibt eine inzidente Rechtmäßigkeitsüberprüfung zu oft aus.   59

4. Verbesserungsvorschlag

Rechtsdogmatisch konsequent wäre es, die Argumentationsfigur des antizipierten Sachverständigengutachtens für die verwaltungskooperativen Normen aufzugeben und zu einer inhaltlichen Auseinandersetzung mit denselben zurückzukehren, solange der demokratische Gesetzgeber sowie der Vorschriften- und Verordnungsgeber keine andere Lösung anbieten. Dazu müsste das Gericht prüfen, ob die verwaltungskooperativen Normen den jeweils in Rede stehenden umweltrechtlichen Tatbestand rechtmäßig ausfüllen.[42]   60

Wie dies konkret aussehen könnte, zeigt ein Urteil des Oberverwaltungsgerichts Berlin-Brandenburg. Im Rahmen einer Berufungssache, die ein Naturschutzverband gegen einen Masthähnchenanlagenbetreiber anstrengte, setzte sich das Gericht mit der Frage auseinander, ob die behördliche Prüfung und Bewertung der Ammoniak- und Stickstoffbelastung der Anlage rechtlich tragfähig war.[43] Im Kern behandelt das Urteil die Frage, inwieweit die Behörde hier auf den Leitfaden zur Ermittlung und Bewertung von Stickstoffeinträgen der LAI vom 1. März 2012 (nachfolgend: Stickstoffleitfaden)[44] zurückgreifen durfte.   61

Das Gericht setzt sich entgegen der hier aufgezeigten sonstigen verwaltungsgerichtlichen Praxis intensiv mit der Qualität des Stickstoffleitfadens auseinander und kommt zu dem Ergebnis, dass der Stickstoffleitfaden nicht die Rechtsqualität eines antizipierten Sachverständigengutachtens oder einer normkonkretisierenden Verwaltungsvorschrift[45] inne hat und damit keine Bindungswir-   62

---

[42] *Roßnagel/Hentschel*, in: Führ, GK-BImSchG, § 5 BImSchG, § 5 Rn. 76.
[43] OVG Berlin-Brandenburg, Urt. v. 04.09.2019 – OVG 11 B 24.16.
[44] Bund/Länder-Arbeitsgemeinschaft für Immissionsschutz (LAI), Leitfaden zur Ermittlung und Bewertung von Stickstoffeinträgen der Bund/Länder-Arbeitsgemeinschaft für Immissionsschutz v. 1.3.2012, abrufbar unter https://www.luft.sachsen.de/download/luft/LAI_N-Leitfaden_Langfassung_01.03.2012.pdf (letzter Abruf am 30.03.2023).
[45] Ob das Gericht die Unterschiede der beiden Rechtsfiguren verkennt oder gerade aufgrund der erkannten Konkretisierungsfunktion des LAI-Leitfadens die Nähe zwischen den Figuren erkennt und auf die damit einhergehenden Gefahren hinweisen möchte, lässt sich der Urteilsbegründung nicht entnehmen, vgl. OVG Berlin-Brandenburg, Urt. v. 04.09.2019 – OVG 11 B 24.16, juris Rn. 48.

kung für das Gericht.⁴⁶ Ziel des Leitfadens sei vielmehr, den Vollzug zu vereinfachen. Dies könne aber in naturschutzfachlicher Hinsicht nicht die behördliche Praxis rechtfertigen, „innerhalb der Spannweite maximal tolerierbarer Stickstoffbelastungen empfindlicher Biotope regelmäßig auf den mittleren Spannenwert des Critical Load abzustellen".⁴⁷ Im Weiteren straft das Oberverwaltungsgericht auch die behördliche Praxis ab, auf Grundlage des Stickstoffleitfadens pauschal das sog. Abschneidekriterium von 5 kg N/ha unabhängig von dem für das maßgebliche Biotop geltenden empirischen Critical Load zu berücksichtigen.⁴⁸ Zu dieser Frage geht das Oberverwaltungsgericht den Ursprüngen dieses Grenzwertes nach und kommt letztlich zu dem frappierenden Ergebnis, dass eine fachwissenschaftliche Grundlage für die Festsetzung dieses Wertes fehlt:

63 *„Soweit der Beklagte darauf verweist, dass im LAI-Leitfaden (S. 37 Fußnote 10) als Rechtfertigung dieses Abschneidekriteriums angegeben sei, „Beispielsrechnungen" hätten gezeigt, dass bei einer Zusatzbelastung von weniger als 5 kg N/ha*a in der Regel nach Durchlaufen des gesamten Verfahrens keine Anhaltspunkte für erhebliche Nachteile vorlägen, fehlt schon ein hinreichender Beleg hierfür. Aus der [...] Auskunft des LAI Fachgesprächs N-Deposition (FGN) vom 14. Juni 2018 ergibt sich, dass die bezeichneten Beispielsrechnungen nicht vorgelegt werden könnten und auch das Zustandekommen der Fußnote nicht mehr im Detail nachvollziehbar sei, so dass genaue Informationen hierzu nicht gegeben werden könnten. Eine tragfähige, naturschutzfachlich begründete Basis für ein Abschneidekriterium in dieser Höhe belegt auch der weitere Inhalt dieses Schreibens nicht. Zwar heißt es dort weiter, die persönliche Kommunikation mit Mitgliedern des ehemaligen Arbeitskreises, der Rückgriff auf die Vorläuferfassung des LAI-Leitfadens aus dem Jahre 2006 und das Aktenstudium im UBA und in NRW habe ergeben, dass die Beispielsrechnungen eine in der Probephase des Leitfadens zusammengetragene Auswahl von atmosphärenchemischen Ausbreitungsberechnungen darstellten, um die mehrstufige Vorgehensweise des Leitfadens für die Genehmigungspraxis zu testen, wobei man zunächst ein Abschneidekriterium*

---

46 OVG Berlin-Brandenburg, Urt. v. 04.09.2019 – OVG 11 B 24.16, juris Rn. 48 ff.
47 OVG Berlin-Brandenburg, Urt. v. 04.09.2019 – OVG 11 B 24.16, juris Rn. 51.
48 OVG Berlin-Brandenburg, Urt. v. 04.09.2019 – OVG 11 B 24.16, juris Rn. 58.

von 4 kg N/ha*a getestet, sich aber zum Schluss auf eine Konvention von 5 kg N/ha*a als Schwelle geeinigt habe. Belegt wird das jedoch in keiner Weise, so dass diese Angaben nicht nachvollziehbar und schon gar nicht überprüfbar sind. Angesichts dessen ist eine fachwissenschaftliche Grundlage für die Festsetzung einer Bagatellgrenze in dieser Höhe nicht ersichtlich."[49]

In einem aktuelleren Urteil hat das Oberverwaltungsgericht Berlin-Brandenburg diese Einschätzung noch einmal bekräftigt und herausgestellt, dass sich die Behörde durch die Anwendung des Abschneidekriteriums des Stickstoffleitfadens „einer näheren Prüfung erheblicher Umwelteinwirkungen der Anlage [...] auf stickstoffempfindliche Biotope von vornherein verschlossen" hat.[50]

Diese hier vom Gericht vorgenommene differenzierte Betrachtung zeigt, dass eine Überprüfung der Grundsätze der Sachkunde möglich und notwendig ist, um einen rechtmäßigen Gesetzesvollzug sicherzustellen. Eine unreflektierte und undifferenzierte Annahme verwaltungskooperativer Normen als antizipierte Sachverständigengutachten im Kontext der Auslegung unbestimmter Rechtsbegriffe kann diesem Anspruch hingegen nicht genügen.

VI. Die verwaltungskooperative Norm und das Rechtsstaatsprinzip

Zu guter Letzt stellt sich die Frage, ob die Standardsetzungstätigkeit der Bund/Länder-Arbeitsgemeinschaften verfassungsgemäß ist.

Da den verwaltungskooperativen Normen eine derivative Konkretisierungswirkung bei der Gesetzesanwendung und eine mit förmlichen untergesetzlichen Normen vergleichbare Konkretisierungsfunktion zukommt, stellt sich die Standardsetzung der Bund/Länder-Arbeitsgemeinschaften als eine Form der staatlichen Machtausübung dar. Da aber jegliche staatliche Machtausübung durch das in Art. 20 Abs. 3 GG normierte Rechtsstaatsprinzip

---

[49] OVG Berlin-Brandenburg, Urt. v. 04.09.2019 – OVG 11 B 24.16, juris Rn. 60.
[50] OVG Berlin-Brandenburg, Beschl. v. 23.01.2020 – OVG 11 S 20.18, juris Rn. 35 f. und 37.

organisiert und begrenzt wird,[51] muss sich auch die Normungsarbeit der Bund/Länder-Arbeitsgemeinschaften an rechtsstaatlichen Grundsätzen und Prinzipien messen lassen.

1. Fehlende Teilhabe interessierter Kreise und der Öffentlichkeit

68 Insbesondere in Bezug auf das Rechtsstaatsprinzip ist die Standardsetzung jedoch defizitär. Interessierten Kreisen und der Öffentlichkeit fehlt die informatorische Teilhabe, sodass drohenden Interessenkonflikten nicht wirksam vorgebeugt werden kann. Nach der Geschäftsordnung der UMK kommen die Beschlüsse in einem mehrschrittigen Verfahren zustande. Die inhaltliche Erarbeitung erfolgt in den jeweiligen Fachausschüssen der Bund/Länder-Arbeitsgemeinschaften. Das Leitungsgremium derselben gibt die erarbeiteten Normen an die Amtschefkonferenz weiter, die die Beschlüsse vorbereitet und der UMK weiterleitet. Hier beschließen sie die Umweltministerinnen und -minister entweder im Rahmen der jährlich zweimal stattfindenden Sitzung oder im Umlaufverfahren einstimmig. Inhaltlich beruhen die Standards auf privatverbandlichen Normen, Sachverständigengutachten oder Forschungsarbeiten, an denen die Bund/Länder-Arbeitsgemeinschaft wiederum teilweise beteiligt waren.

69 Damit stellen sich sowohl die fachlichen Grundlagen als auch die darauf basierenden verwaltungskooperativen Normen als Verquickung von fachwissenschaftlichen Erkenntnissen und behördlichen Erfahrungssätzen dar. Somit wird zwar ein gewisser Grad an Rationalität gewährleistet. Zu bedenken gilt jedoch, dass die von den Bund/Länder-Arbeitsgemeinschaften vorgenommenen Wertungen neben rechtlichen und systematischen Erwägungen auch sonstigen praktischen Wertungen wie der Vereinfachung, Beschleunigung und Vereinheitlichung der behördlichen Entscheidung unterliegen. Dass diese Erwägungen das Ergebnis nicht einseitig beeinflussen, könnte durch eine Pluralisierung der Entscheidungsträgerinnen und -träger bewirkt werden. Eine solche ist vorliegend aber gerade weder durch die Beteiligung Dritter noch durch die Durchführung eines öffentlichen Verfahrens ge-

---

[51] *Schulze-Fielitz*, in: Dreier, Grundgesetz-Kommentar, Art. 20 (Rechtsstaat) Rn. 38.

währleistet. Vielmehr machen die einzelnen Landesministerien die Fragen unter sich aus, ohne etwaige Interessenverbände, sei es seitens der Industrie oder der Umweltverbände, zu beteiligen. Der interessierten Öffentlichkeit ist es nicht möglich, Einblicke in das Zustandekommen der Normen zu erhalten.

2. Keine zuverlässige Kenntnisnahme

Auch ist nicht gewährleistet, dass die Normbetroffenen zuverlässig Kenntnis von der Standardsetzung erlangen.

Unabhängig von der formellen Einführung der Normen im Erlassweg in den einzelnen Bundesländern, ist zu beobachten, dass die Beschlüsse nicht verlässlich auf den jeweiligen Internetpräsenzen der Fachausschüsse veröffentlicht werden. Beispielsweise sind einige verwaltungskooperative Normen nicht über die Internetseiten der Fachausschüsse zugänglich, dies gilt etwa für den Bericht „Bewertung von Schadstoffen, für die keine Immissionswerte festgelegt sind" oder den Leitfaden zur Ermittlung und Bewertung von Bioaerosol-Immissionen[52]. Auch die Geruchsimmissions-Richtlinie, die eine ungleich hohe Relevanz für den behördlichen Vollzug hat, ist über die Internetpräsenz der LAI nicht einsehbar.

Die verwaltungskooperativen Normen sind dann nur mühselig zu beschaffen, und zwar entweder über die verschiedenen Amtsblätter der Länder, über die umweltrechtliche Kommentarliteratur oder eine Internetrecherche. Beispielsweise ist der Bericht „Bewertung von Schadstoffen, für die keine Immissionswerte festgelegt sind" als pdf-Dokument des Runderlasses des Landes NRW im Internet über eine Suchmaschinenanfrage leichter auffindbar als über die Internetpräsenz des Landesamtes für Natur, Umwelt und Verbraucherschutz NRW selbst.[53] Die Geruchs-Immissions-

---

[52] Bund/Länder-Arbeitsgemeinschaft für Immissionsschutz (LAI), Leitfaden zur Ermittlung und Bewertung von Bioaerosol-Immissionen der Bund/Länderarbeitsgemeinschaft für Immissionsschutz v. 31.01.2014, abrufbar unter https://www.hlnug.de/fileadmin/downloads/luft/Leitfaden-Bioaerosole_31-01-2014.pdf (letzter Abruf am 30.03.2023).

[53] Die Suchmaschine der Internetseite des LANUV (https://www.lanuv.nrw.de/) führt nicht zu dem Fund des Berichts, wenngleich dieser dort abrufbar ist, vgl. https://www.lanuv.nrw.de/umwelt/luft/immissionen/beurteilungsmassstaebe/ (letzter Abruf am 30.03.2023).

richtlinie ist mit Begründung und Auslegungshinweisen in der umweltrechtlichen Kommentarliteratur abgedruckt.[54] Dabei handelt es sich aber um eine seltene Ausnahme.

73 Dass die Umlaufbeschlüsse der UMK seit dem Jahr 2006 auf der Internetpräsenz der UMK veröffentlicht werden,[55] ist insofern nicht hilfreich, als die verwaltungskooperativen Normen selbst nicht Teil der Beschlüsse sind.

74 In Anbetracht der Maßstäbe des Gebotes der Normenöffentlichkeit scheitert diese Veröffentlichungspraxis also daran, dass zum einen die Textidentität aufgrund der mangelnden verlässlichen und einheitlichen Verkündungspraxis nicht abgesichert und zum anderen die Zugänglichkeit nur erschwert möglich ist.

VII. Verfassungskonforme Ausgestaltung verwaltungskooperativer Normsetzung

75 Wie vielen anderen Umweltstandards haftet den verwaltungskooperativen Normen der Makel der Rechtsunverbindlichkeit an. Wollte man diesen durch die gesetzliche Normierung eines Verfahrens beheben, würde die Flexibilität dieser Normung wieder verloren gehen. Deshalb bedarf es keiner „Verrechtlichung" dieses informellen Instruments der Verwaltung. Es muss jedoch eine verfassungskonforme Ausgestaltung erfolgen.

1. Gewährleistung einer verlässlichen Veröffentlichung

76 Nach dem Gebot der Normenöffentlichkeit müssen sich Normbetroffene sicher und in zumutbarer Weise Kenntnis vom Inhalt der verwaltungskooperativen Normen verschaffen können. Die Veröffentlichung auf den Internetpräsenzen der Bund/Länder-Arbeits-

---

[54] Feststellung und Beurteilung von Geruchsimmissionen (Geruchsimmissions-Richtlinie, GIRL) i.d.F. v. 29.02.2008 und einer Ergänzung v. 10.9.2008, mit Begründung und Auslegungshinweisen i.d.F. v. 09.02.2008, abgedruckt in: v. Landmann/Rohmer et al., Umweltrecht-Kommentar, Umweltrecht Besonderer Teil (BImSchV, TA Luft, TA Lärm, TEHG u.a.), Ziff. 4.2.
[55] Vgl. das Archiv auf der Internetpräsenz der UMK, abrufbar unter https://www.umweltministerkonferenz.de/Dokumente-Umlaufbeschluesse.html (letzter Abruf am 30.03.2023).

gemeinschaften muss insofern die Textidentität absichern und eine zuverlässige Informationsmöglichkeit bieten.

Dazu, wie technische Bezugsnormen zu veröffentlichen sind, lassen sich aus dem Rechtsstaatsprinzip keine konkreten Vorgaben ableiten. Bezüglich der Veröffentlichung von privatverbandlichen Bezugsnormen reicht es nach der Rechtsprechung jedoch aus, dass diese bei der Beuth Verlag GmbH kostenpflichtig bezogen werden oder in einer der bundesweiten Auslegestellen eingesehen werden können. Die Bekanntmachung in einem amtlichen Verkündungsblatt ist nicht erforderlich.[56]

Denkbar ist für die Veröffentlichung der verwaltungskooperativen Normen zum einen die Veröffentlichung auf den Internetpräsenzen der Bund/Länder-Arbeitsgemeinschaften. Diese besteht bereits, ist aber noch lückenhaft und sollte gewissenhaft daraufhin überprüft werden, ob alle maßgeblichen Standards tatsächlich online zugänglich sind. Des Weiteren könnten die Normen mit Begründung und Auslegungshinweisen in der umweltrechtlichen Kommentarliteratur abgedruckt werden, wie es für die Geruchs-Immissionsrichtlinie bereits der Fall ist.[57] Wie der Veröffentlichungsmodus privatverbandlicher Normen zeigt, schadet insofern die Kostenpflichtigkeit des Bezugs nicht.

Die Auslegung bei den jeweiligen Geschäftsstellen der Bund/Länder-Arbeitsgemeinschaften oder der UMK scheidet jedenfalls aus, da diese mit dem Vorsitz wandern und nicht auf unbestimmte Zeit ortsgebunden sind.

2. Beteiligung interessierter Kreise und der Öffentlichkeit

Um Transparenz und Partizipation zu gewährleisten, müssen interessierte Kreise (Umweltverbände und Industrie) sowie die Öffentlichkeit die Möglichkeit haben, sich an der Normung zu beteiligen. Eine neue Form des offenen Diskurses wagt insofern das

---

[56] BVerwG, Urt. v. 27.06.2013 – 3 C 21/12, juris Rn. 21 ff.; BVerwG, Urt. v. 24.06.2015 – 9 C 23/14, juris Rn. 27; kritisch *Meurers/Beye*, DÖV 2018, 59 ff., 64 und *Penz*, GRUR-RR 2018, 58 ff., passim.

[57] Feststellung und Beurteilung von Geruchsimmissionen (Geruchsimmissions-Richtlinie, GIRL) i.d.F. v. 29.02.2008 und einer Ergänzung v. 10.9.2008, mit Begründung und Auslegungshinweisen i.d.F. v. 09.02.2008, abgedruckt in: *v. Landmann/Rohmer* et al., Umweltrecht-Kommentar, Umweltrecht Besonderer Teil (BImSchV, TA Luft, TA Lärm, TEHG u. a.), Ziff. 4.2.

Bundesamt für Sicherheit in der Informationstechnik (BSI). Das BSI geht hier mit gutem Beispiel voran, indem es den sog. BSI-Grundschutz in einem offenen und transparenten Verfahren erarbeitet. Dabei handelt es sich um einen vom BSI selbst informell herausgegebenen Standard der IT-Sicherheit, der eine Methodik für Informationssicherheit in Organisationen enthält und als Prüfungsgrundlage für Zertifizierungen nach IS. 27001 herangezogen wird.[58] Die Entwicklung des BSI-Grundschutzes kann als informelle Standardsetzungstätigkeit des BSI bezeichnet werden, zu deren Zweck das BSI die Möglichkeit eröffnet, interessierte Kreise in die Erstellung des Standards einzubeziehen.[59] Diese können frei an der Entstehung und Gestaltung der Standards mitwirken. Denn das IT-Grundschutz-Kompendium wird jährlich in einer neuen Edition veröffentlicht. Hierfür stellt das BSI Entwürfe von Bausteinen zur Verfügung, die von Anwenderinnen und Anwendern kommentiert, mit Fragen versehen und durch Inhalte ergänzt werden können.[60]

81   Dies ließe sich auch bei der verwaltungskooperativen Standardsetzung realisieren. Noch im Zuge der Erarbeitung der Standards auf Ebene der Fachausschüsse könnten die Entwürfe auf den jeweiligen Internetpräsenzen veröffentlicht und zur Diskussion gestellt werden. Ein Zwang zur Berücksichtigung etwaiger Kommentierungen oder Änderungsvorschläge besteht dabei nicht. Die Offenheit des Prozesses verlangt dann aber nach einer hinreichenden Begründung getroffener Entscheidungen, insb. im Hinblick auf umwelt- und gesellschaftspolitische Wertungen.[61]

---

[58] *Fleischhauer/Conrad*, in: Auer-Reinsdorff/Conrad, Handbuch IT- und Datenschutzrecht, § 33 Rn. 365; *Djeffal*, MMR 2019, 289 ff., 290.

[59] Mit einer grundlegenden Einordnung *Hoffmann/Müllmann*, Das Standardsetzungsmodell des IT-Sicherheitsrechts im Kontext kritischer Infrastrukturen, Die Verwaltung, Band 55, Heft 4 (2022), S. 466 (i.E. 2023).

[60] *Djeffal*, MMR 2019, 289 ff., 291 f.

[61] So auch *Rehbinder*, Ein Modell für die Setzung von Umweltstandards, in: Czajka/Hansmann/Rebentisch, Immissionsschutzrecht in der Bewährung: 25 Jahre Bundes-Immissionsschutzgesetz. Festschrift für Gerhard Feldhaus, S. 141 ff., 151.

VIII. Auftrag an die Verwaltungsgerichtsbarkeit

Daneben braucht es einen veränderten und bewussteren Umgang mit verwaltungskooperativen Normen durch die Verwaltungsgerichte. Denn diesbezüglich ist noch keine überzeugende Rechtsprechungslinie gefunden.

Die Annahme, es handele sich bei verwaltungskooperativen Normen um sog. antizipierte Sachverständigengutachten bleibt zu oft im Vagen, da die hierfür durch die Literatur aufgestellten Anforderungen nicht geprüft werden. Hintergrund ist, dass die verwaltungskooperativen Normen diesen Kriterien regelmäßig nicht genügen dürften und ihre Einordnung und Heranziehung als antizipierte Sachverständigengutachten entfallen muss. Gescheut wird die damit einhergehende Konsequenz, dass die verwaltungskooperative Norm auf ihre Konformität mit dem gesetzlichen Tatbestand zu prüfen ist.

Konkretisiert diese den gesetzlichen Tatbestand in rechtswidrigem Maß, darf sie nicht angewendet werden. Stellt sie sich hingegen als sinnvolle und rechtmäßige Konkretisierung des Gesetzes dar, kann die entsprechende verwaltungsgerichtliche Feststellung ihre Anwendung auch in der Zukunft ermöglichen.

Nur wenn die Gerichte mit den hier ausgearbeiteten Anforderungen arbeiten und diese für jeden Standard sorgfältig prüfen, stellt sich ein rechtssicherer Umgang mit informellen Vorschriften ein, der auf den behördlichen Vollzug rückwirkt und diesen von der Entscheidungsverantwortung entlastet.[62]

IX. Fazit und Ausblick

Letztlich ist die kooperative Standardsetzungstätigkeit der UMK als Chance zu begreifen, nicht zuletzt auch als Chance zur Beschleunigung der Energiewende. Denn es wird immer wichtiger, neue technische und europäische Anforderungen zeitnah und rechtssicher in den nationalen Gesetzesvollzug zu integrieren. Der

---

[62] Mit einem ähnlichen Vorschlag im Kontext des Naturschutzrechts *Dolde*, NVwZ 2019, 1567 ff., 1572; zu der besonderen Verantwortung der Verwaltungsgerichte in diesem Zusammenhang *Hoffmann*, Der Zugang von Wissen zu Recht: Zur gerichtlichen Anerkennung fachwissenschaftlicher Erkenntnisse im Umweltrecht, DÖV 2021, 970, 973 ff., 977 f.

allseits beliebte Ruf nach dem Verordnungs- und Vorschriftengeber reicht hierfür nicht aus.

87 Wie in vielen anderen Rechtsbereichen muss und kann auch im Umweltrecht ein neuer Umgang mit informellen Vorschriften gefunden werden. Eine Abkehr von starren gesetzlichen Vorgaben und eine Öffnung hin zu freieren Legitimationsprozessen ist dafür unerlässlich. Dies ist nicht automatisch gleichzusetzen mit einem Verlust an demokratischer Teilhabe. Diese ist, wie beispielsweise das IT-Sicherheitsrecht zeigt, gleichwohl möglich und nicht zuletzt im demokratischen Rechtsstaat unerlässlich.

88 Dem rechtmäßigen Zustandekommen und der rechtssicheren Rezeption der verwaltungskooperativen Normen in das formelle Konzept des Recht dürfte mithin nichts im Wege stehen. Es braucht lediglich Akzeptanz und Offenheit für informelle Normsetzungsprozesse und den Mut, diese jenseits der gewohnten Wege verfassungskonform auszugestalten.

Bisherige Veröffentlichungen der Gesellschaft für Umweltrecht e. V.

Gründungstagung 1976:
(veröffentlicht in der Dokumentation zur Tagung 1977)
Sellner: Das Umweltrecht in der deutschen Anwaltschaft
Strauch: Das Umweltrecht an den deutschen Hochschulen

1. Jahrestagung 1977:

Ernst: Zur staatlichen Verantwortung für umweltbelastende Entscheidungen
Ule: Erheblichkeit, Schädlichkeit und Unzumutbarkeit im Bundesimmissionsschutzgesetz
Bothe: Grenzüberschreitende Immissionen; Haftung und Rechtsschutz

2. Jahrestagung 1978:

Baur: Umweltschutz und Bürgerliches Recht
Soell: Wirtschaftliche Vertretbarkeit von Umweltschutzmaßnahmen
Grabitz: Fragen der Transformation von EG-Umweltrecht in nationales Recht

3. Jahrestagung 1979:

Bartelsperger: Die Straße im Recht des Umweltschutzes
Maihofer: Umweltschutz durch Strafrecht

Salzwedel: Auswirkungen der EG-Richtlinien mit wasserrechtlichem Bezug auf den Vollzug des deutschen Wasserrechts

Sondertagung 1980:
Technik als Rechtsquelle

Feldhaus: Stand der Technik – Normen und Wirklichkeit
Lukes: Funktion und Verwendung unbestimmter Rechtsbegriffe im technischen Sicherheitsrecht, insbesondere im Umweltschutzrecht
Utermann: Stand der Technik im Patentrecht

4. Jahrestagung 1980:

v. Lersner: Abfall als Wirtschaftsgut – Zur rechtlichen Problematik des Abfallbegriffs
Gündling: Abfallbeseitigung auf See
Engelhardt: Naturschutz und Planung
Rehbinder: Das neue Chemikaliengesetz – Nationale und gemeinschaftsrechtliche Probleme

5. Jahrestagung 1981:

Salzwedel: Probleme einer inneren Harmonisierung des deutschen Umweltrechts – Überschneidung zwischen gewerbe-, bewirtschaftungsund planungsrechtlichen Komponenten
Czychowski: Aktuelle Rechtsfragen des Grundwasserschutzes
Schottelius/Bröcker: Umweltrechtliche Produktnormen und internationaler Handelsverkehr – Wechselwirkungen und Spannungen, dargestellt am Beispiel Chemie
v. Holleben/v. Hülsen/Klingenberg: Umweltnormen als nicht tarifäre Handelshindernisse
v. Drewitz/Scheuer: Wirkungen umweltrechtlicher Produktnormen auf den internationalen Handelsverkehr am Beispiel der Automobilund chemischen Industrie – Internationale handelspolitische Regeln

Sondertagung 1982:
Rechtsfragen grenzüberschreitender Umweltbelastungen

Völkerrechtliche Schranken grenzüberschreitender Umweltbelastungen:

Dupuy: Limites matérielles des pollutions tolérées
Zehetner: Verfahrenspflichten bei Zulassung umweltbelastender Anlagen

Grenzüberschreitende Umweltbelastungen aus der Sicht der Praxis:
Marti: Sicht des Betreibers
Lepage-Jessua: Sicht der belasteten Bürger und Gemeinden
Rebentisch: Sicht der Verwaltung

Grenzüberschreitende Umweltbelastungen – Probleme des Verwaltungsrechts:
(Grenzüberschreitende Beteiligung im Verwaltungsverfahren/ Grenzüberschreitende Klagebefugnisse im verwaltungsgerichtlichen Verfahren)

Rees: Bundesrepublik Deutschland
Woehrling: Frankreich
Schmid: Schweiz

Grenzüberschreitende Umweltbelastungen – Probleme des Zivilrechts:
(Zivilrechtliche Schadenersatzund Unterlassungsklagen – Gerichtliche Zuständigkeit und Verfahrensfragen)

Kohler: Recht der Europäischen Gemeinschaften
Bischoff: Frankreich
Bucher: Schweiz

(Zivilrechtliche Schadenersatzund Unterlassungsklagen – Anwendbares Recht)

Lummert: Bundesrepublik Deutschland
Huet: Frankreich
Bucher: Schweiz

Verfahren der Konsultation und Zusammenarbeit:

Ercmann: Das Europäische Rahmenübereinkommen über die grenzüberschreitende Zusammenarbeit zwischen Gebietskörperschaften
Heil/Meyer: Die „Commission tripartite"
Wagner/Dague: Umweltschutz in der Saar-Lor-Lux-Zusammenarbeit
Scheuer: Europäische Gemeinschaft
Beyerlin: Umweltschutz und lokale grenzüberschreitende Zusammenarbeit – rechtliche Grundlagen

6. Jahrestagung 1982:

Sendler: Wer gefährdet wen? Eigentum und Bestandsschutz den Umweltschutz – oder umgekehrt?
Ronellenfitsch: Aktuelle Probleme des Rechtsschutzes bei der Planung von Flughäfen
Lummert: Brauchen wir die Umweltverträglichkeitsprüfung?

7. Jahrestagung 1983:

Rudolphi/Czychowski/Hansmann: Primat des Strafrechts im Umweltschutz?
Offterdinger: Umweltschutz durchPrivatrecht
Bohne/Westheide/Rohde/Autexierf: „Informales" Staatshandeln als Instrument des Umweltschutzes – Alternativen zu Rechtsnormen, Vertrag, Verwaltungsakt und anderen rechtlich geregelten Handlungsformen?

8. Jahrestagung 1984:

Kloepfer: Rechtsschutz im Umweltschutz
Storm: Bodenschutzrecht
Holtmeier: Rechtsprobleme des grenzüberschreitenden Transports gefährlicher Abfälle

9. Jahrestagung 1985:

Ossenbühl: Vorsorge als Rechtsprinzip im Gesundheits-, Arbeits- und Umweltschutz
Breuer: Schutz von Betriebsund Geschäftsgeheimnissen im Umweltrecht
Lang/Kupfer: Luftreinhaltung in Europa – Völkerrechtliche und Gemeinschaftsrechtliche Aspekte

10. Jahrestagung 1986:

Schmidt-Aßmann: Umweltschutz zwischen Staat und Selbstverwaltung
Salzwedel/Gündling: Risiko im Umweltrecht – Zuständigkeiten, Verfahren und Maßstäbe der Bewertung
Zuleeg: Vorbehaltene Kompetenzen der Mitgliedstaaten der Europäischen Gemeinschaft auf dem Gebiet des Umweltschutzes

Sondertagung 1986:
Die neuen Smog-Verordnungen

Hansmann: Die Entstehungsgeschichte der neuen Smog-Verordnungen und Erfahrungen aus der bisherigen Vollzugspraxis
Jarass: Maßnahmen zur Smog-Bekämpfung – Verwaltungsrechtliche Probleme
Ehmann: Leistungsstörungen infolge Smogalarms im Zivilund Arbeitsrecht
Jacobs: Zur Amtshaftung der Länder bei rechtswidrigem SmogAlarm: sonstige Entschädigungsansprüche

11. Jahrestagung 1987:

Hoppe: Die Umweltverträglichkeitsprüfung im Planfeststellungs- und Anlagengenehmigungsverfahren – Zur Anwendung der Artikel 3 und 8 der EG-Richtlinie im deutschen Recht
Ruchay: Zum Vorsorgekonzept im Gewässerschutz – Wasserrechtliche Begrenzung der Stofffrachten aus kommunalen, industriellen und landwirtschaftlichen Verursachungsbereichen

Sautter: Zielorientierter Vollzug der Wassergesetze – Wasserbehördliche Kontrolle der Abwassereinleitungen sowie Vorkehrungen gegen Betriebsstörungen und Unfälle

12. Jahrestagung 1988:

Rehbinder: Fortentwicklung des Umwelthaftungsrechts in der Bundesrepublik Deutschland
Rest: Fortentwicklung des Umwelthaftungsrechts in der Bundesrepublik Deutschland, völkerrechtlicher Aspekt
Kutscheidt: Rechtsprobleme bei der Bewertung von Geräuschimmissionen

13. Jahrestagung 1989:

Pernice/Schröder/Berendes/Rehbinder: Auswirkungen des Europäischen Binnenmarkts 1992 auf das Umweltrecht
Breuer: Anlagensicherheit und Störfälle – Vergleichende Risikobewertung im Atomund Immissionsschutzrecht

14. Jahrestagung 1990:

Wahl: Risikobewertung der Exekutive und richterliche Kontrolldichte – Auswirkungen auf das Verwaltungsund das gerichtliche Verfahren
Pietzcker: Zur Entwicklung des öffentlich-rechtlichen Entschädigungsrechts: insbes. am Beispiel der Entschädigung von Beschränkungen der landwirtschaftlichen Produktion

15. Jahrestagung 1991:

Birn: Rechtliche Instrumente zur Steuerung der Abfallund Reststoffströme
Erichsen: Das Recht auf freien Zugang zu Informationen über die Umwelt – Gemeinschaftsrechtliche Vorgaben und nationales Recht

16. Jahrestagung 1992:

Franßen: Krebsrisiko und Luftverunreinigung – Risikoermittlung und rechtliche Bewertung
Everling: Durchführung und Umsetzung des Europäischen Gemeinschaftsrechts im Bereich des Umweltschutzes unter Berücksichtigung der Rechtsprechung des EuGH

17. Jahrestagung 1993:

Feldhaus: Umweltschutz durch Betriebsorganisation und Auditing
Brown: Eco Management & Audit and Industrial Pollution Control: a UK Perspective
Carlsen: Biotopschutz im deutschen und europäischen Recht
Gündling: Biotopschutz im internationalen Recht

18. Jahrestagung 1994:

Steinberg: Zulassung von Industrieanlagen im deutschen und europäischen Recht – Stand und Perspektiven unter Berücksichtigung der Umweltverträglichkeitsprüfung und der künftigen IVU-Richtlinie
Berkemann/Krohn: Flächenwirksamer Umweltschutz und Eigentum

19. Jahrestagung 1995:

Murswiek: Staatsziel Umweltschutz (Art. 20a GG) – Bedeutung für Rechtsetzung und Rechtsanwendung
Koch: Vereinfachung des materiellen Umweltrechts – Möglichkeiten und Risiken

Sondertagung 1996:
Kreislaufwirtschafts und Abfallgesetz – was ändert sich?

Kunig: Der neue Abfallbegriff und seine Auswirkungen
Petersen: Grundsätze und Grundpflichten des Kreislaufwirtschafts und Abfallgesetzes

Rebentisch: Verhältnis zwischen Immissionsschutzrecht und Abfallrecht
Schink: Öffentliche und private Entsorgung
Wolf: Kartellrechtliche Probleme der Entsorgungswirtschaft
Versteyl: Die Verpackungsverordnung – Erfahrungen und Fortentwicklung
Beckmann: Privatwirtschaftlich organisierte Entsorgung am Beispiel von Altautos und Elektrogeräten

20. Jahrestagung 1996:

Rehbinder: Festlegung von Umweltzielen
Schwab: Die Umweltverträglichkeitsprüfung in der behördlichen Praxis
Hien: Die Umweltverträglichkeitsprüfung in der gerichtlichen Praxis

21. Jahrestagung 1997:

Di Fabio/Haigh: Integratives Umweltrecht – Bestand, Ziele, Möglichkeiten
Schmidt: Neuregelung des Verhältnisses zwischen Baurecht und Naturschutz
Louis: Neuregelung des Verhältnisses zwischen Baurecht und Naturschutz unter Berücksichtigung der Neuregelung des BauROG

22. Jahrestagung 1998:

Scheuing: Instrumente zur Durchführung des Europäischen Umweltrechts
Woehrling: Rechtsschutz im Umweltrecht in Frankreich
Hollo: Rechtsschutz im Umweltrecht der skandinavischen Staaten unter besonderer Berücksichtigung des finnischen Umweltrechts
Winter/Schoch: Individualrechtsschutz im deutschen Umweltrecht unter dem Einfluss des Gemeinschaftsrechts

Jannasch: Einwirkungen des Gemeinschaftsrechts auf den vorläufigen Rechtsschutz
Epiney: Gemeinschaftsrecht und Verbandsklage

Sondertagung 1999:
Die Vorhabenzulassung nach der UVP-Änderungsund der IVU-Richtlinie

Wasielewski: Stand der Umsetzung der UVP-Änderungsund der IVU-Richtlinie
Staupe: Anwendung der UVP-Änderungsrichtlinie nach Ablauf der Umsetzungsfrist
Wahl: Materiell-integrative Anforderungen an die Vorhabenzulassung – Anwendung und Umsetzung der IVU-Richtlinie
Schmidt-Preuß: Integrative Anforderungen an das Verfahren der Vorhabenzulassung – Anwendung und Umsetzung der IVU-Richtlinie
Kutscheidt: Konsequenzen für ein Umweltgesetzbuch

23. Jahrestagung 1999:

Hilf: Freiheit des Welthandels contra Umweltschutz?
Röben: Welthandel und Umweltschutz – Aktuelle Probleme und Diskussionsstand
Koch: Probleme des Lärmschutzes

Jahrestagung 2000:

Lübbe-Wolff: Instrumente des Umweltrechts – Leistungsfähigkeit und Leistungsgrenzen
Schendel: Selbstverpflichtungen der Industrie als Steuerungsinstrument im Umweltschutz
Gellermann: Das FFH-Regime und die sich daraus ergebenden Umsetzungsverpflichtungen
Halama: Die FFH-Richtlinie – unmittelbare Auswirkungen auf das Planungsrecht

25. Jahrestagung 2001:

Schellnhuber: Nachhaltige Entwicklung – Umweltpolitische Prioritäten aus naturwissenschaftlicher Sicht
Michaelis: Nachhalige Entwicklung aus ökonomischer Sicht
Rehbinder: Das deutsche Umweltrecht auf dem Weg zur Nachhaltigkeit
Kloepfer: Die europäische Herausforderung – Spannungslagen zwischen deutschem und europäischem Umweltrecht
Trittin: Perspektiven der Umweltpolitik – Wir müssen die Globalisierung der Wirtschaft mit internationalem Umweltrecht flankieren
Töpfer: Umwelt im 21. Jahrhundert – Herausforderung für die Industrieländer

26. Jahrestagung 2002:

Jarass: Luftqualitätsrichtlinien der EU und die Novelle des Immissionsschutzrechts
Hansmann: Die neue TA Luft
Knopp: Umsetzung der Wasserrichtlinie – Neue Verwaltungsstrukturen und Planungsinstrumente im Gewässerschutzrecht

Sondertagung 2003 (GfU-Band 32):
Aktuelle Entwicklungen des europäischen und deutschen Abfallrechts

Petersen: Neue Strukturen im Abfallrecht – Folgerungen aus der EuGH Judikatur
Reese: Die Gewerbeabfallverordnung
Versteyl: Aktuelle Entwicklungen des europäischen und deutschen Abfallrechts
Hendler: Die Verpackungsverordnung als Instrument indirekter Steuerung
Theben: Abfallverbrennungsrichtlinie und 17. BImSchV
Krämer: Überlegungen zu Ressourceneffizienz und Recycling

Jahrestagung 2003 (GfU-Band 33):

von Danwitz: Aarhus-Konvention – Umweltinformation, Öffentlichkeitsbeteiligung, Zugang zu den Gerichten
Ramsauer: Umweltprobleme in der Flughafenplanung – Verfahrensrechtliche Fragen
Storost: Umweltprobleme bei der Zulassung von Flughäfen – Materielle Schutzstandards (Immissions- und Naturschutz)

Sondertagung 2004 (GfU-Band 34):
Rechtsprobleme des CO_2-Emissionshandels

Zapfel: Die Umsetzung der Emissionshandels-Richtlinie (2003/87/EG) – Rechtsprobleme des CO_2-Emissionshandels
Schafhausen: Die Normierung des CO_2-Emissionshandels in Deutschland (TEHG und ZuG 2007)
Steinkemper: Emissionshandel und Anlagengenehmigung nach dem BImSchG
Rebentisch: Chancen und Risiken des Emissionshandelssystems aus der Perspektive der betroffenen Anlagenbetreiber
Burgi: Grundprobleme des deutschen Emissionshandelssystems: Zuteilungskonzept und Rechtsschutz
Koenig/Pfromm: Europarechtliche Aspekte des Emissionshandelsrechts – Die EG-beihilfenrechtliche Perspektive

28. Jahrestagung 2004 (GfU-Band 35):

Böhm: Risikoregulierung und Risikokommunikation als interdisziplinäres Problem
Rupprich: Wann wird ein Krebsrisiko als Gefahr bewertet?
von Holleben: Risikoregulierung und Risikokommunikation Chemikalienrecht (REACH)
Schink: Umweltprüfung für Pläne und Programme – Gemeinschaftsrechtliche Vorgaben und Fachplanung
Uechtritz: Umweltprüfung für Pläne und Programme – Raumordnung und Bauleitplanung

Sondertagung 2005 (GfU-Band 36):
Umweltschutz im Energierecht

Rodi: Neuere Entwicklung im umweltrelevanten Energierecht
Büdenbender: Umweltschutz in der Novelle des Energiewirtschaftsgesetzes
Leprich: Potenziale und Ausbauhindernisse bei der Nutzung erneuerbarer Energien in Stromund Wärmemarkt
Klinski: Rechtliche Ansätze zur Förderung erneuerbarer Energien im Wärmemarkt
Hennicke/Thomas: Chancen für den Klimaschutz durch verbesserte Energieeffizienz
Pielow: Rechtliche Ansätze für verbesserte Energieeffizienz beim Endverbraucher

29. Jahrestagung 2005 (GfU-Band 37):

Scherzberg: Der private Gutachter im Umweltschutz – Bestandsaufnahme und Entwicklung im deutschen und europäischen Recht
Falkenberg: Luftreinhalteplanung in NRW und Beispiele für PM10 und NO_2
Sparwasser: Luftqualitätsplanung zur Einhaltung der EU-Grenzwerte – Vollzugsdefizite und ihre Rechtsfolgen
Warning: Instrumente im transnationalen Umweltschutzam Beispiel der internationalen Chemikalienregulierung
Bovet: Handelbare Flächenausweisungsrechte als Instrument zur Reduzierung des Flächenverbrauchs

30. Jahrestagung 2006 (GfU-Band 38):

Schulze-Fielitz: Umweltschutz im Föderalismus – Europa, Bund und Länder
Ziekow: Neue Entwicklung des Rechtsschutzes im Umweltrecht, insbesondere das Umwelt-Rechtsbehelfsgesetz
Ewer: Ausgewählte Rechtsanwendungsfragen des Entwurfs für ein Umwelt-Rechtsbehelfsgesetzes

Bosecke: Schutz der marinen Biodiversität im Lichte von Defiziten des Fischereimanagements und Fehlinterpretationen der EGKompetenzen
Dilling: Transnational Private Governance – Produktverantwortung für Stoffrisiken in der arbeitsteiligen Wertschöpfungskette

31. Jahrestagung 2007 (GfU-Band 39)

Sellner: Auf dem Weg zum Umweltgesetzbuch
Lütkes: Artenschutz in Genehmigung und Planfeststellung
Philipp: Artenschutz in Genehmigung und Planfeststellung
Albrecht: Umweltqualitätsziele im Gewässerschutzrecht
Müller: Klimawandel als Herausforderung der Rechtsordnung

32. Jahrestagung 2008 (GfU-Band 40)

Schneider: Umweltschutz im Vergaberecht
Petersen: Die neue Abfallrahmenrichtlinie – Auswirkungen auf das Kreislaufwirtschafts und Abfallgesetz
Reese: Konzeptionelle Herausforderungen und Lösungsbeiträge der novellierten EG-Abfallrahmenrichtlinie
Lottermoser: Umweltschutz im Vergaberecht
Beckmann: Entwicklungen im Kreislaufwirtschaftsrecht
Debus: Funktionen der Öffentlichkeitsbeteiligung am Beispiel des Erörterungstermins
Coder: Umweltforschung im Konflikt mit Umweltrecht: Bestandsaufnahme und Bewertung am Beispiel der Geothermie

33. Jahrestagung 2009 (GfU-Band 41)

Ruffert: Verantwortung und Haftung für Umweltschäden
Paetow: Lärmschutz in der aktuellen höchstrichterlichen Rechtsprechung
Engel: Aktuelle Rechtsfragen der Lärmaktionsplanung
Ewer: Verantwortung und Haftung für Umweltschäden
Koch: Aktuelle Fragen des Lärmschutzes

Kern: Umweltrisiken von Arzneimitteln und deren rechtliche Regulierung
Kramer: Rechtsaspekte der Kabelanbindung von Offshore-Windenergieanlagen

34. Jahrestagung 2010 (GfU-Band 42)

Koch: Klimaschutzrecht – Ziele, Instrumente und Strukturen eines neuen Rechtsgebiets
Orth: Umweltschutz in der Raumplanung – Praxisbericht aus der Perspektive des Planers
Rojahn: Umweltschutz in der raumordnerischen Standortplanung von Infrastrukturvorhaben
Schlacke: Klimaschutzrecht (Diskussionszusammenfassung)
Mayen: Umweltschutz in Raumordnung und Landesplanung (Diskussionszusammenfassung)
Ingerowski: Die REACh-Verordnung: Wirksames Mittel für einen verbesserten Schutz von Umwelt und Gesundheit vor chemischen Risiken?
Mohr: Die Bewertung von Geruch im Immissionsschutzrecht

35. Jahrestagung 2011 (GfU-Band 43)

Köck: Störfallrecht
Appel: Staat und Bürger im Umweltverwaltungsverfahren
Renn: Partizipation bei öffentlichen Planungen – Möglichkeiten, Grenzen, Reformbedarf
Böhm: Störfallrecht (Diskussionszusammenfassung)
Guckelberger: Staat und Bürger im Umweltverwaltungsverfahren (Diskussionszusammenfassung)
Schmeichel: Nachhaltigkeitskriterien der Erneuerbare-Energien-Richtlinie unter besonderer Berücksichtigung von Importen aus Drittländern
Brockhoff: Naturschutzrechtliche Eingriffsregelung in bergrechtlichen Zulassungsverfahren

36. Jahrestagung 2012 (GfU-Band 44)

Voßkuhle: Umweltschutz und Grundgesetz
Jarass: Das neue Recht der Industrieanlagen – Zur Umsetzung der Industrieemissions-Richtlinie
Friedrich: Immissionsschutzrechtlicher Vollzug und Überwachung nach der Umsetzung der Richtlinie über Industriemissionen
Seibert: „Umsetzung der IE-Richtlinie" (Diskussionszusammenfassung)
Klingele: Umweltqualitätsplanung – Zur Integration der gemeinschaftsrechtlichen Luftreinhalteund Wasserbewirtschaftungsplanung in das nationale Umweltrecht –
Rolfsen: Öffentliche Hochwasservorsorge vor dem Hintergrund von tatsächlichen und rechtlichen Grundvorgaben – Erscheinungsformen einer rasanten Rechtsentwicklung –

37. Jahrestagung 2014 (GfU-Band 45)

Kokott und Sobotta: Rechtsschutz im Umweltrecht – Weichenstellungen in der Rechtsprechung des Gerichtshofs der Europäischen Union
Gärditz: Verwaltungsgerichtlicher Rechtsschutz im Umweltrecht
Epiney und Reitemeyer: Verwaltungsgerichtlicher Rechtsschutz im Umweltrecht – Vorgaben der Aarhus-Konvention und des EURechts und Rechtsvergleich –
Faßbender: Aktuelle Entwicklungen der wasserwirtschaftlichen Fachplanung
Raschke: Aktuelle Entwicklungen der wasserwirtschaftlichen Fachplanungen – Anspruch und Realität
Nolte: Verwaltungsgerichtlicher Rechtsschutz im Umweltrecht
Schink: Aktuelle Entwicklungen der wasserwirtschaftlichen Fachplanung
Müller: Der Rechtsrahmen für die Elektromobilität
von Bredow: Energieeffizienz und erneuerbare Energien am Beispiel Biomasse/Biogas

38. Jahrestagung 2015 (GfU-Band 46)

Wegener: Umweltinformationsfreiheit
Kment: Bundesfachplanung von Trassenkorridoren für Höchstspannungsleitungen – Grundlegende Regelungselemente des NABEG
Schlacke: Bundesfachplanung für Höchstspannungsleitungen: Der Schutz von Natur und Landschaft in der SUP und der fachplanerischen Abwägung
Matz: Die Bundesfachplanung aus der Perspektive der BNetzA. Praktische Herausforderungen aus rechtlicher Perspektive
Philipp: Umweltinformationsrechte (Diskussionszusammenfassung)
Durner: Bundesfachplanung von Trassenkorridoren für Höchstspannungsleitungen
Peters: Die Bürgerbeteiligung nach dem Energiewirtschaftsund Netzausbaubeschleunigungsgesetz – Paradigmenwechsel für die Öffentlichkeitsbeteiligung im Verwaltungsverfahren?
Erb: Untersuchungsumfang und Ermittlungstiefe in Umweltprüfungen

39. Jahrestagung 2015 (GfU-Band 47)

Lau: Ausgewählte praxisrelevante Rechtsprobleme des Habitatschutzes
Verbücheln: FFH-Gebiete in der Verwaltungspraxis, insbesondere Sicherung, Management und Monitoring
Kirschbaum: Technische Verfahren und Umweltprobleme des Fracking
Frenz: Rechtsfragen des Fracking
Schlacke: Aktuelle Fragen des FFH-Rechts (Diskussionszusammenfassung)
Böhm: Fracking (Diskussionszusammenfassung)
Gröhn: Flächenhafter Bodenschutz – Steuerungsmöglichkeiten zur Erreichung neuer Nachhaltigkeit
Kröger: Das EEG 2014 im Lichte der Europäisierung des Rechts der Erneuerbaren Energien

40. Jahrestagung 2016 (GfU-Band 48)

Hendricks: Grußwort auf der 40. wissenschaftlichen Fachtagung der Gesellschaft für Umweltrecht
Schink: Vier Jahrzehnte Immissionsschutzrecht
Reidt: Die Änderungsgenehmigung nach § 16 BImSchG
Bick/Wulfert: Der Artenschutz in der Vorhabenzulassung aus rechtlicher und naturschutzfachlicher Sicht
Krohn: Diskussionszusammenfassung: Immissionsschutzrecht
Nebelsieck: Diskussionszusammenfassung: Artenschutzrecht in der Vorhabenzulassung
Rennert: Übersicht über die Rechtsprechung des Bundesverwaltungsgerichts zum Umweltrecht
Ecker: GfU-Forum
Pleiner: Überplanung von Infrastruktur am Beispiel energiewirtschaftlicher Streckenplanungen
Ebben: Das Nagoya-Protokoll und seine Umsetzung in der EU und in Deutschland

41. Jahrestagung 2016 (GfU-Band 49)

Ewer: Grußwort
Krautzberger: Grußwort
Wasielewski: Das neue Störfallrecht zur Umsetzung der Seveso-III-RL
Brandt: Luftreinhalteplanung nd ihre Umsetzung
Hofmann: Lufreinhalteplanung und ihre Umsetzung
Messner: Klimaschutz als Modernisierungsund Friedensprojekt
Krohn: Diskussionszusammenfassung: Luftreinhalteplanung
Sandner: Diskussionszusammenfassung: Luftreinhalteplanung
Buchheister: Rechtsprechungsreport zum Umweltrecht
Ecker: GfU-Forum: Einführung

Gläß: Rechtsfragen des Anschlussund Benutzungszwangs in Zeiten von Klimawandel und Energiewende
Heß: Flugverfahren im luftrechtlichen Mehrebenensystem

42. Jahrestagung 2018 (GfU-Band 50)
Ewer: Grußwort
Rennert: Die Rechtsprechung des Bundesverwaltungsgerichts zum Umweltrecht
Spiecker genannt Döhrmann: Technische Regeln und Grenzwerte im Umweltrecht
Brahner: Die Industrieemissions-Richtlinie: Von der besten verfügbaren Technik (BVT) in Europa zu deutschen Grenzwerten
Durner: Das „Verschlechterungsverbot" und das „Verbesserungsgebot" im Wasserwirtschaftsrecht
Vietoris/Keil: Verschlechterungsverbot und Verbesserungsgebot in wasserrechtlichen Erlaubnisverfahren
Führ: Der Dieselskandal und das Recht – Ein Lehrstück zum technischen Sicherheitsrecht
Böhm: Diskussionszusammenfassung: Technische Regeln und Grenzwerte im Umweltrecht
Wendenburg: Diskussionszusammenfassung: Verschlechterungsverbot und Verbesserungsgebot
Ecker: GfU-Forum: Einführung
Wagner: Klimaschutz durch Raumordnung
Kindler: Zur Steuerungskraft der Raumordnungsplanung – Am Beispiel akzeptanzrelevanter Konflikte der Windenergieplanung

43. Jahrestagung 2019 (GfU-Band 51)

Ewer: Grußwort
Rennert: Die Rechtsprechung des Bundesverwaltungsgerichts zum Umweltrecht im Zeitraum 2018/2019
Külpmann: Das ergänzende Verfahren im Zulassungsrecht aus richterlicher Sicht
Saurer: Heilung von Verfahrensfehlern in umweltrechtlichen Zulassungsverfahren
Jessel: „Umweltwirkungen der Landwirtschaft – Förderung versus Ordnungsrecht"
Martínez: Landwirtschaft und Umweltschutz
Caffier: Digitalisierung im Bereich des Umweltrechts am Beispiel der Geodaten
Heß: Diskussionszusammenfassung: Heilung von Fehlern in umweltrechtlichen Zulassungsverfahren
Köck: Diskussionszusammenfassung: Landwirtschaft und Umweltschutz
Schlacke: GfU-Forum: Einführung
Weuthen: Die Kumulation stickstoffemittierender Projekte in der FFH-Verträglichkeitsprüfung
Fischer: Rechtsfragen der Finanzierung einer nachhaltigen Abwasserbeseitigung

44. Jahrestagung 2021 (GfU-Band 52)

Ewer: Grußwort
Korbmacher: Überblick über die Rechtsprechung des Bundesverwaltungsgerichts zum Umweltrecht
Schlacke: Klimaschutzrecht im Mehrebenensystem
Fellenberg: Rechtsschutz als Instrument des Klimaschutzes
Petersen: Die Produktverantwortung im Kreislaufwirtschaftsrecht
Kment: Diskussionszusammenfassung: Klimaschutz

Kopp-Assenmacher: Diskussionszusammenfassung: Produktverantwortung im Kreislaufwirtschaftsrecht
Schlacke: Laudatio Umweltpreis 2021 der Gesellschaft für Umweltrecht
Langstädtler: Effektiver Umweltrechtsschutz in Planungskaskaden
Weinrich: Die grundrechtlichen Umweltschutzpflichten unter besonderer Berücksichtigung des Klimabeschlusses des BVerfG

45. Jahrestagung 2022 (GfU-Band 53)

Kracht und RR'in Maike Lorenz: Der Einfluss der G7 auf die Entwicklung des internationalen Umweltrechts oder: Ist das Recht oder kann das weg?
Proelß: Vom Verursacher- zum Nachhaltigkeitsprinzip: Wo steht das Umweltvölkergewohnheitsrecht?
Kreuter-Kirchhof: Umweltvölkervertragsrecht als Antwort auf globale Umweltprobleme?
Gärditz: Bedarf es eines Menschenrechts auf eine gesunde Umwelt?
Klinger: Ein Grundrecht auf Umweltschutz – Die anwaltliche Perspektive
Kromarek: Ein Menschenrecht auf Umwelt, ein Umweltpakt? – Die französische und internationale Perspektive

Dokumentationen bis 2012 sind vergriffen. Die Veröffentlichungen ab 2013 können beim Erich Schmidt Verlag (Genthiner Str. 30 G, 10785 Berlin, www.ESV.info) oder im Buchhandel bezogen werden.

Programm

GfU
Gesellschaft für Umweltrecht e. V.
Berlin

Programm

Donnerstag, 10.11.2022
GfU-Forum

19.30 Uhr **Begrüßung**
Prof. Dr. *Sabine Schlacke*
Stellv. Vorsitzende der GfU, Universität Greifswald

Vortrag 1: Rechtsschutzverkürzung als Mittel der Verfahrensbeschleunigung? – Die Umsetzung der Energiewende im Spannungsfeld von Klimawandel und Umwelt(rechts)schutz
Referentin: Dr. *Julia Wulff*
Konstanz

Vortrag 2: Die Standardsetzung der Bund/Länder-Arbeitsgemeinschaften – informelle Gesetzeskonkretisierung?
Referentin: Rechtsanwältin *Julia Hoffmann*
Stuttgart

Diskussion zu den Vorträgen
Moderation: Prof. Dr. *Sabine Schlacke*
Universität Greifswald

21.15 – 22.00 Uhr **Sektempfang im Bundesverwaltungsgericht**

Freitag, 11.11.2022
45. Umweltrechtliche Fachtagung

10.00 Uhr Begrüßung
Prof. Dr. Wolfgang Ewer, Vorsitzender der GfU, Kiel

10.10 Uhr **Rechtsprechungsübersicht des Präsidenten des Bundesverwaltungsgerichts**
Referent: Prof. Dr. *Andreas Korbmacher*, Leipzig

Programm

10.45 Uhr	**Grußwort der Bundesministerin für Umwelt, Naturschutz, nukleare Sicherheit und Verbraucherschutz (per Video)** *Steffi Lemke*
11.00 Uhr	**Kaffeepause**
11.15 Uhr	**Thema A: Rechtliche Instrumente einer nachhaltigen und unabhängigen Energieversorgung**
	Vortrag 1: Kernelemente und Grundfragen des Gesamtkonzepts – ein Überblick Referent: Rechtsanwalt Prof. Dr. *Wolfgang Ewer* Kiel
	Vortrag 2: Beschleunigung des Ausbaus von Windenergieanlagen an Land Referent: Prof. Dr. *Martin Kment* Augsburg
13.00 Uhr	**Mittagsimbiss im Bundesverwaltungsgericht**
14.00 Uhr	**Thema B: Instrumente zur Lösung ökologischer Zielkonflikte**
	Vortrag 1: Bewältigung naturschutzrechtlicher Konflikte beim Ausbau erneuerbarer Energien Referent: Dr. *Oliver Hendrischke* Bundesamt für Naturschutz Bonn
	Vortrag 2: Planerische und naturschutzfachliche Ansätze zur Lösung umweltinterner Zielkonflikte Referent/in: *Kathrin Ammermann* und *Dirk Bernotat* Bundesamt für Naturschutz Leipzig
15.30 Uhr	**Kaffeepause**
15.45 Uhr	**Plenumsdiskussion zu den Vorträgen**
	Moderation:
	Thema A: MinDir'in Dr. *Susanne Lottermoser* Bundesministerium für Umwelt, Naturschutz, nukleare Sicherheit und Verbraucherschutz
	Thema B: MinDir'in Dr. *Christiane Paulus* Bundesministerium für Umwelt, Naturschutz, nukleare Sicherheit und Verbraucherschutz

18.00 Uhr	**Vorbereitungstreffen GfU-Forum 2023** (Offen für alle Interessierten)
19.30 – 22.30 Uhr	**Empfang im Neuen Rathaus** Grußwort: Bürgermeister *Heiko Rosenthal* Leipzig

Samstag, 12.11.2022

9.30 Uhr	**Gastvortrag: Konzepte für die klimaneutrale Stadt** Referent: Oberbürgermeister Bernd Tischler Bottrop
10.15 Uhr	**Kaffeepause**
10.30 Uhr	*Fortsetzung der Plenumsdiskussion*
12.00 Uhr	**Mitgliederversammlung der GfU** (nach besonderer Einladung)